子どもの
精神分析的心理療法の

Through Assessment to Consultation:
Independent Psychoanalytic Approaches
with Children and Adolescents

アセスメントと
コンサルテーション

アン・ホーン / モニカ・ラニヤード［編著］

鵜飼 奈津子［監訳］

誠信書房

はじめに

　実際に患者との分析作業ではないことをする際に，「何かほかのことをする」あるいは「精神分析家として（ほかの）仕事をする」というのは，ウィニコットの表現だが，これは現代の子どもの心理療法士[†1]も共鳴するところである。個人心理療法は，確かに価値のある仕事ではある。しかし，子どもの心理療法士は，その仕事の時間の多くを「その場にふさわしい何かをする」こと（セラピーのための，多職種チームのための，そして他機関のための），アセスメント，また同職種や他職種の同僚，あるいはその両者とのコンサルテーションに費やしている。

　精神分析の独立学派による，『子どもの精神分析的心理療法のアセスメントとコンサルテーション』は，実際に何がなされているのか，そしてそれはなぜなのかということを考えながら，日々の仕事における精神分析的思考の応用を探求するものである。本書は，「アセスメント」「重なり合う領域」そして「コンサルテーションとその先」という三つのパートからなる。ニューヨークの 9.11 後の悲嘆における分析家の存在のインパクトに光を当てるものから，「コンサルテーションを超えた」政治的な力についての意識を呼び起こすものまで，アセスメントとコンサルテーションに関する多様なアプローチと，さまざまな設定における臨床的記述の集積である。

　本書は，初心の子ども・青年心理療法士にとってもベテランの子ども・青年心理療法士にとっても，職場や職場の外の世界における自身の役割や機能

[†1]（訳注）　以下，本書ではそれぞれ，Child Psychotherapist は「子どもの心理療法士」，Child & Adolescent Psychotherapist は「子ども・青年心理療法士」，Psychotherapist は「心理療法士」，Therapist は「セラピスト」と訳すが，その意味するところは，いずれも精神分析的心理療法を行う心理療法士である。

について再検討する際の助けになるであろう。また，ヘルスワーカーや教育心理士のほか，ウィニコット流の治療的仕事の方法について探求したいと考える人々にとっての関心をも満たすものとなるであろう。

アン・ホーン（Ann Horne）

モニカ・ラニヤード（Monica Lanyado）

目　次

.

第1章　イントロダクション
──「その場に適切なことを」

アン・ホーン，モニカ・ラニヤード(Ann Horne & Monica Lanyado)

————————————◆◆◆

　転移に関して，そこに生じつつある意識を言語化しようとし続けるの
を目的にするならば，それは分析を実践しているということである。も
しそうでないならば，その場に適切だと考えられる何かほかのことを実
践する分析家であるということだ。それでよいではないか。

(Winnicott, 1962, p.170)

　私は，20年，30年前の私ではない。　　　(Winnicott, 1962, p.169)

　ウィニコットをよく知る読者なら，「ほかの実践」あるいは「ほかのこと
をする」というフレーズにはなじみがあるだろう。『精神分析的治療の目的』
において彼は，分析の適切さ，あるいはある状況における分析の適切さ，そ
してときには「標準的な分析をするよりも，精神分析家として仕事をしてい
る自分に気がつく」ことがあるといった考えについて探求している
(Winnicott, 1962, p.168)。しかし，実際これを「ほかのことをする」と言
えるのかと疑問を抱く者もいるだろう。本書は，子どもの心理療法士が行う
標準的な個人心理療法や精神分析ではない仕事について検討するものであ
る。それぞれの章で繰り返し取り上げられるテーマがある。私たちは常に，
転移と逆転移現象について認識し，それを用いる。無意識や「生じつつある
意識」の過程に魅かれ，その動きを見極めようと懸命になる。しかし，はっ
きりと言語化できないこともある。あるいは，解釈とは別の方法で理解を表
現することもあるかもしれない。あらゆることが展開する，面接室の一対一
のカウチの上ではないかもしれないが，それでも精神分析的であるし，そこ

には同じ情熱がある。

　本書は，アセスメントの本質についての話し合いから生まれた。逆説的に言えば，これはアセスメントについてのハンドブックではない。そうしたものを想定したわけでもなければ，そうであるふりをするものでもない。アセスメントは，どのような仕事においても継続して行われるものである（それゆえ，治療的あるいは分析的治療と呼ぶときですら，常に「アセスメントの経過中」なのである）。とはいえ，話し合いのなかでは，心の中に流動的で柔軟な診断を持つことができていることもまた重要であるとの結論に達した。ウィニコットは「本質的なことは，私が診断を基礎に仕事をしているということである」（Winnicott, 1962, p.169）と言う。私たちがアセスメントを求められる際には，常に何か付加的なことがそこに含まれているということにも注意したい。よくあるのは，フォローアップ・コンサルテーションである。しかし，これら二つのこと，すなわちアセスメントとコンサルテーションは，完全に別の仕事だと捉えられがちである。それゆえ，子どもの心理療法士として携わる仕事の多くは，一つの連続線上における，仮定上の「純粋な」アセスメント，あるいはコンサルテーションの形をとるいずれかの極に位置するものではなく，いずれかの極に傾きつつ，よりその中間地点に位置すると考えるのが役に立ちそうである。そしてもちろん，本書のタイトルは，私たち独立学派およびウィニコット派のアイデンティティを示すものである[†2]。

　本書はまた，多様性についての本でもある。個人の精神分析的面接を通してではなく，子どもと家族の内的現実と外的現実に関わることで，現代の子どもの心理療法士がどのような援助を行っているのか，その多様なあり方を提示する。マネージメント，財政，あるいは他機関の人々が，子どもの心理療法士が行うことを単純に「捉える」のを，いったん，止めてほしいと願っている。

　本書はまず，子ども・思春期精神保健サービス（Child and Adolescent

---

†2　原題は, Through Assessment to Consultation: Independent Psychoanalytic Approaches with Children and Adolescents であり，直訳するとアセスメントからコンサルテーションへ：子どもと思春期青年への独立学派の精神分析的アプローチである。

Mental Health Service：CAMHS）の多職種チームでのアセスメントの概観から始まる。第 2 章では，メアリー・ウォーカー（Walker, M.）が，配慮の行き届いた「状況の設定」について提示する。ここでも，子どもの心理療法士がその役割として，かなり幅広い要請に対応し，実践していることがわかる。

　第 3 章では，ディアドゥリ・ダウリング（Dowling, D.）が，裁判所が子どもが親のもとで暮らすのが安全かどうかを見極める際の，アセスメントのための家族の入所施設での仕事について記述している。このように不安を喚起されるような状況下で，子どもと親が現実にその関係性における問題に直面し，考えるのを助けつつ，子どもにとってのリスクをアセスメントするという，本来の仕事から逸れないでいる子どもの心理療法士のスキルが見て取れる。長期にわたるアセスメントは必然的に裁判所に報告されることになるが，これは人生を大きく変えてしまうような重大な決定事項である。

　パーソンズ（Parsons, M.）とホーン（Horne, A.）による第 4 章もまた，リスクの問題について述べたものである。リスクアセスメントという要請に応えるなかで，紹介機関が経験しているであろうインパクトについてコメントし，その過程であらゆるレベルにおける考えとアドバイスを提供する。

　第 5 章では，ジョエル・アルフィル–クック（Alfillé-Cook, J.）が，思春期の患者をアセスメントする際の問題に焦点を当てる。発達的視点と臨床的視点の両方から，また学校という設定における思春期青年との関係性にまつわる臨床家の経験について探求する。

　続く二つの章は，明らかに政治的な問題であり，臨床家としての役割というよりも，広く現象を見ることを促すものである。通常，私たちの心を占める，家族，チーム，あるいは財団よりもずっと広い環境である。第 6 章では，キャリン・オナイオンズ（Onions, C.）がディリス・ドーズ（Daws, D.）に，そのパイオニア的仕事である親–乳児心理療法と，子ども相談財団（Child Psychotherapy Trust：CPT）や乳幼児精神保健協会（Association of Infant Mental Health（UK：AIMH）の設立という，子どもの心理療法と乳幼児精神保健にまつわる精力的な活動についてインタビューをしている。この素晴らしいインタビューからは，ドーズがユニークで謙虚でありながらも，常に

力強く「何かほかのことをする」様子が鮮明に描かれている。積極的な組織の設立により，脆弱な子どものウェルビーイングを拡充し，そのニーズのために戦う準備をする。政治的にも，またメディアにおいても，子どもの苦境と，どのようにその援助ができるのかということに，光を当てるのに成功している。乳児と子どもの内的世界についてのしっかりとした理解は常に明白であり，それこそが彼女のメッセージに力を与えるものだと言えよう。

　組織や政府機関，そしてメディアの複雑さに巻き込まれないように準備をしておくことは，ピーター・ウィルソン（Wilson, P.）の情熱でもある（第13章）。子どもや思春期の精神保健とそのニーズについて，そのより良い理解のために議論してきたことについての彼の確信が，ヤングマインズ（YoungMinds）の共同設立として結実した。これもまた，子どもの心理療法士としての臨床実践に根ざした信憑性を与えるものである。こうした取り組みが正面から記述されているが，しばしば内面を凝視するのがその専門であり，そこにコミットする経験豊かな臨床家が，善後策の探究や外界での前進といった挑戦に開かれていくことのインパクトは，ドラマティックである。ドーズとウィルソンは，面接室で観察し，感じ，そして理解するという親密性のなかで創造的に動くことができる重要性について描写している。そうすることで，外的環境における必要な変化が，内的世界にも外的世界にももたらされうるのである。

　第Ⅱ部「重なり合う領域」が，ときに，より個人的な記述になっているのは驚くことではない。実際，「何かほかのことをする」際に動くプロセスはすべて，臨床的アプローチにおける個人的な転換を要する。本書の冒頭でウィニコットの言葉として記したように，「私は，20年，30年前の自分ではない」（Winnicott, 1962, p.169）のである。

　「その場に適切な」介入を見出していくことについての個人的な記述は，9.11の悲劇に対する，実践的かつ人道的反応についてのヴィクトリア・ハミルトン（Hamilton, V.）（第8章）に見られる。当時，ニューヨークに暮らし，仕事をしていたことから，彼女とスーザン・コーツ（Coates, S.）は，「現実の対象」であることができるという能力を通してマンハッタンのピア94（Pier94）での援助を行った。多重トラウマの経験を負う家族の話に，た

だ耳を傾ける。これは，短期コンサルテーションと危機介入という，デリケートでほとんど認識されることのないアプローチである。そこは，分析的な説明を抜きにした，最も深遠な治療的出会いの場である。

アイリス・ギブス（Gibbs, I.）（第7章）は，長期にわたり，あらゆる組織においてその知識を提供し，サポートを行ってきた。アセスメントとコンサルテーションにおける人種や文化についての内省は，人種的分極化を通じて不安を表現するようになった今の社会において，時宜を得たものである。これは，現在，私たちが関わるすべての仕事において知られているべきことであり，すべての実践において知っておくべきことである。

複数回にわたる深刻な放火事件のために拘留されることになった，予測不能，かつ暴力的で危険な10代の少年のリスクについての事例が，ホーンの「親密性と行動化」（第9章）の骨格をなす。こうした出会いにおける逆転移の体験を振り返り，子どもの心理療法士にとって万能感は役に立つものではないということが穏やかに伝えられている。この少年に対する，意図しなかった精神分析的アセスメントだが，ここにはフォローアップ・フィードバックと施設の職員へのコンサルテーションの有用性と必要性についての考察も含まれている。

重篤な性的虐待を受け，トラウマを負った子どものための専門治療施設の職員に対するコンサルテーションについてラニヤード（第11章）は，「聴く」ことを中心的テーマに据えている。こうした子どもの苦悩に真に耳を傾け，聴くということ，すなわち言葉を通して，遊びを通して，そして特に逆転移を通じて消化される非言語的投影を通して「聴き手にもたらされるインパクト」は，職員にとっては累積的トラウマになりうる。こうした子どもと個別に面接をする際の子どもの心理療法士の逆転移プロセスとの格闘の体験は，治療施設の職員集団とのコンサルテーションにおいて，こうした不安や防衛（個人的なものも組織的なものも）について認識し，それについて考えるのを援助するうえで，大変価値がある。精神分析的に裏づけられたこうしたコンサルテーションは，職員のウェルビーイングと，「健全性と安全性」にとっては不可欠のものと見なされている。

「聴くこと」は，5歳以下の子どもに関する多職種協働チームの一員とし

て仕事をする子どもの心理療法士，ソフィー・ロブソン（Robson, S.）の章でも出会う。子どもの心理療法士は，家族に会うのはもちろん，心の痛む困難な逆転移の問題について語り，考えるという，価値のある振り返りの機会を促す（第10章）。ここでも再び，チームにおいて「腕まくりをして」参加する体勢から，内省的なコンサルタントへと移行する力が重要になる。

ゲッセマニ・ヴァスターディス（Vastardis, G.）（第12章）は，ドーズとウィルソンがその情熱を記述する章と同じく，政治的なものと見ることもできる。役割，集団，そして文脈について深く思考を刺激されるような内省でもあり，すべての子どもの心理療法士（特に，管理的な立場にある者）にとっては啓蒙的だと感じられるはずである。子どもの心理療法士は，ほぼ偶発的に管理者へと成長した。組織というものは，究極的にはその機能を持つものを求めるのである。考え続け，統合性を求め，問題を共に抱える著者の力は，この専門性にとって奨励されることである。

本書は，次の三つのパートからなる。アセスメント，コンサルテーション，そしてその先。つまり，真にウィニコット流に重なり合うと私たちが呼ぶこと。すなわち，これら二者の，ときにギャップとして捉えられることに橋をかけるような，ある種の移行的なパートである。ここで，叩きのめされたように感じる読者もいるかもしれない。もしそうであるならば，お許し願いたい。こうした連続性は，静止したものでも膠着したものでもない。ここで示したように，私たちは望むがままに動き続けるのである。

私は，自分自身であり，自分自身として行動することを目指す
（Winnicott, 1962, p.166）

このシリーズの最初の本，*Question of Technique* に比べると，本書ではウィニコットの影響はわずかにしか見られない。環境が子どもの内在化や心理的構造に影響を及ぼすということは，独立学派のアプローチの基本原理として捉えられる。そのため，子どもが成長し，回復をする環境とともに，そしてその環境のなかで，環境について考えるのである。このことは，それが法的システム下においてであれ，教護施設や，入院病棟においてであれ，ま

た CAMHS チームにおいてであれ，教育領域においてであれ，そして，より広い外の政治的世界においてであれ，総合的な治療的アプローチの本質である。さらには，「やってみよう」という態度を例証する各章の根底には，現実主義と実践主義がある。しかし，思慮深く，責任感をもって，かつ専門的に，である。私たちは，慎ましいふるまいをする。これは，コーホンが簡潔に次のように言う態度である。「独立学派の位置は，理論あるいはヒエラルキーの縛りに抑制されるのを嫌うのが特徴である」（Kohon, 1986, p.50）。

　ウィニコットのように，私たちは独立学派として，自分自身であることを目指す。ここには，真の精神分析的臨床家として，慎ましくふるまい，より幅広い設定における技法と理解の拡張を探求しながらも，分析的方法を乱用しないという，あたたかな倫理観の保持が含まれる。精神分析的アプローチの枠組みは，融通の利かないものではない。日々の仕事を形作るさまざまな出会いにおいて，私たちが個人として，そこに創造的な道を見出すための確かな土台を与え，勇気を与えてくれるものである。ここに挙げる「何かほかのこと」の選集が，読者の励ましになることを願う。

【文献】

Kohon, G. (ed.) (1986) *The British School of Psychoanalysis: the Independent Tradition*, London: Free Association Books.

Winnicott, D.W. (1962) 'The aims of psychoanalytical treatment', in D.W. Winnicott (1965) *The Maturational Processes and the Facilitating Environment*, London: Hogarth Press.

【邦訳文献】

Winnicott, D. W. (1962) The aims of psychoanalytical treatment, in Winnicott, D. W. (1965) *The Maturational Processes and the Facilitating Environment*, London: Hogarth Press./［牛島定信訳（1977）精神分析的治療の目標，情緒発達の精神分析理論──自我の芽ばえと母なるもの. 現代精神分析双書：第2期第2巻. 岩崎学術出版社］

第Ⅰ部・・・・・・・・・・・・・・・・
アセスメント

第2章　まずはアセスメント

——子どもと思春期の精神保健相談のアセスメント
における，子どもの心理療法士の役割

メアリー・ウォーカー（Mary Walker）

はじめに

　どのような治療的設定であれ，その導入の際にはそれぞれの事例の複雑性，重篤性，そして適性についてのスクリーニングとアセスメントが求められる。子どもと思春期のサービスにおいては，専門的治療が提供される前に，多くの入り口があるのが現実である。そのため，アセスメントの手続きはより形式化されており，これは子どもと家族にとっては重要な最初の介入でもある。

　ある言葉がどのように使われてきたのかをより良く理解するためには，その言葉の起源を知るのが役に立つ。アセスメントはラテン語の assidere から生まれた言葉で，「側にいる」という意味である。もとはと言えば，税の取り立てのために，個人の資産を量るという文脈で用いられていた。子ども・思春期精神保健サービス（以下，CAMHS）において臨床家は，子どもの困難の性質を理解し，個々の発達を促進する資質や，心の健康を妨げ，退行や症状表出的行動をもたらす可能性のある性質を見極めようとする。ここには，子どもの内的資源や環境の評価も含まれる。こうしたアセスメントは，子どもの困難を明確にし，適切な治療的介入を進めることにつながる。たとえば，子どもの心理療法，システム家族療法，認知行動療法，グループワーク，精神医学的アセスメントへのリファーである。これはただでさえ複雑なプロセスだが，そこに政治状況，財団の枠組みや目標，限られた資源，要望の増加，また多職種専門チームの文脈に逆らってでも行わざるをえないという，さらに困難な状況も加わる。

　子どもと若者のための精神保健サービスの必要性は，長年の調査・研究に
よって定着してきた。全国統計局（ONS）が保健省（1999, 2004）のため
に行った調査では，英国では 10% の子どもが精神保健上の問題を抱えてい
ることが示された。2004 年の調査は，5〜16 歳までの子どものうち，10 人
に 1 人が臨床的に認められる精神保健上の障害をもつことを明らかにしてい
るが，これは前回の結果を裏づけるものであった。この最も近年の調査では，
子どもの 4% が情緒障害（不安や抑うつ）を抱え，6% が行為障害を，2% が
多動性障害を，1% があまり一般的ではない障害（自閉症，チック，摂食障害，
選択的緘黙など）をもち，2% は二つ以上の障害をもつとされている。

　子ども・思春期サービスには，より多くの子どもの治療を行うと同時に，
アセスメントや治療のための待ち時間を減らすという政策目標を達成すべ
く，すさまじい圧力がかかっている。そのため，アセスメントの手続きは，
専門家にも利用者にも明確である必要がある。CAMHS の許容量を増加する
というプレッシャーの高まりは，より長期にわたる心理療法の提供者という
子どもの心理療法士の伝統的役割にも影響を及ぼしている。私たちは，専門
的訓練を実践に応用し，またそのスキルを多職種チーム内で応用する方向へ
と舵を切ってきた。私たちは，子どもがサービスを受ける際のイニシャルア
セスメントを行うが，この専門的スキルはさまざまな場面で用いられる。専
門家としての心理療法のためのアセスメントも，そのうちの一つである。

子ども・思春期サービスにおける心理療法士の役割の発展

　子どもの心理療法は，1949 年から国民保健サービス（National Health
Service：NHS）の子ども・思春期サービスにおける中心的専門職の一つと
して認められてきた。当初は少人数の専門家集団であり，訓練機関のあるロ
ンドンがその主な拠点であった。しかし，専門職が育つにつれ，多職種チー
ムにとって重要な貢献をするようになっていった。もともとは，より重篤な
問題を抱える子どもに対して，主に長期にわたる心理療法を提供するのがそ
の役割だと見なされていた。包括的な仕事よりも，むしろエキスパートだと
考えられ，チームへの付加的な貢献として，ディスカッション，コンサルテー

ション，スーパーヴィジョン，そして訓練を提供していた。このアプローチ
は，専門性の境界を守り，他の専門職チームに対する貢献とも足並みの揃っ
たものだった。

　1990年代の政策上の大きな転換は，サービス間の連携を強調したことだっ
た（NHS Health Advisory Service, 1995; Department of Education and
Skills, 2004）。そこでは，NHS のさまざまな保健関連の専門職が担ってきた
伝統的な役割に対する問題提起が焦点にされた。また，政策文書「新しい働
き方（New Ways of Working：NWW）」（NWW 最新版2007年4月）には，
いかにこの計画が，労働力の転換やその当時の専門的実践の役割を超えるも
のなのかがまとめられた。ウェブサイトでは，「NWW に単一のモデルはない。
それぞれの労働力のもつスキルを費用対効果に見合うよう，最善の使い方を
目指すものである」と述べられている。

　子ども・思春期の専門職は，この計画の影響を感じ始めている。ある特定
のクライエントにサービスや治療の的を絞ることで，子どものより広い発達
的ニーズを見据えつつ，より全般的に考えることのできる高い技術をもつ実
践家が削減されるのではないかと憂慮している。子どもの心理療法士として，
私はいかに自身の訓練とその中心的スキルを役立てることができるのか，ま
た，チームの治療的の仕事の発展とクライエントの双方にとって，いかに効果
的な治療的貢献をなしうるのかを常に考えている。しかし，自分自身の実践
や子どもの心理療法の同僚の実践を見てみると，専門職としての私たちは，
もうすでに何年にもわたってチームのなかでの役割を広げてきていると考え
られる。

　精神分析的心理療法士としての私たちの訓練は，いかに情緒的状態が外的
現実との関係に影響を受けるのかということとともに，無意識のプロセスや，
不安と防衛の役割に焦点を置く。子どもの発達についての全般的知見に基礎
を置きつつ，日々，子どもが抱く感情，あるいは内的世界への焦点化を主と
する。理論的理解と観察スキルは，子どもの情動状態とその家族成員に対す
る影響や，子どもの経験が遊びや象徴を通してどのように交流されるのかと
いう洞察にとって，必須のツールだと考えられている。私たちの訓練は，通
常の発達プロセスについての理解とともに，発達を阻害しうるトラウマや神

経障害，また家族の機能不全についての理解を与えてくれる。これは，あらゆる障害をもつ子どもや，さまざまなダメージを受けた子どもに対して，効果的な仕事をしていくうえでの備えになる。実践家は，これらのスキルを幅広い集団や臨床的仕事，そして症候学の仕事に応用してきた。個人心理療法，家族面接，乳幼児−親面接，親面接，グループワーク。養子となった子どもや社会的養護下にある子どもに対する専門的臨床。死別，子どもの虐待，自閉症スペクトラム障害。法廷での仕事，摂食障害，難民や拷問の被害者。自傷，ジェンダーの不一致，知的障害，新生児心理療法などである。ここに，さまざまなヘルスケアの専門家のためのコンサルテーション，スーパーヴィジョン，そして訓練の提供といったことも加わる。私たちにできる仕事は，明らかにとても多様である。子どもの心理療法のためのより専門的なアセスメントの他に，子どもと家族がサービスにやって来る時点でのイニシャルアセスメントを引き受けるのは，とりわけ大きな挑戦である。

イニシャルアセスメント

　近年，CAMHS は，家族に対する卓越した臨床サービスが提供できると言われていると聞く。クリニックとの最初の予約にこぎつけることさえできれば，ではあるが。待ち時間が信じられないほど長くなってきているため，サービスをより受けやすくすることが求められている。待ち時間の減少は全国レベルの目標とされており，多くのクリニックで最初の入り口をスピードアップするような試みがなされている。ここには，子どもの精神保健のニーズをアセスメントするためのセッション数に限りを持たせることも含まれる。1回のみということもあれば，3回までとされることもある（イニシャルアセスメントは，いかなる専門的アセスメントにも先行されなければならない）。子どもの強さと困難さアンケート（Strengths and Difficulties Questionnaires）のようなさまざまな方式は，面接に先立って臨床家に情報を提供する目的で発展してきた。選択と協働（Choice and Partnership Approach：CAPA）など，（リスクという見地から優先順位をつける）トリアージも進められてきた。こうしたアプローチは，南東イングランド地域で

導入されている。患者の選択と待ち時間への対処を目的に，短い面接の後，治療のために各職員に割り振られる。

　これは，観察スキルや子どもの発達についての知識，そして転移・逆転移現象の理解を用いて子どもの内的世界と治療的作業の可能性について検討するという，内省的なあり方で訓練を受けた子どもの心理療法士にとっては，その興味・関心をめぐって葛藤を抱かざるを得ないあり方である。子どもの心理療法士は，今では，生育歴，家族歴，既往歴をとり，子どもと親の困り事を理解するなど，相談プロセスの早い段階からの関わりを求められている。自傷や他害といったリスク要因を考慮し，その子どもの精神保健の問題について，常にその本質，重篤度，そして文脈についての仮説を立てる。

　これはかなり多くの情報を得る作業になる。そして，CAMHSで仕事をする私たちは皆，思いやり，好奇心，期待に満ちた可能性をもって，最初の予約に向かうという挑戦が待ち受けている。結局のところ，初めての出会いは，家族にとっては治療プロセスの第一歩である。私は，これは心理療法士としての私たちが，心理療法のためのアセスメントを通して子どもに提供しようとすることとそれほど異なるものだとは思っていない。とはいえ，明らかにより幅広く，焦点化したアプローチが必要とされるのだが。ここでの目的は，臨床家との関係を発展させることではない。家族や子どもとつながるなかで，クリニックが心配事を安全に探究できる場だという情緒的なつながりを促すことである。

● 臨床素材 ●

初回面接

　15歳のアンナについて，GP[†3]から簡単な紹介状が送られてきた。そこには，アンナの確認行動や儀式について書かれていた。彼女は，このことが学業の妨げになるのを心配し，助けを求めていた。通常通り，家族全員を最初のアセスメント面接に呼んだが，私は，暫定的に強迫性障害の可能性を考えていた。

---

†3　General Practitioner の略。一般統合診療の家庭医。

　アンナと母親，そして弟がやって来た。確認行動について尋ねることから始めたが，やがてその詳細があいまいなものであることがわかってきた。靴を並べることや手洗いが挙げられたが，それほどひどくはなく，前年に始まって一度は止み，またクリスマスに再発したのだとアンナは言った。母親は，これがいつ始まっていつ終わったのか，もっとあいまいだった。この時点で，私は何か別のことが家族に起きているのかもしれないと考え，家族歴について尋ね始めた。両親は南米から移住してきて 3 人の子どもを育てており，アンナはその真ん中の子どもだった。他の家族は南米に残っており，母親は常に孤立感を味わっていることが明らかになった。この不安は，夫の家業が財政的困難に陥っていることから，より強くなっていた。夫はほとんど家におらず，帰ってきても疲れており，短気で喧嘩腰である。彼は，家族は外界との接触を必要としていないと考え，長男が家業を継がずに自身の人生を歩むのを選んだ当初は，それを拒絶した。アンナと母親（そして弟）は，父親の怒りの爆発を恐れながら，苦労して生活していることが明らかになった。母親は，DV はないと主張した。父親は，アンナがこうしてクリニックに紹介されたことも，妻が GP から半年近く抗うつ剤を処方されているという事実も，知らないということだった。

　涙ながらにこうした家族歴が語られたが，このような機会が持てたことに感謝された。母親は，GP から「10 分しかないんだよ」と言われると，すべてのことを説明するのは難しいと言う。母親は，自分が下の 2 人の子どもにとても頼ってきたと語った。双方の分離不安が，アンナを儀式や確認行動の必要性に駆り立てていると感じられた。アンナは，母親を支えることと，仲間のなかに入っていき，親のルールに挑戦するといった思春期の衝動に身を任せることとの間で，引き裂かれているようだった。これは明らかに緊迫状態と言えるものだった。私はこの家族にとって，異文化が結婚や子育てのスタイルに強く影響していることにも気がついていた。まず私は，母親がこれらの問題について長男に話せるかどうか，また，長男は母娘両方の困難について，父親に話すのを助けてくれるかどうかと考え，それを伝えてみたところ，母親はこれに同意した。この少し後に家族に連絡した際には，家族の問題やアンナの成長にまつわる悩みをサポートするために，彼らは父親と共

にクリニックを再訪することに同意した。私はこの最初のセッションで，家族の問題を探ることと，クリニックのスタッフは評価することなく話を聞いてくれると感じられるようにする，という目的を果たせたと思った。

この種の仕事は，私たちを多職種協働チームの仕事の鍵となる領域にしっかりと位置づけてくれるものであり，私たちのもつ治療的スキルや理解を創造的に応用することができるものでもある。実際，それぞれの子どもに特有の困難について同僚が理解するのを助ける方法として，イニシャルアセスメント以上のものを提供することができる。なかには，ナラティブ・ストーリー・ステム（narrative story stems）（Hodges & Steele, 2000）を用いる付加的訓練を受けた者もいるが，これは里子あるいは養子となった幼い子どもの内的作業モデルについて，より多くの知見を得るために用いることができる。また，こうした子どもの養育者や専門家に，新しい養育に対する子どもの反応についての非常に有益な情報を与えてくれ，治療を勧める際にも役に立つ。私たちはまた，子どもの視点，あるいは「心の状態」のアセスメントを提供することもできる。子どもの情緒的困難を探求し，その内的力動を構成するために，数セッションにわたって子どもと個別に会う。これは，家族力動をアセスメントする際に，子どもについて，また子どもが家族の困難にいかに影響を及ぼしているのかを理解したいという他職種にとって，特に役に立つ。

●「心の状態」のアセスメント●

11歳のケイティは，複雑な幼少期を過ごした。5歳で養子になったが，養親は彼女がなぜ自分たちを困らせるような行動をとり続けるのかと困惑していた。私は，ケイティと3回のセッションを持ち，彼女の成長過程について検討することにした。

この少女は，人生を送るのに，知的にも情緒的にも苦闘しているというのが最初の印象だった。最初の面接でケイティは，すぐさまジグソーパズルに取りかかり，いくつかピースが足りないことに気がつくまで，諦めることなく，長時間，取り組んだ。このことは欲求不満をもたらしたはずだが，彼女

は何の感情も見せず，また私に対して怒ったりすることもなく，他の活動に取りかかった。彼女は，自分は素敵な少女だと言われてきたが，それを信じていないと話した。それよりも，いかにこれまでの人生がひどいものだったのか，そして自分の良くない行動のために見捨てられて浮浪者になるのをどんなに恐れているのかと語った。

　2 回目のセッションでケイティは，前回のことは何も思い出せないと言い，私が助けても何ら思い出そうとする気持ちがないようだった。彼女は自分についての好きで良い面と，嫌いで悪い面を，2 列の表にして書いた。また，彼女が先生の役になり，私は幼い子どもの役を取らされた。これらのケイティのさまざまな側面について考えようとする私の試みは拒否し，彼女は眠りの態勢に退却していった。

　最後のセッションにケイティは，（短く誘惑的なスカートを履いて）若い思春期の少女として現れた。そして，学校でいじめられたときのことを話した。私は彼女の経験について一緒に考えようとしたが，彼女は再びとても防衛的になり，つまらないと言う。そして，終わりの時間はいつなんだなどと言って，私のことを拒否的に扱った。

　ケイティは早期思春期の入り口にいて，なんとかしてこの段階へと成長していこうと，やっきになっているのがわかった。しかし，不幸にも，彼女が情緒的により幼いレベルで対処しているのは明らかだった。私は彼女が人生について，あるいは自分自身について，まとまった形で語ることができないことに衝撃を受けていた。養子として（すでに何年も養親が支持的に育ててきたにもかかわらず），彼女は不安定なアタッチメントの兆候を見せていた。また，援助的で善良な親，あるいは大人という内的作業モデルを持っていなかった。むしろ，大人は批判的だと思っているために，愛情を得る手段として，良い面のみを示さねばならないと感じていた。私は，こうした観察やケイティと共にいた経験から，この少女について養親に話した。

　私たちは，家庭や学校でこれまで以上に彼女と注意深く関わることが，この時点で最も有益なことだろうと考えた。彼女は現実的で具体的なスキルと目標を定めて，そこに向かうための援助を必要としていた。彼女の情緒的なニーズは確かに複雑なものだった。しかし，この時点では，より親密な治療

的関係のなかで自分自身について考えることは，彼女の脆弱な防衛にとっては脅威であった。どんなプレッシャーもわずらわしいものになりえ，家庭と学校でのより困難な行動として表れる可能性があった。私たちは，彼女は助けを必要とし続けるだろうし，またもう少し年齢を経た後には個人セラピーも役に立つであろうと確認した。こうした話し合いは，養親にとって有益だったと思われる。また，学校や他の専門家のネットワークにも役に立った。

子どもの心理療法のための専門的アセスメント

　心理療法のためのアセスメントのプロセスは，臨床家としての私がよりなじみを感じる領域であり，子どもの心理療法の同僚にとっても，よりイニシアチブをとることができると感じられるものである。ここには包括的アセスメントとの違いがある。主な違いは，子どもの心理療法士が個別のセッションで，子どもとの間に，より力動的な相互作用が立ち上がるのを促進するよう努めることである。特定の情報を収集するのではなく，（ウィニコットの概念を用いるなら）移行空間を作り出すことである。すでに確立された相互作用のパターンが観察でき，また，新しい関わりが始まり，それが探求される可能性のある場である。子どもの心理療法のアセスメントは，それ自体が重要な治療的介入だと考えたい。

　もちろん，不十分な資源（子どもの心理療法の時間）しか割り当てられておらず，また誰に対して提供できるのかというプレッシャーもある。クリニックのチームのメンバーは，専門的仕事と他の臨床的介入の要請との間のバランスをとらねばならず，これは専門家としての生活を容易にはしてくれない。このジレンマは，こうした治療をより良く活かすことのできる子どもや家族に私たちの持つ時間を割り振りできるよう，注意深く見極めねばならないことを意味する。個人心理療法は，多くの要因を考えることが必要とされる，複合的アセスメントの結果として提供される。その要因とはつまり，私たちの側の時間の枠，外的環境が長期間にわたる治療を支えられること，そしてもちろん，治療の選択肢として心理療法を用いることのできる子どもの力である。

　私たちは特に，子どもの内的世界と子ども時代の経験が，いかに毎日の生活に影響するのかといった理解を重視するような訓練を受けてきている。子どもの心理療法の目的は，子どもの発達を情緒的に助けることであり，子どもが自分自身と他者との関係性についてさらに学ぶことである。また，何らかの症状を呈している子どもを助けようともする。このような治療的仕事が，子どもが適切な発達段階に達し，自身についてより安全な感覚をもって大人へと成長していくのを助け，それが創造的で生産的な大人の生活につながっていくことを願う。

　心理療法は時間を要する。また，行動の変化とともに，内的変化をももたらすことを目的とする。これは，容易に素早くなされるようなものではないということを，親（と幼い子ども本人）が理解しておく必要がある。一人の子どもの心理療法が家族の関係性に影響を及ぼすかもしれず，親はその心づもりをしておく必要もある。親は，困難な思考と感情に直面しうることになる子どもをサポートし，励ます必要が出てくるだろう。子どもをセッションに連れてきて，子育ての問題について考えるための面接を受けるという，しっかりとした関わりも求められる。私の経験では，親は自分の子どもの心理療法について，さまざまな恐怖を抱くようである。心理療法が事を荒立て，家庭崩壊の原因になるかもしれないと考える親もいれば，治療は自分が「悪い」親であることを意味するのではないかと不安になる親もいる。また，治療的仕事の守秘の問題が，親に嫉妬の感情を起こさせ，セラピスト−子ども関係の外に置き去りにされたと感じさせてしまうこともあるかもしれない。これらは現実的なことであり，アセスメント過程の一部として，親と共に十分に検討する必要がある。

　アセスメント過程は，治療的設定や心理療法士との関係性の枠内で，子どもの変化の可能性を検証するのが目的である。セラピストは，そのスキルを子どもの内的世界，すなわち子どもが心の中にもつ世界の見取り図を形作るのに用いる。この内的世界は，その子どもと早期の母親−子ども関係のような，外的要素との相互作用の結果であろうし，子どもや子ども自身の考え，感情，衝動，また空想との間の相互作用の結果でもある。年齢，性，文化，そして家族歴といった要素は，これらのすべてに影響を及ぼし，過去のトラウマ

ティックな出来事，病気，あるいは身体的障害といったものもまた，影響を
もたらす。

● アセスメントの枠組み

　アセスメントの枠組みや設定は，非常に重要である。子どもが安全だと感
じ，自分の内的経験について伝えることができるように設定されるべきであ
り，無意識的な素材が現れうる雰囲気を創りたい。そこでは，自分を助けて
くれる可能性のある新たな対象として，子どもが私たちに向けてくる態度と
ともに，その子どもの自他との関係性についても観察することができる。治
療的アプローチは，子どもが情緒的な経験を抱えられ，願わくばそこに啓か
れていくことが鍵であり，目的である。

　子どもの心理療法のアセスメントには時間がかかる。子どもに会う前に，
しっかりと情報を集めておくことが役に立つ。紹介者や親と会い，困り事や，
紹介が「なぜ今なのか」について理解する。家庭や学校（記録から）での子
どもの行動について聞くこと，家族の関係性，人種，性，そして文化による
社会的プレッシャーについて聞くことが役に立つ。また，親や養育者と一緒
に子どもに会うことも重要である。これは，子どもと親との相互作用を観察
する機会にも，共有する困り事について尋ねる機会にもなる。また，後に子
どもと話をする際の共有情報としても役に立つ。最終的に，子どもが来所し
てアセスメント過程を共にするという同意を得ることは不可欠である。適宜，
個人セッションを用意するが，私の経験では3回程度が役に立つと思われる。
同じものがある，同じ部屋での毎週のセッションの形態は，子どもにコンテ
インメントを与える。また，セラピストにとっては，セッションの合間の子
どもの対処能力について判断するのを助けてくれる。この能力は，セッショ
ンの合間や休暇期間を待つという欲求不満に，その子どもがいかに対処する
のかという重要な示唆となる。これらの個別セッションの後，アセスメント
過程の経験について話し合い，心理療法が有益かどうかについての考えを共
有するために，親と子どもに会う。

　個別アセスメントのセッションは，その期間に違いはあるものの，子ども

の心理療法士の継続的治療の方法の多くを用いる。セラピーと同じく，子どもは構造化されていないセッションを提供され，不安や困難が現れやすいように用意された素材を使って，話し，遊ぶよう促される。こうした方法によって，子どもの心を占めていることや，子どもとセラピストの間の転移関係に気づくことができる。このことは，子どもの現在，そして内的親像との関わり方を理解するうえで有益であろう。子どもの心理療法士は，どのような逆転移にも注意を払い，子どもに対する自身の反応をモニターする。たとえば，上の空の状態なのか，無力感なのか，あるいは教師や親のようにふるまいたいのか。こうした逆転移の観察は，子どもの内的世界について多くのことを教えてくれる。これはしばしば，恐怖心，あるいは自らの耐え難い側面のコミュニケーションでもある。ウィッテンバーグが言うように，セラピストが「そのことで恐怖に陥ったり圧倒されたりすることなく，考え，耐え，そして言語化する」ことができたなら，その子どもにとっては，非常に有益である（Wittenberg, 1982, p.133）。

　アセスメントにおいては，セラピストはほとんど直接的な質問はせず，子どもの経験の異なった側面を明らかにすることや，そこに繋がりをもたせるようなコメントをすることを目指す。共感的な態度で，かつ内面で起きていることを理解したいという大人が同席する，安全でプライベートな設定であるということを，子どもに伝える必要がある。子どもの心理療法士は，アセスメントの終わりには答えられるようにしたいと思う，多くの問いを持っているだろう。しかし，それらは子どもとの出会いから立ち現れるべきものであり，アセスメントを振り返りつつ，子どもの強さや困難の性質について記述し，定式化しようとするときに，ようやく答えられるものかもしれない。子どもがなぜ，今，こうした症状を呈しているのかに関心を寄せ，子どもの年齢やバックグラウンドに対して，通常の発達の範囲内のものなのか，そうではないのかを明らかにすることが大切である。

　特にここでは，潜伏期から児童期にかけての，アンナ・フロイト（Freud, A.）の子どもの発達ラインについての診断プロフィール（1965）が役に立つ。これは，その子どもについての包括的でメタ心理学的なプロフィールを構成するために必要な幅広い情報を概観するとともに，アセスメントの概略をま

とめる際のヒントも与えてくれる。子どもの不安や防衛の性質，自分は何か
おかしいのかといったことについての子ども自身の視点，空想の用い方，自
分の心や身体に対する態度，対象関係やアタッチメントのパターン，そして
最終的には，この経験に関心をもち，おそらくは援助を受けるのに開かれて
いるかどうかについて理解することが大切である。

　イニシャルアセスメントで求められる仕事は，多くの同じスキルを用いる
とはいえ，子どもの心理療法のためのアセスメントのそれとは非常に異なる
ものであることは明らかである。構造化されていないセッションや，子ども
の意識的・無意識的コミュニケーションに対するしっかりとした焦点化に
は，セラピストの特殊な心の状態，つまりセッションを進め，経験を消化す
るための探索的で内省的な心の状態が求められる。また，子どもの心理療法
士は一般に，診断カテゴリーを用いることには慎重だが，これは子ども・思
春期のサービスにおけるアセスメントにおいて，近年，一般に求められるこ
とである。診断が家族にとって役に立つ場合もある。たとえば，自閉症スペ
クトラム障害にあたる子どもの場合，子どもの心理療法士はおおむね，その
子ども，あるいは思春期の若者が発達しているのか，「行きづまっているの
か」，そして環境からもたらされるものなど，彼らは変化する状況のなかで
生きているのだという見方を好むだろう。これらの問題の相互作用や，子ど
もが困難を克服するのをどのようにして助けられるのかというアプローチが
重要である。しかしここは，子どもや若者について，発達的困難というレッ
テルを貼ることには気が進まない私たち専門家にとっては，難しいところで
ある。私たちは，流動的な状態にある子どもや若者が成長するうえでは，柔
軟な介入が必要だと考えるのを好む。しかし同時に，管理責任者は，特定の
患者にサービスのターゲットを絞る一方で，他への紹介や結果データを出す
ように求められるようになってきている。これは今後，地域的・国家的なレ
ベルでの議論を要する領域になると考えられる。

　ともかく，心理療法のためのアセスメントを通して，セラピストはたとえ
わずかでも，情緒的な作業を始めるための治療同盟を結ぶ可能性が見られる
ような交流を探ろうとする。その過程は，今ここでの生きた出会いにあり，
子どもとセラピストの両者に必須の鍵は，経験に開かれていることである。

アセスメントの作業は，次の事例が示すように，かなり困難なものにもなり
うる。

● ジャックの困難 ●

　ジャックは7歳の少年で，家庭と学校で長く続く問題行動のために，
CAMHSクリニックに紹介されてきた。イニシャルアセスメントの後に，子
どもの心理療法のためのアセスメントに紹介された。その手前のペアレン
ティングスキルの面接が終了したことと，また，ジャックの問題が固着して
おり，内的関係性が妨げられていることが示唆されたためである。

　ジャックと会う前に，学校の記録から情報を得ることができた。学校は明
らかに，彼が助けを得ることを痛切に求めていた。彼は現在の小学校に来る
前に，いくつかの学校に通っていたが，継続してみられる問題は破壊的行動
だった。以前の教育心理学的査定によると，全般に平均以上の能力があるが，
読み書きの能力は低いとされていた。注意散漫で，他児の気を散らし，危険
な行動をとったり，口汚い言葉を使って注意を引こうとしたりしていた。自
己肯定感はとても脆いようで，何かうまくいかないことがあるとトイレに閉
じこもる。こうしたことはすべて，とても不幸な少年の姿を描き出すものだっ
た。

　次の段階は，アセスメント期間，そしてもし行われるなら治療期間を通し
て，親をサポートすることになる同僚と共に母親に会うことだった。そこで
は，彼の生育歴についてより多くのことがわかり，全般的な家族環境につい
てもわかった。簡潔に言うと，ジャックの母親は若くして結婚したが，ジャッ
クがまだ幼い頃に夫と別れ，以後はほぼ接触がないようだった。母親はひと
り親として長時間働かねばならず，かなり早期からジャックは保育所に預け
られた。彼は気難し屋で，思いどおりにいかないときには癇癪を起こした。
彼は父親について関心があり，どのようにすれば新しいお父さんが得られる
のか知りたいと思っていた。母親は彼が助けを得るのを切望していた。そこ
で私たちは，ジャックと会って自己紹介し，彼が私に会いにやって来るかど
うかを考えるため，ジャックとの面接を設定した。

　待合室で挨拶すると，ジャックは私に会いたいとは思っていないことを

はっきりさせるかのように，背中を向けて座っていた。母親が促すと，彼は母親を蹴って激しく罵り，椅子にパンチを加えた。母親は再度ジャックに話したが，そのしっかりとした様子が印象的だった。彼は再度拒絶したが，母親は私の部屋へなかば抱きかかえるようにして彼を連れ込んだ。その途中も彼は罵り，部屋に入るやいなや椅子を振り回し，壁に向かって座った。それはまったくドラマティックな入室で，私は彼がとても脅えていると感じた。

　母親と，そして間接的にジャックに，彼がより穏やかで安全だと感じられるよう，静かに語りかける必要があった。しばらくして彼は，いくつかのおもちゃで遊んだが，私は彼が小さな人形を乱暴に扱うのに気がついた。いかに人間を憎んでいるのかと呟きながら，とても高いところから落とすのである。彼は絵も描いた。一人は残忍な風貌の筋骨隆々とした男性で，もう一人は泣いている小さな赤ん坊だった。彼はこの絵について話すのを嫌がったが，私は彼の直面する状況を物語る強力なコミュニケーションだと考えた。内的には彼の乳児的ニーズが注意を求めて泣き，認知されたがっていた。この7歳の少年は，身体的な攻撃性と，弱みがないという印象を示さねばならないと感じていたのである。セッションの終わりに彼は，3回ここに来て私に会うことに同意したが，楽しむことはないだろうと強調した。

　最初のセッションで，ジャックは部屋にやって来ることができ，彼のために用意しておいたおもちゃにかなりの興味を示した。私は静かにふるまい，彼のすることに興味を示し，コメントをするという，控え目な態度をとった。私は再び，彼がとても乱暴なやり方で小さな人形を扱い，服を引きちぎり，手足を複雑に捻じ曲げたことに気がついた。特に女の子の人形をターゲットにし，ママ以外の女の子は好きじゃないんだと言うことができた。

　2回目，ジャックははじめのうちは部屋に行くのを渋ったが，なんとか入ることができた。前の週に伝えておいたにもかかわらず，前回去ったときの状態でおもちゃが置かれていないとわかって，直ちに不快感を示した。彼は素早くおもちゃを並べ替え，人形をドールハウスの屋根から吊したり，家具の山の下に置いたりするなど，ひどい態勢で配置した。私は，彼が私に叱責させようと駆り立てられているかのようだと気づき始めた。また，おもちゃの乱暴な扱いには，サディスティックな喜びもうかがえた。騒がしく破壊的

な遊びが続くなか，私は，彼が自分の困り事について話すのを一生懸命に難しくしているように思われることや，私が彼のことをお手上げだと感じるように，また，次の週にはもう来なくていいと言うように仕向けているようだと話した。彼は私の言葉を無視したが，遊びは変化した。家具はドールハウスに置き直され，人形たちはひっくり返して置かれた。重力がないので，人形たちは手で歩くか空を飛ばないといけないと彼は話した。そのとき私は，彼の反応に遊び心を感じ，彼と私が出会うための共通の基盤を見つけられたかもしれないという，ほんのわずかな希望を感じた。少し待ってから私は，ママを含めて彼を心配している人がたくさんいることを知っていると話した。言葉での反応はなかったが，人形の一人に痛ましいことが起きた。私は，遊びのなかでとてもひどいことが起きているとコメントした。ジャックは同意し，人形は好きじゃないと言った。私は，彼が人も女の子も好きではないことを思い出した。

　ジャックは，女の子たちは，彼や彼の友だちとは違って馬鹿なことをするのだと話を広げた。学校の先生のことも好きではないが，いつも自分が悪くて問題になるのだと続けた。彼は，意気揚々と「悪いっていうのは僕を幸せにするんだ」と言った。どうしてなのか聞くと，人を不愉快にはするが，自分は気にしないと話した。実際，教師らが怒るときに顔が赤くなるのを眺めるのが好きで，そうなるともっと悪いことをするのだと説明した。悪い子でいるのは面白いと言って話を終えた。これはかなりのセリフであった。

　ジャックは，部屋を出るときに方向感覚を失ったようで，待合室から離れた方向に進んだ。私が正しい方向を示すと屈辱的に感じ，さよならを言うこともなく去っていった。彼の情緒的な脆さが痛感された。また，彼がいかに容易に，自分はちっぽけで，理解できない世界に困惑させられるのかということも想像できた。ジャックへのこうした見方は，外的世界にはなかったものかもしれない。

　最後のセッションは，20 分遅れてやってくるという不運な始まりだった。私は 30 分しか会えないと説明した。ジャックはがっかりしたようだったが，すぐに，どっちにしても来たいとは思っていなかったんだと言って，その気持ちを覆い隠した。廊下を突っ走り，爆発的で恐ろしい様相で部屋に入った。

家具に登り，踏みつけるので，おもちゃが部屋中に飛び散らかった。やっとのことで私は，彼は今日，ここに来たくはなかったのだということを，できるだけはっきりと私に知らせようとしているのがわかる，と言った。また，セッションの時間の半分をなくしてしまって混乱していると思う，とも伝えた。続けて，先週のセッションについて何か考えや気持ちがあるかと尋ねたが，彼は「お前の知ったことか」と言った。

　もっと多くのおもちゃが踏みつけにされるのを見て，私が彼を外に追い出して，また会おうとは言わせないようにふるまっているようだとコメントした。私は，このことに混乱していて，とりわけジャックが，これからもっと何回もここに来るように言われるとは思ってないようにみえることについて考えたいと言った。このときジャックは，鈍いおもちゃのハサミを見つけ，人形の髪の毛を切るぞと，脅すようにふるまい，より挑発的になった。このことについて話そうとすると，彼は興奮して自分を切ると言い，喉にハサミを当てた。私は挑発されないように，「うーん」という声以外は出さなかった。2分ほどして彼はハサミを下ろし，自分の髪の毛を切ると脅したが，かわりに人形の髪を整えた。

　それから私は，彼がどれほど私から叱られようとし，学校と同じように悪い少年としてのみ自分のことを考えさせようとしているのか，しっかりと話した。彼は床のおもちゃを踏んで歩き，壊した。私が，おもちゃが壊れると言うと，彼は気にしないと返した。特にこの時点では，誰かが彼について気にかけているのを信じるのがとても難しいのだろうと私は言った。彼は，私が怒っていて，彼の心配事など気にしないと考えていたのである。ジャックは拒否的に見えたが，この緊迫したやり取りの後，セッションの雰囲気が変わったのが感じられた。

　ジャックはシンクを水で満たしたが，この行為は彼の内面の緊張を解き放したようだった。さまざまな動物で遊び，自分が作った筏（いかだ）で動物たちがどんなふうに浮かんでいるのかを見るようにと，私を誘った。私はシンクに寄りかかり，彼の遊びを眺めた。彼はいくつかの動物を水中に落とし，動物たちは息を止めていないといけないのだと冗談を言った。突然，考えがひらめいた。彼は水に顔をつけ，息を止めた。止める間などなかったのだが，それか

ら顔を上げて，30数えられたと言った。私が止める前に彼はもう一度，顔をつけた。彼の頭がほぼ蛇口の近くにあったので，私は腰を曲げて彼を守ろうとした。このとき私は，以前の彼にとってどんな助けも受け入れることは恥になるという事実は，心に留めていた。しかし，遅すぎた。彼は素早く顔を上げ，頭を打ってしまった。明らかに痛かったはずである。彼は，私がなぐさめ，顔や服を乾かそうとするのを許してくれた。

　終了間際になり，私は彼にこのセッションについて話すことができた。そしてまたここにやって来て私と会えるようママと打ち合わせをするつもりだと伝えた。部屋を出ると，彼は方向を覚えていた。私は彼の去り方の変化に心を打たれた。やって来たときには横柄で攻撃的だった少年は，傷ついたときに助けを受け入れられる脆弱な子どもになっていた。

　明らかに多くの素材があるので，ここではジャックについての中心的なテーマを概観することしかできない。発達段階的にはジャックは潜伏期の子どもだったが，潜伏期の課題にとりかかることのできる段階にはいないようだった。潜伏期は，学校という世界に入っていき，他の子どもや教師などの重要な大人との同一化を形成し始める時期である。クラブでの仲間意識，規則，公正性，自己コントロールの獲得，学ぶことへの興味，そしてヒーローやアイドルに同一化する時期である。親カップルへの早期の性的関心は減るが，少年少女が遊びのなかで大人の役割を練習するような，性的な事柄に対する一般的な好奇心はある。これは，ジャックにはそう簡単なことではなかった。内的には彼は，母親と失った父親との葛藤的な関係性にいまだに固着していた。アセスメントでは，ジャックが父親の喪失についての空想を心に抱いていることに気がついた。彼は，父親が去ったことに責任を感じているのだと私は考えている。心を支配していたこの思いのために，学びへの集中力が妨げられ，仲間と共に学習したり生産的に遊んだりすることができなかったのである。学校では孤立していたようだが，これは否定的な注意を引く行為を激化させていた。

　家族歴は，母親との早期の関係性が犠牲にされたことを示唆していた。セッションからは，彼は，分離と欲求不満に対処する首尾一貫した方策を発達さ

せた，安全なアタッチメントをもつ子どもだとは感じられなかった。彼の破壊的な行動の歴史は，むしろ不安定な無秩序・無方向型のアタッチメントのパターンを示唆するものである。世話をするか罰するか，いずれかの態度をとる親や他者をコントロールすることによって，無力感に対処してきたのである。ジャックは，私が助けになる大人かもしれないという期待を，ほとんど，あるいはまったくもたない状態で私と出会った。

　ジャックのおもちゃの扱い方や酷使は，新たな状況への挑戦的な反応だった。一部の人形に対する荒い扱いは，安全ではなく，世話をされない罰のような生活体験という，彼の内的世界を伝えていた。彼は明らかに，主たる防衛戦略として，攻撃者との同一化を用いていた。遊びのなかで，不適切な扱いを受ける人形をケアし，助けになるような大人像は，決して現れなかった。しかし，遊びはすべて，ジャックについての，また拒絶や見捨てられることへの不安から自分を守る方法についての，力強いコミュニケーションだった。内的世界を象徴化するこの能力が，希望のサインだった。彼は少しでも圧倒されてバラバラになるのを感じないでいられるための助けが必要だったのだと思う。そうすることで，単に心配事を投影したり，行動化したりするのではなく，遊び，考えられるようになるのである。彼は差し出された良いものに対して，羨望からの攻撃をした。人形を憎み，理解を試みようとする私の言葉を拒絶し，見くびった。しかし，3回目のセッションでは，目を見張るべき態度の転換があった。時間が短くなったことに不機嫌でありつつも，最終的には，破壊的な気持ちを理解し，助けようとする私の試みに抱えられることができた。シンクでの動物との水遊びでは，私を自分の傍に立たせたが，これは自分の好奇心や傷つきやすさに私が立ち会うことに，十分な安心を感じたという変化を示すものだった。筏は，私たちの間のかけ橋のように感じられた。この遊びは，彼が不運にも頭をぶつけ，助けを必要としたように，自分をさらけ出すリスクをも表していた。この出来事は，心理療法がジャックにとって役に立つ介入であると考えるのに役立った。なぜなら，彼が互恵的な思いやりのある関係性を内在化したようだったからである。また，彼はスポーツや芸術が好きな賢明な少年であるということもわかった。

　しかし，私は彼が難しい患者になりうることや，問題に取り組むために必

要な情緒的コンテインメントを提供するためには，集中的治療[†4]が必要だと意識していた。どのような治療も相当な家族のサポートが必要であり，明確な予定と境界が提示されなければならない。また臨床的資源の配分も求められる。つまり，私の時間と，家族面接をする同僚の時間である。

　その後のジャックと母親との面接で，ジャックは過去に困難で不幸な時期があったと思うが，今は悲しみや不幸，怒りを感じる少年というよりは，悪い少年であろうと決めているようだという私の考えについて話した。そうすることでジャックは，自分が主導権を握っていると思うことができるが，実際には家庭や学校でたくさんのトラブルにあっていた。ジャックは当初，セラピーの提案に熱心ではなかったし，母親はそこに求められる責任（commitment）のレベルを憂慮していた。私たちは少し時間をかけてこのことについて話した。その後の面接で母親は，自分の家族の助けを得られるということで，週2回のセッションに同意した。ジャックは9カ月後の誕生日まではセッションに来ることに同意した。象徴的には，これは良いスタートだと思われた[†5]。

　専門家のアセスメントセッションは，豊かな臨床素材をもたらし，子どもの困難をより十分に理解するのを助けてくれる。また，複雑でしばしば混沌とした内的世界が，観察される症状として外的世界に表現されたものなのかどうかを理解するのを助けるものでもある。

まとめ

　子どもと思春期のサービスは，増加の一途をたどる治療的支援の要請に応えようとしている。CAMHS の中核的専門職の一員として，子どもの心理療法士は心理療法を提供するのみならず，広く他の介入や応用的仕事もこなす

---

†4　週3回以上のセッションを継続することを集中的心理療法 intensive psychotherapy という。

†5　日本では妊娠周期は10日10日とされるが，イギリスでは妊娠9カ月で子どもが生まれてくるとされており，9カ月後に誕生日がくるということとの偶然の一致が「象徴的」だということを示している。

役割を担う。子どもと家族がサービスの利用を始める際のイニシャルアセスメントのほか，「心の状態」のアセスメントや，「ナラティブ・ストーリー・ステム」アセスメントのような，他の形態のアセスメントも提供する。精神分析的心理療法が適切かどうかのアセスメントは，複合的な過程である。子どもの資質や環境についての客観的な評価を必要とし，また治療的設定のなかで子どもと生に出会うことが求められる。

　本章を通して，子どもと思春期チームのなかの子どもの心理療法士として，私たちは役割の変化や応用を求められていると述べてきた。私たちは今や，子どもと家族の良好な精神保健の促進という，流動的で変化し続ける国家的な構図を反映するような環境で仕事をしている。そして，その結果として，私たちは役割を拡大するよう求められている。私たちの訓練やスキルは，こうした仕事を引き受けられるように備えられていると思う。しかし，あらゆることがそうであるように，私たちの中心的仕事であるアセスメントや子どもの心理療法という治療とスキルは，さまざまな仕事に応用することとの間でバランスをとる必要がある。これは今後，子どもの心理療法士としての私たちが立ち向かう挑戦である。

【文献】

Department of Education and Skills (2004) *Every Child Matters*, Cm. 5860, London: The Stationery Office.

Department of Health and Department for Education (1995) *The Handbook on Child and Adolescent Mental Health*, London: HMSO.

Department of Health (2004) *National Service Framework for Children, Young People and Maternity Services*, London: DoH Publications.

Department of Health (2007) *Mental Health: New Ways of Working for Everyone*, London: The Stationery Office.

Freud, A. (1965) *Normality and Pathology*, New York: International Universities Press.

Hodges, J. and Steele, M. (2000) 'Effects of abuse on attachment representations: narrative assessments of abused children', *Journal of Child Psychotherapy* 26, 3: 433–455.

NHS Health Advisory Service (1995) *Thematic Review of Child and Adolescent Mental Health Services – Together We Stand*, London: HMSO.

National Institute for Health and Clinical Excellence (NICE), NHS, London.

Office of National Statistics (2004) *The Mental Health of Children and Adolescents in Great Britain*, London, HMSO.

Wittenberg, I. (1982) 'Assessment for psychotherapy', *Journal of Child Psychotherapy* 8: 131–144.

【邦訳文献】

Freud, A.（1965）*Normality and Pathology*, New York: International Universities Press./［黒丸正四郎・中野良平訳（1981）児童期の正常と異常――発達の評価．アンナ・フロイト著作集第 9 巻．岩崎学術出版社］

【ウェブサイト】

www.newwaysofworking.org.uk/.
www.nice.org.uk.

第3章　声に出して考えてみる

——子どもの心理療法士と，裁判のための家族アセスメント

ディアドゥリ・ダウリング（Deirdre Dowling）

本章では，家族法に基づき子どもに重大なリスクがあると懸念される事例において，親の養育能力を評価し，専門証人の役割を果たす子どもの心理療法士が直面する課題について考察する。イングランド[†6]の NHS には，今後，数年をかけて，家庭裁判所に証拠を提供するための保健領域の専門家の証人チームが設置されることになっているが，子どもの心理療法士はその仕事の中心的役割を担うことになりうる（Chief Medical Officer, 2006）。本章では，裁判所は不慣れな設定ではあるが，子どもの最善の利益を守るために必要な，考える空間とコンテイメントを提供しうるということを論じたい。子どもの心理療法士が提供する精神分析的な考えと，子どもと家族の観察は，家庭生活の複雑な力動を解明するのに役立つと，司法から評価されている。私たちは，子どもが世界を体験する見方と，それが子どもの行動や遊びを通してどのように伝えられるのかを提示することができる。子育ての難しさについて探求するために設けられた考える空間を活用し，子どもとの絆を新たにした何組かの家族を紹介する。子どもと永久に別れてしまうという代償を払ってでも，必死に否認を続け，他の誰かのせいにする家族もいる。子どもの心理療法士として，専門的な心理療法的アセスメントサービスを行うキャッセル（Cassel）での私の関わりについて述べるなかで，これらのことを明らかにしていきたい。キャッセルでは，外来患者の面接から入所型アセスメント，そして裁判所への勧告までを行う。アセスメントは力動的な過程である。治

---

†6　英国では，イングランド，ウェールズ，スコットランド，北アイルランドで，それぞれシステムが異なる。

療的設定のなかで，親が子どものニーズを満たすために変化できる力がある
かどうかが試されるのである。

裁判の流れ

　裁判に関する仕事は，子どもの心理療法士には大きな不安を与えるもので
ある。法廷のための報告書を書くことに始まり，非常に私的な仕事を公の目
にさらし，法廷では敵対的になりうる法廷弁護士からの反対尋問に直面する。
しかし，逆説的ではあるが，こうした制限のおかげで，非常に感情が揺さぶ
られる状況にある子どものために，最善を尽くす過程が支えられる。私の経
験では，法的プロセスは思考することが可能な構造を提供してくれる。観察，
内省，探索，推奨，そして報告という厳密なプロセスは，家族の崩壊という
非常に複雑で葛藤的な問題を考え抜くための枠組みを提供してくれる。セッ
ションにおける分析的境界のように，形式的な法的構造は，明確な一連の規
則のなかで，考えの自然な探索を可能にしてくれる。

　しかし，イングランドの法制度には，より問題のある面もある。それは，親，
子ども，そして地方自治体という，それぞれに独立した代表権と対立する，
裁判所の構造である。私見だが，これは，子育てにおける子どもとの関係の
重要性を中心に据えた，親子両サイドの支援のニーズへのアプローチよりも，
むしろ，親と子どもの利害の対立を強調するものである。同様の分裂は，成
人精神保健サービスと子どものケアサービスを行う専門機関が分離している
ことにも反映されている。これでは，家族全体のサポートというよりは，親
と子どもの葛藤するニーズを強調することになる。社会的養護計画の過程か
ら親が孤立してしまう付加的な要因に，多くの親が正式には精神保健上の診
断を受けていないために，精神保健サービスに知られていないということが
ある。彼らは，生涯にわたる虐待，トラウマ，剥奪のために一連のパーソナ
リティの困難に苦しみ，ついには親としての危機に至っているのである。多
くの場合，弁護士が彼らの唯一の代弁者であり，法的手続きを通じた支援者
像にもなりうる。両親が別れ，それぞれが相手に対して，なぜ自分のほうが
子どもに最善のものを与えることができるのかを議論する場合は，さらに複

雑である。このような利害の対立に直面した際には，裁判官は全体像を把握するという厄介な務めを負う。そして，より明確性を必要とする手続きの諸側面について助言をするために，独立した専門家が必要とされる。

　このように，家庭崩壊をした複雑な事例には，強力な力動が働いている。また，専門家間，もしくは子どもサービスと親との間の葛藤のなかで，罪悪感，非難，そして怒りが再演される。ケネディは，*Psychotherapists as Expert Witnesses* において，恵まれない親が地域のサービスに助けを求めても，そのニードは満たされず，未解決であることに対してすぐに幻滅することになるとして，次のように述べている。

　　当局は家族のなかの不十分な親を表象するようになり，家族は常に周囲から屈辱を受け，罰せられ，あるいは誤解されていると感じるようになるだろう。すると次に，この不必要な迫害に責任があると思われる者に対して攻撃を仕返し，処罰するかもしれない。

(Kennedy, 2005, p.225)

　独立した専門家は，しばしばこのような困難な状況に巻き込まれる。ジュディス・フリードマン（Freedman, J.）は，「裁判所，カップル，そしてコンサルタント」という記事で，次のように考察している。独立した専門証人の価値は，「対立する二人のパートナー［社会福祉と親］の間の第三の位置から，虐待や子どもを守ることの失敗に潜在する力動について，親が探索し始めるような援助を可能にする」（Freedman, 2005, p.116）。彼女はロンドンで，暴力や性的行動に問題を抱える人のための専門サービスを提供するポルトマンクリニックで親のアセスメントを行っており，そこで出会う多くのカップルは，子どもに害を与えるという痛ましい現実を否認すると指摘している。アセスメントの価値は，親が自分たちの関係性に目を向け，暴力や相互依存が子どもにいかに有害であるのかを見極める機会を与えることにある。

　子どもの心理療法士として，私たちはこうした育児崩壊の探索に貢献することができる。トラウマや多様な分離が子どもの発達に及ぼす影響について

の知見は，家族の複雑な人生の物語を解釈するのに役立つ。私たちの分析は，現在の子ども，親と子どもの関係性や家族力動の観察につながっていく。パーソンズ（Parsons, 2000）は，心理療法士の二重の役割について以下のように述べている。それは，「母性的コンテイニング機能」と「父性的対立機能」によって，患者の現実，事実の否認，そして強力な個人的論理に挑戦するということである。治療的作業としてのコンテイニングと対立という二つの側面は，親の病理をアセスメントする際に重要である。アセスメントというプレッシャー下で，子どもに対する強力で葛藤的な感情を受け入れられ，理解されると，親は子どもの虐待やネグレクトに自分が果たした役割に直面し始めることがある。たとえば，自分を役立たずで屈辱的だと感じさせるような子どもの行動に対する憎しみの感情について話したとしても，両者の関係における愛情が排除される必要はないということを知るのは，大きな安心になる。

　法的アセスメントでは，親が家庭崩壊という真実に直面するのを助けるための心理療法士の権威を裁判所が支持する。裁判手続きの時間的プレッシャーも，子どもと共にいることを望むなら，親は自分の最終的な立場に直面せざるを得ないという触媒の役割を果たす。このような時間的制約は，臨床家にとっては子どもの将来についての勧告をせかされるものである。また，関係する家族の複雑さや不確実性を考えると，しばしば苦痛を伴う困難を感じさせられるものでもある。

法的背景

　法廷で自信を持ち，居心地良く感じるための最初の障壁は，法律用語に慣れることである。私たちは専門的スキルを持つ子どもの心理療法士として，子どもが直面する問題について裁判所にアドバイスをするための独立した専門証人になることを求められている。子どもとの面接について証言するために証人として呼ばれる場合とは異なり，これは包括的見解を示すためのものではない。独立した専門家として，親の養育能力をアセスメントするために，一人で動くこともあればチームの一員として動くこともある。多職種による

養育能力のアセスメントの価値は，成人と子どもの精神保健の専門家が，共に包括的家族機能についての考えをまとめ，潜在する原因を探索することにある。

　専門家の重複を避けるため，すべての関係者からの指示を受ける可能性もある。養育能力のアセスメントにおける関係当事者は，通常，子どもに対する懸念から社会的養護の手続きを開始した子どもサービス，子どもの利益を代表するために裁判所に任命された子どものガーディアン（Children's Guardian*1），および法廷では別の立場を立証する可能性のある両親である。子どものガーディアンは通常，経験豊かなソーシャルワーカーで，裁判官に子どもの代理人として勧告を行う前に，全体のプロセスを観察する重要な人物である。複雑ではない事例は地域の下級裁判所や刑事法院で審理されるが，より複雑な事例は高等裁判所の最も経験豊かな上席判事に送られる。

　1989 年に施行された児童法（Children's Act）が，子どもの将来に関する決定の法的根拠である。そこには，親とのパートナーシップと共に，子どもの最善の利益が最重要であるという，しばしば対立する概念が述べられている。子どもをアセスメントする際の基準は，子どもが情緒的，身体的，または性的虐待，あるいはこれら三つのすべてのために重大な被害を受けているか，または受けそうかということである。裁判所で証明するのが最も難しいのは，情緒的被害についてである。考えるべき問題は，子どものリスクの程度，すなわち養育の失敗によって，子どもの発達が深刻に損なわれているかどうかである。裁判所は，子どもに関する決定を行う際の福祉的チェックリストを持っている。子どもの年齢や理解度に照らして，確認できる希望や感情を考慮しなければならない。子どもの心理療法士として私たちは，セッションにおけるプレイや反応の詳細な観察を通して，彼または彼女の将来についての感情や不安がどのようなものなのかを裁判所に提示する。これは，以前は明示されていなかった手続きである。同様に，乳児とその親の間の相互作

---

*1（原注）　現在は子ども家庭裁判所勧告支援サービス（Children and Family Court Advisory Support Service：CAFCASS）ワーカーという語が用いられているが，ほとんどの専門家と親は最近まで，「子どものガーディアン」——*guardian ad litem*——という語を使い続けていた。

用や，親と乳児のセッションにおける幼い子どもの母親との遊びの観察は，子どもの親へのアタッチメントやその関係性の喪失の可能性について，鮮やかに描きだすことができるだろう。

　その他，裁判所のチェックリストにあるのは，次のような項目である。

　　・子どもの身体的，情緒的，教育的ニーズ
　　・環境の変化により予測される影響
　　・子どもの年齢，性別，文化的背景
　　・子どもが受けた，または受ける危惧のあるあらゆる被害
　　・親，あるいはその他の関係者が子どものニーズに応じる能力
　　・訴訟で裁判所が利用できる権限の範囲

　裁判所で何度も尋ねられる最後の問いは，「子どもの時間軸に沿うものか」ということである。子どもの時間軸のなかで親が変わる力があるのか，もしくは子どもにとって明確な決定のニーズは今なのか，そして永続性が何よりも重要なのかということである。

◖プロセスの開始──外来でのアセスメント

　裁判所のアセスメントを「観察，内省，探索，勧告，報告」といった，考えるための空間である心理療法過程として見ると，私たち心理療法士にとっても直ちによりなじみのある仕事になる。キャッセルでは，より複雑でハイリスクな状況をアセスメントする。親と子どもは，安全な治療的設定内でのみ再会することができる。しかし，私たちが考えるようにと求められる問題は，他の家族のアセスメントの設定と同様に，子どもにとってのリスクの程度と，親が子どものニーズを満たすことのできる可能性である。裁判所の書類と指示書を読んだ後，成人と子どもの心理療法士の「ペア」が二度の面接を行う。1回目は親とのみ会い，その次に家族全員で会う。2回目は，親に短いフィードバックを行い，締めくくる。最初の心理療法的アセスメント面接では，親が考えを探索したり経験を振り返ったりすることができるかどう

かを見るため，意図的に構造化していない。フォナギー（Fonagy, P.）ら（Fonagy et al., 1996）の調査・研究は，「内省的自己」の発達が，親の変化する力の重要な指標になると示している。親にとってこのアセスメント面接は，それまで受けてきたさまざまなアセスメント，裁判所への出廷，弁護士との面会といった目まぐるしい動きの後に，立ち止まって考える機会を提供するものとなる。

　アセスメント面接に先立ち，書類の束を受け取る。ここには，時系列，ソーシャルワークの報告書，面会時の観察，他の専門家の意見，親の陳述，ときには過去に家族から離された子どもの事例の裁判資料も含まれている。また，すべての当事者から了承を得た弁護士からの指示書も添付されている。これらが，私たちがアセスメントにおいて考える必要のある特定の問題を概観するものとなる（ケネディ（Kennedy, 2005, p.39）は，指示書やその他の裁判手続きの扱いについて，より詳細な考察をしている）。

　なかには，独立性を保持するために，親との最初の面接を終えるまで，こうした報告書を読むのは役に立たないという意見もある（Asen, 2007）。しかし私は，報告書を最初に読むことは必要不可欠だと考えている。家族との面接に備えて，家族歴やリスク，子どもへの加害の詳細を知っておきたい。悲惨な早期の生育歴や家庭崩壊の話，そしてそれらの子どもへの影響についての書類を読むと，気力をくじかれることも少なくない。この段階で，私はしばしば，変化への希望がどこかにあるのかと考える。しかし，面接で実際の父母に会うと，予期していたのとは異なる姿を目にして驚くことも少なくない。この最初の面接の衝撃は，心理療法で子どもと最初に接触したときにも似て，アセスメントを振り返る際に非常によくその本質が見えるものである。この衝撃が心の中で色褪せないうちに詳細を記録しておくことには価値がある。

● 最初の面接 ●

　親（多くはシングルマザー）は，第三者機関としてのキャッセルにやって来る前に，多くの公的なアセスメントを受けている。そのため，我々の心理療法的アセスメントは，「どんな援助が必要だと考えていますか」というシ

ンプルな問いから始まる。そうすることで，養育の崩壊がいかにして起きた
のかを共に理解し，探求する際のテーマが浮かび上がってくる。目的は，個々
の病理やカップルの関係性を理解することである。さらに，養育能力や，子
どもの苦痛に対して責任を取る意思，また変化への潜在的可能性について一
定の見方を得ることである。しかし，こうした力動に対する自らの役割を考
えるのは恐ろしすぎるため，すべての責任が外部に投影されてしまう危険性
がある。親が非常に迫害されていると感じているときには，考えをオープン
にし，探求するのを励ますのに安全な方法を見つけるのは難しい。

● サンドラの事例 ●

　子どもの頃に，性的，情緒的にひどく虐待を受けていたサンドラという若
い女性に会った。彼女は最近，長年続いていた暴力的関係を断った（すべて
の事例は，匿名性を保持するために改変している）。彼女は，子どもたちを
取り戻し，「過去を後ろに置く」ためにはなんでもする決意だと語った。二
人の子どもは深刻なネグレクトの状態にあり，面前での彼女とパートナーと
の間の暴力的な口論というトラウマにさらされていた。サンドラは，子ども
たちと一緒に家に戻るという理想像を描いており，「これからすべてが違っ
たものになる」と話した。子どもの頃に虐待にさらされていたことについて
考えようとし，これがいかに母親として子どもを守ることの困難さと関連し
ているのかについて考えようとすると，彼女は怒り，動揺して「過去は後ろ
に置いておきたい」と繰り返すのだった。彼女の絶望と怒り，そして自分の
子どもを守れないことの間にある関連性を探索するのは，脅威であると見て
取れた。このように刺激されると，いかに感情が爆発してしまうのかを恐れ
ているようにも感じられた。また，誰かが援助してくれるなどと信じるのは
難しいようだった。2 回目の面接の終わりに，彼女の子どもたちに対する温
かさを私たちが見たことがわかってようやく，彼女は共に考え始められるよ
うになった。それから彼女は，娘との関係性における緊張感や，心理療法で
ブレイクダウンする恐怖について話すのを受け入れることができた。

　この最初の面接は典型的な例である。母親はとても防衛的で，過去や現在

の関係性における暴力や虐待のパターンについて探求することや，その子どもへの影響を注意深く見るのを怖れている。しかし，2回目の面接までの一週間を利用して1回目の会話について考え，2回目の面接では，それをさらに探求することができた。一方，探索的な心理療法的面接をとても脅迫的なものだと感じる親もいる。妄想的，もしくは迫害的な恐れのため，これ以上進めると現在の脆弱な平衡が粉々になってしまうかのようなのである。「僕には自分のスペースが必要なんだ。この場所には十分な窓もドアもないよ」というある父親の発言は，このことを雄弁に物語っている。

●2回目の面接で，親と子どもに会う●

　2回目の面接では，親に子どもと遊ぶように要請し，私たちはその様子を観察する。時々，子どもの遊びや行動について，示唆やコメントによる介入をし，親がどのように反応するのかを見ていく。私たちは，この1時間の面接のために里親に連れてきてもらった二人の子どもとサンドラに会った。

　サンドラは，2歳のマンディと，バギーの中で眠る生後8カ月のスティーブンに会った。部屋の中のおもちゃをあれこれ見た後，マンディは女の子の人形に興味を示した。彼女はそのとき，母親の顔を見て，まるで似ているところがあるかどうかを考えているようだった。私がそれを母親のようだと言うと，マンディは母親の反応を見ながら，わざとそれを投げ捨ててしまった。私は，お母さんを失ってしまって，マンディ（小さな女の子）も投げ捨てられたように感じて怒っているのかもしれないと話した。サンドラは娘の遊びに動揺し，里親の所に行くことになってどんなにマンディが怒っていたのかと話した。里親の所に行くことになって，娘が拒絶されたと感じたのはわかってはいたが，娘をどう助けたらいいのかはわからなかったという。サンドラは，自分自身を理解することなしに娘の感情について本当に考えることはできず，自分自身に援助が必要なのだと認めることができた。

　この面接では，サンドラと子どもたちとの間のアタッチメントの質，子どものコミュニケーションに対するサンドラの敏感さ，および共感的に反応す

る能力を観察することができた。指示や批判だと感じ過ぎることなく，私たちの観察について聴くこともできた。サンドラはマンディの遊びに明らかに心を動かされ，関心を寄せた。そしてこのことによって，彼女はマンディが別れについて悲しみ，打ちひしがれているのをわかっていると，直接にではなかったが，娘が聞いている前で私たちに話すことができた。

　親にとって，里親に連れてこられた子どもと共にアセスメントの1時間を過ごすのは，容易なことではない。しかし，私たちが見る状況は，多くの場合，居住アセスメントまで進んだ後に現れるような，正確な関係性を反映するものである。たとえば，別のある母親のことが思い出される。彼女は赤ん坊の息子を，自分とは向き合わせずに膝の上に座らせていたので，彼らの間には真の相互交流の可能性が見られなかった。成人の心理療法士がこのことについてコメントすると，母親は，レイプの結果であるこの赤ん坊を抱きしめることができないのだと，悲しげに認めた。それから彼女は，赤ん坊が胸に頭突きをしてくるのだと話した。心理療法士は，それは怒りを示しているのではなく，この赤ん坊なりに，母親の心に近づこうとする方法なのだろうと示唆した。母親は，関心を取り戻したかのように赤ん坊を見た。おそらく，自身のアンビバレンスのために，乳児が実際に彼女に近づきたがっていることに気がついていなかったのだろう。この母親がレイプの怒りを乗り越えて，赤ん坊との絆を本当に結ぶことができるのかどうかが，居住アセスメントにおけるセラピーの中心的テーマになった。

　心理療法士の協働の価値は，親が「親カップル」に抱えられていると感じられることにある。これは，こうしたアセスメント面接における強い不安をよくコンテインしてくれる。成人の心理療法士は母親と意味のある接触をする方法を見つけ，子どもの心理療法士は親-子の関係性により焦点を当てるかもしれない。また，成人の心理療法士との話し合いは，セッションの複雑な素材を処理する助けにもなると思う。ときには，同じ設定に対する認識がまったく異なることもあるが，同じ親と子どもに対する異なる反応について理解しようとする苦労が，その裏に潜む病理を明らかにすることもある。経験豊かな男性の心理療法士との仕事が思い出される。彼は激怒する10代の母親から叩かれないようにすることにばかり気を取られ，面接が終わる頃に

は椅子の端に座っていた。私は彼女から離れて座っており，おそらく女性だからか，彼女の暴力や脅しをそこまで感じることはなかった。後にこの力動について話し合うことで，私たちはこの若い母親がいかに激しやすいのかを悟り，赤ん坊と同室での2回目の面接を設けないことに決めた。彼女がとても動揺し，子どもに苦痛を引き起こすと考えたからである。すでに彼女は弁護士に電話をして，これ以降の面接をキャンセルしていた。治療過程におけるこれ以上の親密な関係性には耐えられないようだった。

　これらの面接では，親が治療的設定を用いることができるかどうか，また，ネグレクト，虐待，もしくは子どもを守ることの失敗がいかにして起きたのかについて，探索する動機づけがあるかどうかを見ていく。シングルマザーに会うと，すでに別れてはいても，しばしば暴力的なパートナーの存在があり，カップルの暴力から母親が子どもを守れなかったことが問題になる。そこで，なぜ繰り返し虐待的な関係性に巻き込まれてしまうのかを，母親が探索できるかどうかを見極めようとする。将来，子どもを守ることができるかどうかが中心的な問題なのである。

　両親をアセスメントするときには，直接，そのカップルの関係性について探索する。鍵となる問題は，彼らが自分たちの関係性のダイナミクスを見る耐久力と，それが養育にどのように影響しているのかである。関係性のバランスの変化によって，彼らが共に作り上げてきた脆弱な均衡を乱す可能性をどちらか一人が感じると，デリケートな問題になりうる。精神病をもつ若い女性と，乳児期に深刻なネグレクトを受けてきた若いパートナーのことが思い出される。面接では，彼らはお互いについての不安にとらわれていたため，なぜ赤ん坊のニーズを無視するのかを探索する方法はないように思われた。あらゆる一連の質問が否定を引き起こし，怒りと不安を増幅させた。彼らの間には，お互いに関するいかなる疑問も，異なる意見に対するスペースもなかった。この夫婦は，自分たちの乳児を再び育てたいと切望していたにもかかわらず，治療的アセスメントに関与するという情緒的ニーズについてのレジリエンスも，洞察力も持ちあわせていないことは明白だった。子どもと共にいる，カップルとしての両親との面接について考える際に鍵となるのは，自身のニーズにとらわれて子どもを見失ってしまうのではなく，親として互

いをサポートし，子どものことを考える能力である。

報告書の作成

　裁判の報告書を書く際には，さまざまな聴衆について考える。そこには，親，子どもサービス，保健領域やその他の専門家がいる。その家族と子育ての困難さについて話し，なぜこの子どもがある特定のニーズを持っていると考えるのか，そして臨床的な視点からこれらのニーズをいかに満たすことができるのか，裁判官に説明するところを想像してみる。明確に，かつ専門用語を用いず，しかし精神分析的な思考について，裁判官，ソーシャルワーカー，そして親が理解できるような書き方がここで求められるスキルである。

　報告書においては，事実と意見を分けておくことが重要である。2 回の面接のナラティブを，「事実」として始める（アセスメントを行った二人が出席するが，一人は報告書を書く責任を負い，求められれば専門家として出廷する）。面接の要約に続き，専門家としての意見の概要を論じる。そこには，家族歴と，それが子どもに与えると思われる影響についてのコメント，および子育ての失敗につながった家族の力動についての理解を含める。子どもと親の間のアタッチメントの質や，困難や変化への責任を親が受容するのかどうかについてもコメントしなければならない。最後に，利用可能なさまざまな選択肢について，子どもにとってのその潜在的リスクと利益，また，現在および将来の子どものニーズについても含める。後になって問題を明確にしたり，法廷で議論したりする必要性を減らすことができるよう，調査・研究のエビデンスを見ながら，なぜ他の専門家やソーシャルサービスと異なる意見であったり，同意見であったりするのかを論じることが重要である。そして，勧告を結論づける。通常の選択肢には，親が子育てを改善できるかどうかを確認するためのさらなるアセスメント，拡大家族への措置や養子縁組などがある。最後に，指示書の質問事項を扱う。

　リソースについて議論しなければならないことも少なくない。なぜなら，法廷での議論の背後には，財源の問題があるからである。保健医療，およびソーシャルサービスにおける財政的制約は，根本的な問題を解決できそうに

はない，「早くて安い」解決策が強く求められることを意味する。たとえば，明らかに未解決の情緒的問題があるにもかかわらず治療的作業を行うことのできない地域でのアセスメント，またはより綿密な作業が必要であるにもかかわらず短期のアンガーマネジメントのコースなどである。家族が司法の場にいる限りは，適切な臨床サービスを推奨することができ，ときには親と子どものために継続的な治療的援助を保証することもできる。危険なのは，子どもを養子に出す決定の前に，親が子育てを改善できるかどうかを見極めるための十分な支援を与えることなく，子どもを親から早急に引き離すことである。

　報告書の交換後，専門家会議に出席して相違点について議論し，何らかの合意に達することができるかどうかを検討するよう求められることもある。最近ではこれは，それぞれの長距離移動を節約するために，しばしばビデオリンクや電話会議で行われる。ここで合意を得て，法廷での議論の必要がなくなることが期待される。この会議には弁護士と専門家が出席し，文書記録が保存される。自分の意見を再検討する準備ができているかどうか，また，会議で他の専門家と意見が違っても自分の意見を主張できるかどうかを，明確にしておくことが重要である。議論を重ねても意見の相違を超えられないとすれば，裁判官の判断に委ねるために，法廷に持ち込まれることになる。

 出　廷

　私の経験では，法廷への準備は，証人として呼ばれることが確認された日か，多くの場合はその前日の夕方に始まる。事例の全体像をつかむために，主要な法廷文書を読み直す。とても不安になり，どんな質問をされて，どのように返答するのかを何度も考えてしまう。ひとたび裁判所に入ると，現状を理解するのに懸命になり，神経が落ち着いてくるのがわかる。専門家として出席するのは半日で，たいていは手続きが半分ほど進んだ後に到着することになる。それまでに多くの議論がなされているかもしれない。法廷弁護士に迎えられ，ときには法廷に呼ばれるまでに，新たな出来事について聞かされたり，別の報告書を読むようにと渡されたりすることもある。ほかの人た

ちがグループでいると，これはとても孤独な時間になる。私はしばしば，どのグループからも独立していなければならないと強く意識して，一人で座る。法廷弁護士が裁判官と協議し，調整するべき特定の未解決の問題がないか，新たな合意を得ることができるかどうかの確認のために，法廷に呼ばれる前に別室で待機するよう求められることもある。法廷よりも境界がないように感じられるため，このような協議は居心地が悪く感じられる。ときに，「上位」の医学的意見に譲らなければならないというプレッシャーを感じることもあるが，折衷案が得られれば関係者全員が法廷に出る時間とストレスを節約でき，有益である。

　法廷に入ると，証人席に呼ばれて宣誓し，尋問が始まる。居住アセスメントを勧めている場合には，私を呼んだ法廷弁護士が，まず親の側からの議論を始める。報告書の議論の要点をまとめたり，説明を求められたりしながら進む。たいていは友好的で，挑発的なものではない。反対尋問のほうがより困難になりうる。地元当局や子どものガーディアンの代理人である法廷弁護士が，矛盾や根拠のない議論を見つけようと，私の証拠を徹底的に検証する。異議を唱えられると，個人攻撃のように受けとめてしまうこともある。ここでは，私自身の見解というだけではなく，治療上のペアやチームを代表しているということが助けになる。短く要点のみを答えるが，子どもに関する心配事は必ず伝えるようにする。裁判手続きの敵対的な性質から距離を置くために，私が話しているのは裁判官だという事実に集中し，しばしば裁判官のほうを見る。裁判官の役割は，聴き，観察し，ノートを取り，明確にするための質問をし，法廷の秩序を保つことにある。この静かで中立的な存在が，法廷で生き続けなければならない思考プロセスのモデルであり，私自身の冷静沈着さを維持するのに役立つ。裁判官は「子どもの最善の利益」を代表するものだが，これこそが私の関心事でもある。私は常に敬意を払われ，子どもの心理療法士としてのスキルが認められていると思う。ほとんどの裁判官は，ある程度の不確実性や複雑な構図を受け入れるが，最終的にどうするべきかについては，私自身の見解を示さねばならない。

　親も法廷におり，注意深く聞いている。親の前に立って，困難があまりにも大きいために子どもの時間軸では解決できず，これ以上のアセスメントに

同意することはできないということや，養子縁組を勧めるといったことを伝えるのはとても痛ましい。一方，さらなるアセスメントを勧めるならば，親が取り組もうとする挑戦は何なのか，そしてキャッセルが推奨するリハビリテーションのための３カ月のアセスメント期間で，どのように変わらなければならないのかを，親に対して公に説明することができる。親は，私たちが彼らの代弁者であることに安心するかもしれないが，彼らはまた，子どもを預けるに至った強力な証拠を認識する必要もある。現実を直視して，このような裁判過程を経ることで，皆が自分に反対していると感じるのではなく，治療的な協力関係を築くことができるようになるところまで，親を動かすことができるのである。

居住アセスメント

● 治療的な居住設定でのワークスルー ●

　裁判官の判断は，さらなるアセスメントが必要だというものかもしれない。その場合，家族にはキャッセルのような日帰り，あるいは居住環境において，最長３カ月のアセスメントが提供される。その目的は，親の養育能力と，子どものニーズを十分に満たせるように変化できる力があるかどうかを支援的な環境で観察することである。キャッセルで発展させてきたアセスメントモデルは，家族が治療的コミュニティという，共に「生活して学ぶ」場で，個人，家族，カップルの心理療法を提供するというものである。

　入所アセスメントについての考え方の一つは，ウィニコットの概念（Winnicott, 1971）を用いると，親としての可能性を発見することのできる「中間領域」を提供することである。ここは，物理的にも情緒的にも保護された空間であり，治療的コミュニティである。親は，親になるための学びを支援され，地域で生活していれば生じる要求や葛藤からは守られる。親になるということは，乳児との関係に没頭することを含むプロセスである。ウィニコットはこれを「母性的没頭」（1965）と呼んだ。理想的には，自分が養育されてきた早期の経験を基礎に，乳児に対して共感的な反応を示すことで

ある。もし，子育てが最低限のものであったり虐待的であったりするならば，傷つきやすく要求の多い乳児を育てる経験は恐ろしいものであり，寄る辺のない親は激しい怒りの反応を引き出されてしまう。私たちが出会うほとんどの親は，自身の情緒的問題や葛藤にとらわれすぎており，子どもとの関係の発展について考える余裕がない。家族サービスでは，すべての親と職員が，「ネグレクトや虐待から，思いやりのある親になるにはどうすればいいのか」という問題に専念する。

　毎日の出来事は，考え，理解するために，顕微鏡を通すかのように緻密に観察される。たとえば，ある母親は自分の赤ん坊の足の間をくすぐって「セクシー」と呼ぶのをとがめられた。その後，このことを看護師とセラピストが開催する毎週の親グループで話してみるように言われた。私たちは，親と乳児との関係における優しさと性の問題について検討するところから始めた。赤ん坊をセクシーと呼ぶことにはどんな意味があるのか。それは間違っているのか。あなたなら赤ん坊の足の間をくすぐるか。くすぐられるのは赤ん坊にとって本当に楽しいことなのか，もしくはパニックに陥らせることなのか。この議論はすぐに，私たちが，この親が性的虐待をしていると言いたいのではないかという親たちの強い反応を引き起こした。そこで，すぐに判断したり私たちに何かを期待したりするのではなく，自分の親としての経験について考えるよう促した。何が赤ん坊を不愉快にさせるか知っているか。快適さや満足感への衝動的な欲求から，自分の赤ん坊を守ることができるだろうか。

　もちろん，親としての経験について考えるプロセスは，それまで避けてきた欲求，怒り，そして罪悪感に直面することを意味するため，しばしば激しい抵抗にあう。裁判所の命令は，この現実逃避を止める強制力として作用する。ブロードモア司法病院に勤めるキャリーン・ミン（Minne, 2008）は，鍵のかかった環境（secure setting）での心理療法の価値について記している。ここでは患者には，自分の犯罪につながったプリミティブな情緒に直面しはじめるための明確な境界線がある。また，犯罪者から患者になり，治療同盟を築くのに 1 年はかかると説明している。キャッセルでも同じような経験をする。アセスメント期間中に，数週間をかけて家族との同盟を発展させる必

要がある。アセスメントの要請，初期には 24 時間の厳重な監視，毎日の日課などのすべてが，親と子の周りにしっかりとした境界を設定することになり，そこで思考と探求が始められるようになる。監視され，観察され，感情が探求されるという経験は，当初は親を非常に迫害的にし，怒りを引き起こす。しかし，子どもと共にいるという決意が十分にあれば，親は援助を受け入れるようになるだろう。苦しむ親と最初に有意義な接触をするのは，保育士，家族看護師，または心理療法士かもしれないが，そこから，治療同盟の始まりが現れる。親であることへのアンビバレンスや，親が自分の欲求を満たすことと子どもの欲求を満たすこととの間の葛藤は常にあるが，私たちはこのバランスに注目する。親には限界がある。しかし，親しみのない新奇な環境での生活のストレスにもかかわらず，アセスメントの間に子どもが順調に成長し続けることには安堵する。

　キャッセルでの居住アセスメント過程には，治療的コミュニティという設定で，個人のみならずグループとして，複数の家族との作業も含まれる。看護師は心理療法士と協力して，親が子どもの世話をするのを支援し，子育ての技術を取り戻すためにお互いに協力するよう促す。多くの親が持つ過去の破壊性や絶望のレベルに向き合い，彼らが自身の強さやレジリエンスを発見する援助が不可欠である。ケネディ（Kennedy, 1987）は，家族の治療における日常の出来事の重要性を強調している。カモのいる池[†7]に出かけたり，子どもの食事の準備をしたりすることは，早期のトラウマの治療的探求と同じくらいに重要だと考えられている。

●チームとして動く●

　深く心を乱し，混乱した親との集中的な面接を行いつつも，日常的な危機に巻き込まれないようにするのは大変なことである。抵抗する親の感情に向き合おうとするのは，情緒的に疲弊するものである。臨床チームは，不適切だと感じたり，親からの継続的な挑発に反応して腹が立ったりすることもあ

†7　英国では，親子の身近な散歩コースとして，近くの池にいるカモに餌をやりに行くことが多い。

る。親の罪悪感，絶望，怒りはすぐに周囲に投影される。この猛攻撃によって，いつの間にか思考力が損なわれ，ついには考えるのを止めてしまうこともある。職員チームとして，日常生活のドラマと危機の最中にも，何らかのユーモアと皮肉を見出すことで，こうした情緒の集中砲火への対処を試みる。これは組織的防衛ではなく，必要な均衡だと思う。心理療法における遊びの論理と皮肉の重要性についてのマイケル・パーソンズ（Parsons, M.）の議論を読むと，私たちの家族との仕事のあり方を考えさせられる。

　　皮肉は，そこに含まれる遊びの要素のおかげで，精神分析的視野における中心的重要性をもつ。皮肉は残酷で，遊びはタフかもしれないが，それでも皮肉は，経験の否定的で潜在的に破壊的で耐えがたい要素を扱い，飼いならす。それは，否定することによってではなく，共に遊ぶことによってである。遊びが否定的な気持ちを落ち着かせるのである。

　　　　　　　　　　　　　　　　　　　　　　　　（Parsons, 2000, p.139）

　家族との集中的な経験を通して，チームは家族の根底にある力動と崩壊の原因に関する仮説を展開する。それぞれの家族は，それぞれに独特なものだが，キャッセルで働く成人の心理療法士，ビアータ・シューマッハは，その論文「I can't live without my child. Motherhood as a solution to early trauma」（Schumacher, 2008）で，共通のパターンを説明している。私たちが出会う母親の多くは，子どもの頃に虐待を受け，トラウマを抱えているとして，次のように示唆する。

　　赤ん坊を持つことは，自身の子ども時代のトラウマを鎮めようとする無意識の試みである……母親であることで痛みが和らぐのを期待する……自身の母性対象——実際には，切望してやまない良い対象と，強い憎悪を向ける悪い対象の二つの母性対象——との，化膿したアンビバレントな関係の「解決」である。この分裂を心理的に調和させることができず，早期のトラウマティックな経験をなんとかするために，分裂という原始的防衛に全面的に依存する。このような若い女性にとって，母親

になることとは，歴史を具体的にやり直すことなのである。

(Schumacher, 2008, p.317)

　理想的な母性という幻想は，実際の赤ん坊に対する現実的な疲弊と，赤ん坊の分離のニーズの高まりに直面して，必然的に破綻する。自分の求める満足感を赤ん坊が奪っていると母親が体験すると，赤ん坊は虐待に対して脆弱でケアを必要とする乳児ではなく，迫害者であると認識されうる。シューマッハは，母親が「自分がそうであることを望んでいた素晴らしい母親」を悼むことができるようになることが，本質的な治療の仕事であると主張する。同時に，目の前の赤ん坊を養育するなかで起こる欲求不満や，不完全な母親であるという現実を生きるための援助が必要である。この仕事には三つの側面がある。母親と乳児のセラピー，看護師による日常的な養育のサポート，そして母親の個人心理療法である。成人の心理療法士と子どもの心理療法士，そして家族看護師が共に働く三角形モデルが，子どもと親の情緒的，内的生活，および親子の発達する関係性を日常生活の現実につなげていくことを可能にする。

● チームのなかの子どもの心理療法士 ●

　この三角形のなかで子どもの心理療法士は，家族のなかでの子どもの経験に焦点を当て，親と乳児の関係の微妙なバランスの変化に反応する。その際，親にも私たちと共に観察してもらおうとする一方で，もし乳児がひどく苦痛を感じていたり苦しんでいたり，あるいはまとまりがなくなっていたりするようなら，保護的に介入する（親-乳児心理療法の詳細については，ダウリング〈Dowling, 2006〉参照）。3歳以上の子どもの場合は，大変だった過去や親と再統合したことによる不安について考えることができるよう，個別のセッションを行う。子どもの心理療法士は，その専門性からして，短く不確定な期間で，子どもとの心理療法に関与することにはしばしば抵抗がある。しかし，子どもはこのような不確実な時期に，大人が真剣に耳を傾け，直面しなければならない混乱と忠誠葛藤を理解してくれるのを切望していることが多い。8歳のジャッキーと，週に一度，12週間にわたって会ったときもそ

うだった。母親の養育能力をアセスメントするために，ジャッキーは不安定で動揺した母親と再会していたが，これは彼女らが再び一緒に暮らせるかどうかを見るための最後の試みだった。彼女は母親との再統合を期待して，外来でのアセスメントに希望を持っていたが，現実はより痛ましいものだった。

　ジャッキーはセッションで，母親の元に戻って安心したが，うまくいかないのではないかと心配していることを伝えてくれた。母親が彼女の世話よりも，繰り返し職員との激しい争いに巻き込まれるようになるにつれ，彼女がどんどん脱錯覚していくのが見てとれた。これらの感情は，子どもの心理療法での遊びに反映された。当初，彼女はお菓子の店を立ち上げ，そこで定期的に心の安らぐお菓子を供給していた。週が進むにつれて，彼女はより現実的で希望にあふれ，家に必要な洋服や家具を売るようになった。その後，母親の精神状態が悪化し，脱錯覚が始まると，店は古物商に格下げされ，ついには閉店した。ジャッキーが母親には自分の養育はできないという現実に直面するプロセスは，この母親には変化は不可能だという私たちの認識とも一致していた。これにより，アセスメントの後，ジャッキーは永久に分離されるべきであるという決定への道筋が準備された。

　こうした非常に苦痛を伴う決定に際しては，特に治療チーム内では，結論を出すために終わりのない議論が行われる。しかし，ジャッキーのような子どもにとっては，アセスメントによって将来についての不確実性が解消され，望んでいた親との再統合の喪失を悼み，措置された家庭に落ち着くのを可能にする。もちろん，子どもが長期の安定した里親家庭にいる場合は，子どもにとっての継続性が担保されるので容易である。難しいのは，キャッセルでも地域でも，いったん子どもを保護してしまうと，親との継続的な治療的作業のための資金がほとんどないことである。いくらそれまで懸命に取り組み，治療的作業を用いることができると証明されていても，である。そのため，たとえ何らかの動機づけがあったとしても，将来の子どものための変化を援助する予見可能な方法はないと，親は（私たちも）感じてしまう。ときに，子どもが養子になってすぐにまた妊娠する親がいる。これは，結果的にはう

まくいかなかったとはいえ，安全で，コンテインされた設定での経験とのつながりを，新たにしようとする試みではないかと思うことがある。

● アセスメントの結論 ●

　キャッセルでのアセスメントを結論づけるために，公式の会議が開かれる。これは，家族に対する治療チームの見解をまとめるためのものであり，外部の専門家ネットワークと親が参加する。子どもの心理療法士として，子どもとその親の治療的アセスメントの観察所見を書く。会議の前に，親に向けてこのレポートを読む。これは，判断を下そうとしない，通常の治療的スタンスとは大きく異なる。子育てについての私たちの観察と考えを書いた記録を親に伝えることは，治療的対話の一部になりうる。この率直な伝達こそが問題を明確にする。親の反応は，怒りであろうが思慮深いものであろうが，会議の前にさらなる検討を可能にする。

　臨床チームとして，会議の前に勧告についての議論はしているが，会議それ自体が力動的なものであるため，完全に結果がわかっているわけではない。子どもの将来が親と共にあるのかどうかを決定する際に，私たちの勧告がしばしば決定的な発言になることはわかっており，そうした不安を抱えるという困難な仕事をする議長は，家族サービスのコンサルタント（もしくはチームのシニアメンバー）である。親は，報告が読み上げられるのを聞き，それについての意見を求められる。家族の将来を天秤にかけつつ，大勢の人が集まる部屋で自分たちについて議論されるというのは，奇妙で強烈な体験に違いない。しかし，このある種の純粋な理解から，親のなかに，ここでどのようなことがなされたのか，あるいは重要な問題が避けられたのかといったことが立ち現れてくる。これは，親が裁判前のアセスメント・プロセスにつながり，自分と子どもの立場について再考する最後の機会である。時には，それを聞いた専門家が重要な変化が起きたことを感じ取り，親に対する見方を変えることもある。そうなれば，親は，地域や支援ネットワークに戻るのだと感じることができる。コンサルタントが，アセスメントの要約と，裁判所への報告の基になる勧告を伝えて締めくくる。

● 声に出して考えてみること

　本章のタイトルで私が言いたかったことは,「考えてもいいですか」とい
う意味もあったのではなかったかと, 冗談を言った同僚がいた。振り返って
みると, 彼女のコメントは裁判手続きにおける家族アセスメントにおいて危
機や不安, そして時間的プレッシャーから, 理解を得るために必要な思考が
損なわれる可能性について, 非常に適切に表現したものである。では, 何が
考えることを可能にするのか。

　子どもの心理療法士として, 子どもの視点, 発達, そして将来のニーズに
焦点を当てることが, 考えを明確にしてくれると思う。子どもの世界に関わ
る大人が互いに言い争うなかで, 子どもの視点が失われてしまうようなシス
テムにおいては, このような焦点づけは不可欠である。ケネディ (Kennedy,
2005, p.213) は, アンナ・フロイトら (Freud et al., 1973) が示した臨床
的決定のためのガイドラインを想起し, 子どもが人間関係を継続させる必要
性, 子どもの時間軸を中心に据えること, そして法律の限界を認識すること
を強調し, 次のように述べている。

　　　子ども, もしくはこの場合, 成人の保護者であっても, 実際にどのよ
　　うな経験, そしてどのような出来事や変化に出くわすのかについて, 誰
　　にも――精神分析も例外ではない――予測することはできない。また,
　　長期的に見たときに, 子どもとその家族の発達の展開が, 子どものパー
　　ソナリティと性格形成にいかに反映されるのかについても, 誰も詳細に
　　予測することはできない。　　　　　　　　(Freud et al., 1973, pp.51-52)

　そして, 実践家としてできることは, 子どものために「最も有害ではない
選択肢」を探すことのみだと強調している。

　その限界を受け入れつつも, 法律は子どもの将来の重大な決定のための構
造と「考える空間」を提供することができるのだと示唆したい。家族と綿密
に仕事をし, 虐待や崩壊につながった, 強烈でしばしばプリミティブな感情

を理解するための苦闘に巻き込まれると，時間制限や明確な質問を伴う裁判手続きは，私たちの仕事に必要な現実をもたらしてくれる。何が起きたのか。いかに力動を理解するのか。合理的な時間制限の範囲内で，子どものために何ができるのか。これらの具体的な問いは，治療的探求を地に足のついたものにし，不確実性を抱え続けながらも，必要な勧告の策定を確実なものにしてくれる。考えを書き，ディスカッションし，ディベートをして報告書にまとめることもまた，治療的仕事に役立つ考えを明瞭にする助けになる。

　最後に，必要なのは明確な臨床構造と，親が苦しみ，子どもが危険にさらされているときに現れる，力強くプリミティブな不安をコンテインすることができるよう，確立されたチームである。チームはまた，困難なアセスメントに対処する際には，ピアサポートとコンサルテーションを提供し，意思決定を共有することで不安をコンテインしてくれる。

まとめ

　子どもの心理療法士としての裁判のための家族アセスメントには，家族の人間関係の質と，子どものニーズを満たす親の力を探求するという，馴染みのある作業が含まれる。心理療法士としての私たちにとって馴染みがないのは，重要な段階で「声に出して考える」プロセス，すなわち，治療経過についての観察や考えについて書き，患者とディスカッションし，そしてより公的なディベートにおいて彼らと関わることである。しかし，私の経験では，このような裁判のためのアセスメントによって，親と子どもの治療を始めることができるようになる。家族が共に家に戻ることを可能にし，以前は不可能だった地域サービスの支援を効果的に利用できるようにするような自己探求のプロセスを開始することができるのである。

【文献】

Asen, E. (2007) 'Therapeutic assessments: assessing the ability to change', in C. Thorpe and J. Trowell (eds) *Re-Rooted Lives: Inter-disciplinary Work within the Family Justice System*, Bristol: Jordan.

Chief Medical Officer (2006) *Bearing Good Witness: Proposals for Reforming the Delivery of Medical Expert Evidence in Family Law Cases*, London: Department of Health.

Dowling, D. (2006) 'The capacity to be alone: rediscovering Winnicott and his relevance to parent infant psychotherapy', in M. Lanyado and A. Horne (eds) *A Question of Technique*, London and New York: Routledge.

Fonagy, P., Steele, H., Kennedy, R., Leigh, T., Matson, G., Target, M., Steele, M. and Higgit A. (1996) 'The relation of attachment status, psychiatric classification, and response to psychotherapy', *Journal of Consulting and Clinical Psychology* 64, 1: 22–31.

Freedman, J. (2005) 'The court, the couple and the consultant', in M. Bower (ed.) *Psychoanalytic Theory for Social Work Practice*, London and New York: Routledge.

Freud, A., Goldstein, J. and Solnit, A. (1973) *Beyond the Best Interests of the Child*, New York: Free Press.

Kennedy, R. (1987) 'The work of the day', in R. Kennedy, A. Hayman and L. Tischler (eds) *The Family as In-Patient*, London: Free Association Books.

Kennedy, R. (2005) *Psychotherapists as Expert Witnesses*, London: Karnac.

Minne, C. (2008) 'The dreaded and dreading patient and therapist', in J. Gordon and G. Kirtchuk (eds) *Psychic Assaults and Frightened Clinicians: Counter-transference in Forensic Settings*. London: Karnac.

Parsons, M. (2000) *The Dove that Returns, the Dove that Vanishes*, London and New York: Routledge.

Schumacher, B. (2008) 'I can't live without my child. Motherhood as a solution to early trauma', *British Journal of Psychotherapy* 24, 3: 317–327.

Winnicott, D.W. (1963) 'From dependence towards independence in the development of the individual', in D.W. Winnicott (1965) *The Maturational Processes and the Facilitating Environment*, London: Hogarth Press.

Winnicott, D.W. (1971) 'The place where we live', in D.W. Winnicott *Playing and Reality*, London: Tavistock.

【邦訳文献】

Freud, A., Goldstein, J. & Solnit, A.（1973）*Beyond the Best Interests of the child*, New York: Free Press./[中沢たえ子訳（1990）子の福祉を超えて──精神分析と良識による監護紛争の解決．岩崎学術出版社]

Winnicott, D. W.（1963）From dependence towards independence in the development of the individual, in Winnicott, D. W.（1965）*The Maturational Processes and the*

Facilitating Environment, London: Hogarth Press.／[牛島定信訳（1977）情緒発達の精神理論——自我の芽ばえと母なるもの. 現代精神分析双書第Ⅱ期第 2 巻. 岩崎学術出版社]

Winnicott, D. W.（1971）The place where we live, in Winnicott, D. W. *Playing and Reality*, London: Tavistock.／[橋本雅雄・大矢泰士訳（2015）改訳 遊ぶことと現実. 岩崎学術出版社]

第4章　不安，投影，そして魔法のような解決への道のり

――リスクアセスメントを求められるとき

マリアンヌ・パーソンズ（Marianne Parsons），アン・ホーン（Ann Horne）

　リスクアセスメントの依頼を受けるのは，まれなことではない。実際に，一見複雑ではない紹介に隠れていることもある。私たちの文化では，リスクは除去しうるものだと万能的に思い込み，除去できない場合には訴訟を起こすという思潮が高まっている傾向がある。そのため，特にこのような要求への対応は，必然的に慎重にならざるをえない。ルーカスは，「心配させられるような行動を抱えねばならない管理者側の不安は，精神病患者のための入所施設の壁を，“紙の壁”，すなわち，ケア・プログラム・アプローチ（CPA）フォームと，リスクアセスメント・フォームに置き換えた」（Lucas, 2006, p.195）と言うが，悲劇を防止する安易な方法はない（Lucas, 2003, p.43）。それでも私たちは，難しく，危険な若者についての理解を深めるのに，精神分析的視点が利するところは大であるという確信を強調したい。こうした理解は力動的なものである。適切なリスクアセスメントは，若者について考え，理解し，そして向き合う際に，非常に貴重な刺激を提供してくれるが，それは絶対的なものでも決定的なものでもない。私たちは，解決や魔術的な処置の領域にはいない。むしろ，良いリスクアセスメントは，良いコンサルテーションのように，進歩や計画を可能にするものなのである。

　本章では，紹介者がなぜ，リスクアセスメントを要請するのかについて考え，リスクに関する考えを提供し，そのプロセスについて概観する。リスクアセスメントの報告書を含め，アセスメントを行う際に役に立つと考えられる事柄である。ここでの考えは（アセスメントと治療のいずれにおいても）リスクを冒すことが予想される患者群と出会う，専門的設定での経験に基づいている。精神分析的理解が提供する柱は，患者のアセスメントに必要であ

57

るのみならず，継続的治療においても役に立つ。

　紹介者がリスクアセスメントを要請してくるのは，通常，圧倒されて気の遠くなるような不安を感じさせられる若者と関わっているときである。意識的には，リスクの定量化と，その扱いについてのガイダンスの提供を望んで，「専門家」の意見を求めているのかもしれない。時には，すでに十分にリスクに気づいており（たとえば，措置のための資金獲得のため），もしくは裁判の場合のように，理解と意思決定の重要度を増すために「専門家」のアセスメントを求めることもあるだろう。また，紹介機関におけるリスクに関する対極的な意見が争点になっているという文脈があるのかもしれない。アセッサー[†8] は，患者の内的機能である分裂が，関係機関のなかでエナクトメントされた一部になるという，表明されていない誘因に気づいていなければならない。ほとんど意識せずに，他の誰か，もしくは他の機関が患者に対する責任をとり，解決してくれることで，自分たちの不安を取り除いてくれるのを期待するほど，不安と無力感に圧倒されている紹介者もいるかもしれない。紹介者の不安の正当性を認めることは不可欠である。それによって，麻痺するほどに無力な感情状態から，再び，より建設的に必要なことについて考えることのできる状態に動かすことができる。

　リスクアセスメントは，あらゆる断片から，患者とその生育歴について，よりまとまりのある物語を創造するかけがえのない機会を提供してくれる。通常，患者についてのより詳細な情報を要求する必要があるが，ほとんどの場合それは，何か抜けていたり，とても断片的であったりする発達歴や家族背景についてである。しかし，リスクアセスメントに紹介されてくる患者の記録が数インチもの厚さであることも珍しくない。過去のアセスメントの報告書の蓄積，重要な出来事の時系列をまとめようとしたもの，レビュー会議の記録，そして手紙のやり取りなどである。しばしばここには，患者との面接記録よりも，むしろ外部の声や意見を求める試みが含まれており，一般に治療や介入についての記録は乏しい。文書業務を増やすことで，不安をコントロールしようとしているようにすら感じられることもある。これらのすべ

---

†8　アセスメントを担うセラピスト。

ての素材を論理的枠組みにまとめ，患者についてまとまりのある物語を生成することは，それ自体がリスクアセスメントの手順の主要な一部である。起こりうるリスクのみならず，関係機関の不安を高めることで自らのニーズを表現できる患者と，そのような投影の対象となる紹介者をコンテインする第一歩にもなる。

　リスクを明確に定量化することはできないということは強調しておきたい。リスクのレベルを示す諸要因は存在するが，リスクアセスメントの報告書がそのプロセスの終わりではない。リスクアセスメントでは，その若者の現在の心の状態や過去の経験，たとえば関わった人たちの印象も含め，可能な限りの情報を集める。そして，精神分析的アプローチによって可能になった理解を通して，それを消化された形で紹介者にフィードバックする。それから，その事例の検討に入っていく。そうすることで，紹介者は，おそらくはすでにある程度わかっていたことに自信を持つことができる。また，患者の全般的な機能やケアとともに，適切な管理や最善の措置の問題を考慮する際に，関わるすべての人の考えをまとめ上げるのにも役立つだろう。関係機関がいかに課題に取り組むのかは，フィードバックと次の計画会議の一部になる。リスクアセスメントは，紹介者と共に次のステップを検討する機会を提供できなければ意味がない。リスクアセスメント自体が，関係機関にとっても患者にとっても終わりではないのである。

　危険だと考えられている若者に実際には会うことなく，アセスメントを行うこともある。このような状況では，情報を照らし合わせてから，紹介元チームとのコンサルテーションを設定する。関係機関が不安に陥っていたり麻痺したりしている場合には，テレサ・ベイリー（Bailey, T.）が示すように，私たちが提供するものが柔軟であることが重要である。これは，困難を抱えた思春期青年へのアプローチでは珍しいことではない（Bailey, 2006）。

●リスクについて考える

　リスクにまつわる行動は，若者と仕事をする者の関心を引きつける。ここでは，暴力，暴行，性的攻撃，そして虐待により，他者を身体的危険にさら

す行為をとる子どもや若者に焦点を当てる。必然的に，他者を危険にさらす行為をする若者のリスクと並行して，攻撃への強迫性が，他者を危険にさらす防衛的ポジションをもたらすような欠損と，高い不安をしばしば無意識のうちに覆い隠しているだろうことにも焦点を当てる必要がある。他のどんなタイプの若い患者よりも，ここで問題となる思春期青年の防衛は，強固だが脆弱なため，細心の注意を払って探索する必要があることも心に留めておく必要がある（Parsons & Dermen, 1999）。

●子どもの要因●

　若者が提示するリスクの様相について検討する際，留意すべき重要な発達領域がある。それは，トラウマの役割である。ここで言うトラウマとは，多くの場合，前言語的トラウマで，前象徴，前表象段階のものであり，保護的な親や養育者が不在のもとで経験される。繰り返されるトラウマ体験は，のちの発達においてトラウマに対する過敏性，すなわちカーン（Khan, 1963）が「累積的トラウマ」と呼んだものの影響や，他の人ならトラウマとは感じないかもしれない状況に対する暴力的な反応といった可能性を導く。同様に，コア・コンプレックス現象，すなわち理想化された親密さの追求，自己喪失の恐怖，心理的安全と生存を達成するための暴力（Glasser, 1979）はかなり特徴的である（第 9 章）。その引き金や，措置について考える際にはこれは不可欠の概念である。親密な関係や設定を求めながらも，それを受け入れることができない患者に対しても，私たちはかなり頻繁にそれを押しつけてしまう。最後に，超自我と同様，自我理想につながる現象にも注意を払わねばならない。多くの場合，紹介者は「後悔せず」「被害者への同情を示さない」「サイコパスな若者だ」と記述している。虐待や暴力を受けた若者の多くにとって，恥と屈辱は幼少期の生活で繰り返されてきた特徴である。「嫌悪」（見下される）や尊敬（恥の反対）を要求されることが，しばしば暴力の引き金になるのは偶然ではない。これは超自我や良心が発達する前の，そうでありたい自己が形成されていく発達早期のことである。共感を抱くかもしれない「他者」への気づきどころか，まだ統合された自己感覚はなく，「悪いこと」が自分自身に向けられたと感じることが引き金になる。自分が他者に悪いこ

とをしたと知覚するような能力など, あるはずもない。精神病質は, 発達した性格構造の一側面である。こうした若者は発達途上にあり, 成長のただなかにある。多くの場合, まだかなり人生早期の心理的課題に苦闘しているのである。

　生育歴からも, 引き金になりうる情報が得られるだろう。行動や事件には, 多くの場合, その影響や増悪を示すパターンが含まれているため, 生育歴との関連で考慮する必要がある。その行動がある対象に特化されたものであれば, それを考慮して今後の計画を立てることができ, さらなる行為の危険性は低くなる。早期の経験から, リスクや危険を繰り返す強迫性がある場合には, 何らかのコンテインメントが提供されるまでエスカレートすることになる。

　現在の機能は, アセッサーに多くの情報を提供する。自我機能の強さ, 関係性の能力と自分自身に対する好奇心は, 明らかにより楽観的な予後を可能にする。この若者はどのようにアセッサーと関係をとるのか, 関係機関の主要な人々との関係は, 自分のことをどのように感じているのか(逆転移), 訴えられている行動は自我親和的なのか。つまり, 患者が自分の行動に葛藤している兆候はあるのか, といったことである。一部の若者にとって, 情緒は必然的に早期の未処理の屈辱的な経験を思い出させることになるため, 暴力行為との同一化のほうが感情を感じるよりも好ましいのである。

● 環境要因 ●

　若者がいかに自分の環境を用いるのかは, 提示されているリスクを評価するうえで重要である。しかし, 関係機関が何を提供できるのか, この若い患者に関与している人たちの間で思考や内省は可能か, 職員はどのような支援(たとえばコンサルテーション)を受けることができるのか, そしてそれによって逆転移感情を表現し, 共有し, 患者の全体像を見ることができるようになるのかどうかという点からも, リスクを評価しなければならない。提言には, 関係機関, 措置, そして環境への要求を含めなければならない。

プロセス

●紹　介●

　リスクアセスメントの紹介には，常に高い不安と切迫感が伴う。紹介状を読むだけで，その患者が関係機関に喚起する不安のレベルが確認できる場合もある。どのような情報が含まれており，何がより必要なのかを検討する。紹介者は不安を抱えているため，アセスメントプロセスが進行中であることを保証するために，できるだけ早く，できれば電話で連絡を取るべきである。紹介者はおそらく，その患者によってその機関に喚起された不安をなんとかしようとしている主要人物であり，最初の電話ではある程度のコンテインメントを提供することから始めるのが重要である。ウィニコットの見解にあるように，父親が母親を「抱える holding」ことで母親が赤ん坊を「抱っこ hold」できるように，アセッサーは紹介者にとって，こうした役割を担うことができるのである（Winnicott, 1960）。

　この時点で，関係する専門家はすでにリスクの程度を十分に認識しているが，措置のための資金調達がうまくいっていないことが明らかになるかもしれない。こうしたことは紹介状には書かれていないかもしれないが，電話でのほうが話しやすいかもしれない。さらに，紹介者に患者の発達や家族背景についてのより詳細な資料を求めることもできる。以前の（心理的，ソーシャルワーク的，教育的，治療的，精神科的，医学的）アセスメントの報告書や，紹介状の骨子を肉づけするのに役立ちうる文書もあるかもしれない。資金が理由でアセスメントの開始が遅れている場合，紹介者への電話は，患者と専門家の懸念事項に関する最新の情報を得るのに役立つ。一般には専門家会議が手順の最初のステップであるため，関係機関の主要人物である紹介者に専門家会議に招待してくれるよう依頼し，可能な日程を検討することもできる。また，紹介者が患者の養育者とどの程度の関わりを希望しているのかについても，より自由に話すことができるであろうことから，のちの養育者との面談をできるだけ繊細に，そしてうまく手配することもできる。

　紹介者への最初の電話から専門家会議が開かれるまでの間に，アセッサーは提供された追加情報を，できる限り注意深く読むべきである。この段階では，潜在的に重要な側面を含むファイルから，患者の家族背景や発達歴についての主要なポイントを要約することが有用である。これは，初期の発達についての仮説を立てるのを助け，患者の反社会的行動につながった不安の発達過程に光を投じる。また，専門家会議の議論で取り上げるべき情報の矛盾，質問やギャップを探すことも非常に重要である。

　被害者の供述に常にアクセスできるとは限らないが，同僚には最善を尽くすよう促す（Minne, 2003）。これは，逆転移にも関連することで，当面のリスクにかなり留意しつつも，この若者がどれほど暴力的な方法で他者に対して外在化しなければならない不安を感じているのかについて，重要な洞察を得ることができる。

● 専門家会議 ●

　患者に会う前に関係機関会議を開催することが不可欠である。関係者にはここに大きな抵抗があるかもしれない。多くの場合それは，必死さが絶望に変わったこと，そして責任をどこかに渡してしまいたいという望みを示す兆候である。これが，こうした会議の開催をさらに重要なものにする。どんなにひどいことのように感じさせられたとしても，会議が開かれるまではその若者には会わないようにすると主張することが肝要である。この子どもが関係機関に与える影響は，それだけ重要な診断ツールなのである。

　専門家会議でアセッサーは，患者やその養育者の不安や印象について自由に話し，患者のニーズや最善の利益になるようなことを共に考えようとすることができるような，安全な設定を確立するよう努める。専門家の不安に共感することは重要で，そうすれば，彼らはこれまでよりも圧倒されたり無力感を抱いたりすることなく，共に考えることができるようになる。しかし，アセッサーは，分裂した関係機関のダンスに引き込まれるのを防ぐために，ある程度，「思考の距離」を保つことも不可欠である。また，患者や養育者についての専門家間の意見の相違に注意を払う。これはしばしば，患者の異なる側面との同一化を反映しているためである。このような多様な同一化は，

関係機関内に分裂を生む（Davies, 1996）。このことについて考え，処理することができなければ，知らず知らずのうちに，関係者が効果的に協働する力に深刻な影響を及ぼすような再演を導く可能性がある。こうした同一化が強力な場合には，対立が定着してしまうかもしれず，アセッサーはすべての異なる視点に注意深く耳を傾け，どこにも偏ることなく，それらを心に留めようとする必要があろう。実際にアセッサーは，専門家集団にとってのある種の補助自我の役割を引き受ける。内的心的葛藤に直面すると健康的な自我がバランスを取ろうとするように，対立のすべての側面を考慮し，仲介と統合を行う。

　関係者全員に，異なる意見を自由に表明してくれるよう伝え，患者に対するそれぞれの印象について話すよう促す。会議の雰囲気が十分に安全であると感じられると，狂っているとか専門的ではないと思われるのを恐れて自分のなかに留めていた考えや感情が，表現されるかもしれない。議論が進むにつれて，患者が内的世界の諸側面をどのように投影しているのかという観点から，異なる見解が検討されることになろう。これにより，その事例の根底にあるダイナミクスについての理解が進み，患者の危険な行動に拍車をかける根深い不安に光を当てることができる。一貫性のなさについて振り返ることで，たとえば，患者の背景にある生育歴のギャップが浮かび上がるかもしれない。これにより，関係する専門家は，全体像をよりよく把握するために，さらに情報を求めようとするようになるかもしれない。

事例

　17歳のキャリーは，直接の面接を拒否したため，書面でのリスクアセスメントに紹介されてきた。彼女は，従姉が殺人で有罪判決を受けて刑務所に送られた後，少年院に収容されていた。キャリーは制御不能であると見なされていた。窃盗，詐欺，および虚言で17回の逮捕歴があり，長期にわたる非行歴があった。彼女と従姉は，暴力行為，いじめ，脅迫，人種的嫌がらせをしており，これらのことと今回の殺人との間には関連があるようだった。また，売春をしていたとも考えられ，搾取される危険性もあると考えられていた。キャリーは間もなく釈放されることになっており，紹介者は彼女のア

フターケアに不安があった。

　専門家会議の空気は，当初は非常に張り詰めて用心深いものであった。途方もない不安が明白で，皆，多くを語るのを躊躇していた。アセッサーは，この事例は非常に気がかりで，紹介は賢明だったとコメントした。そして，キャリーの印象について自由に話してくれるよう伝えた。最初は，すでに紹介資料に書かれている情報が繰り返されていたが，重い沈黙の後，ある専門家がキャリーと会った後は心が震えることが多く，落ち着きを取り戻すために他の仕事をひかえる必要があると，躊躇しながら認めた。別の専門家は，自分にも似たような経験があり，この患者といると，ハンニバル・レクターの前にいるように感じると言った。2 人とも，キャリーの日常のケアには関与していないソーシャルワーカーだが，施設で日常的にキャリーと接している他の専門家は，いくらか異なる感覚を持っていた。彼らは，キャリーがとりわけ何かが欲しいときには，どれほど可愛らしくふるまうのかを説明する一方で，彼女がいかにずる賢くて操作的なのか，そして思うようにならないときには激しく暴れるのを見たとも語った。それまでは公然と話すのを恐れていた（男性の）専門家は，キャリーがもう 1 人のワーカーのことを「口汚く罵った」と恥ずかしそうに認めた。これにより，もう 1 人の（女性の）ワーカーが，キャリーは，彼がどれだけ役立たずかと話していたと打ち明けることができた。よりオープンにキャリーとの経験を共有し，異なる観点を聞くことに関心が持たれると，キャリーが個人に取り入り，共犯者的関係を作り，互いを敵に回すという「分断と支配」に基づいて行動していることが明らかになった。私たちは，キャリーが（今は刑務所に入ったために失われた）従姉との共生的で自己愛的な絆を再現しようとしており，それは，彼女たちの妄想的で破壊的な他者への攻撃のきっかけとして作用しているのではないかと考えられた。両親の争いとの関連性も指摘された。どんなにわずかな批判や拒否に対しても，突然，暴力的に反応するという根深い自己愛的な問題と，それに続いてすぐに屈辱や拒絶を感じる傾向について議論が展開していった。アセッサーは，キャリーが他者に恥をかかせ，破壊的になるのは，他者をサディスティックに支配することで，おそらく無意識に自分がコントロールしていると感じ，見捨てられたと感じるのを避けるための唯一の方法では

ないかと示唆した。

　このことは，彼女が地域にもたらすリスクについての検討につながった。どのような状況下で（例：どうしようもなく拒絶された，恥をかかされた，批判された，あるいは見捨てられたと感じられる場合），キャリーがいかに危険な存在になるのかについて，より自由に思いをめぐらせることができた。また，共生的なアタッチメントを必死で探すなかで，自らを性的搾取の危険にさらすということについても検討された。従姉と同一化し，彼女に近づく方法を見出すために，殺人を犯したり，あるいは誰かにそうさせたりするリスクにさらされているのではないか。また，彼女は間もなく釈放される予定のもう1人の殺人犯と連絡を取り合っており，親密で誘惑的な友人関係を築き，共に生活する計画を立てているということでもあった。

　リスクアセスメントの報告書には，この専門家会議で提供されたすべての付加的な素材をまとめる必要がある。そこでは，キャリーの人生と犯罪歴についての首尾一貫した物語と，キャリーを現在の非常に不安定な心の状態へと導いた発達的要因に関して（専門用語を用いず，理解しやすい）精神分析的定式化を提供する。これらのすべてに基づいて，地域とキャリー自身の福祉にとっての潜在的リスクを考慮し，勧告を行うのである。

● 患者との出会い ●

　社会に対する潜在的リスクを抱えた若者と相対するとき，彼らの破壊性に対する不安，紹介者に「答え」を示すというプレッシャー，そしてその若者のあらゆる側面を心に留めつつも，全般的な深い困難さから，通常のバランスを保ち，開かれた心でアセスメントに向かうというアプローチは失われうる。しかし，リスクアセスメントに対する態度は，他のどの患者の一般的なアセスメントのアプローチとも大きく異なるべきではない。狙いは，患者の苦境，その根底にある不安と恐れ，そしてそれに対する防衛（一般的なものと，破壊的な行動を通して表現されるもののいずれも）に対する，いくらかの理解を得ることである。トラウマの発達への影響／病原，そして転移と逆転移の理解を用いて，患者の衝動の質とその程度，自我の強さと弱さ，そして対象関係と超自我の成熟度の性質とその水準を評価しようと試みる。影響

を認識し処理する能力，内省的思考力，自分自身についての好奇心，そして
創造性，遊び，昇華的な活動の力に注目する。長所と短所，内的な成長と退
行のバランス，そしてその人物であるということがどのように感じられるの
かということに興味を持つ。要するに，その人物の過去の経験，どのように
扱われてきたのか，自分自身についてどのように感じているのか，そしてい
かに内的世界が発達してきたのかといった全体像をできるだけ十分に把握す
ることである。

　より具体的には，おそらくリスクアセスメントを行う際には，破壊性の発
達に関する理解（Parsons & Dermen, 1999）と，コア・コンプレックスに
ついての知識（Glasser, 1979）を用いて，不安の根底にあるもの，すなわち
無力感や恥，屈辱，破滅不安，分離と放棄，侵入と飲み込みに対する感受性
を探索する。不安に対する防衛としてのサドマゾヒスティックな関わり方の
程度をアセスメントし，自己保身的な暴力の危険な爆発の引き金になりそう
なことについて検討する（Glasser, 1998）。

　リスクアセスメントのために紹介されてくる若者は，必然的に不安を感じ，
抵抗感を抱いている。なぜ，アセッサーと話などしたいと思うだろうか。自
分のことが問題になっており，人々が自分に対して怒っているのを知ってお
り，また外部からの非難だけではなく，内的にも超自我からの非難を受け，
迫害されていると感じるほかない苦闘のなかにいる。被害者に対して，後悔
も罪悪感も共感も抱いていないと言われているかもしれないが，それは，超
自我があまりにも厳しく，無意識にその迫害的な声に耳を閉ざし，その権威
に逆らわなければならないためかもしれない。特に，恥と屈辱の感覚は，ア
セスメントを行うセラピストの心に留め置かれていなければならない。特に
最初の面接では，このことが技法に大きな影響を与える。患者との信頼とラ
ポールを築くことができるよう，慎重にならなければならないというアンテ
ビ（Antebi, 2003）の言葉が思い起こされる。こうした理由から，アセッサー
は偏見のない態度で接し，「ただの問題児」としてではなく，人として興味
を持っていることを示す必要がある。これは当たり前のように聞こえるが，
はっきりと言葉にしておく必要がある。オープンに挨拶し，この面接ではあ
なたという人物であることがどのような感じがすることなのかを理解したい

と思っているということを伝えると，予期していたものとは違った，脅威の少ない面接場面を設定できるかもしれない。特に最初の面接では，問題に焦点を当てるのではなく，それほど不安に感じることなく，興味を持ってくれ，裁定しない人物がいるという雰囲気を作ろうとすることが大切である。専門家会議で聞いた，本人の得意なこと，新しく取り組んでいることや活動，スキルなど，本人が喜びを感じるようなことを話しても良いかもしれない。患者のなかには，すぐに自分の犯罪行為について話したがる者もいる。この可能性を含めておかないと，後になっては話せないものになってしまうため，逆効果かもしれない。しかし，ほとんどの場合，これからの面接の間に共に考えていきたいということ，そうでなければ，どのように助けられるのかが考えられないということ，実際，まずは一人の若者としての本人について知りたいと思っているといったことを伝えることはできる。その狙いは，本人の価値と，本人の「普通の」能力や興味についてこちらが認識していることを示し，不安を和らげ，自尊心を高めようとすることである。そうすることで，ある程度の相互関与の可能性が促進され，面接のためのよりポジティブな基盤が形成される。それは，以降の会話で，より安心して，不安や恐れ，そして問題について自由に話すのを可能にする。

●最初の出会い●

　次の例は，トラウマを抱え，助けを必要としているのを認めることから，防衛的に自分を守る必要のあった，自己愛的で脆弱な思春期青年についての記述である。年齢的に典型的な退行と親密さへの恐怖が特に強く，彼の物語はウィニコットの「反社会的傾向の根底には常に剥奪がある」（Winnicott, 1961）という論文を例証するものであった。

　14歳のデイビッドは，破壊的かつ暴力的な性的行動のために紹介されてきた。彼は攻撃的かつ性的に女の子につかみかかり，大人になったらレイプ魔になりたいと言っていた。学校では男の子をいじめ，無礼で暴力的で手に負えなくなっていた。退学になったため，ソーシャルサービスが彼の教育環境について検討するために，彼の暴力と性的に攻撃的な行動についてのリス

クアセスメントを求めてきた。デイビッドの背景には，ひどいネグレクトと暴力があった。母親がてんかん発作を起こしている最中に，父親が母親を殴るのを何度か目撃していた。父親は4人の息子，特にデイビッドに対して暴力的だった。父親はデイビッドと一緒にポルノビデオを見ており，デイビッドは両親のセックスを目撃したこともありそうだった。デイビッドが8歳のときに子どもたちは保護された。その後，両親は別居し，どちらも子どもたちに接触してくることはなかった。デイビッドの3人の弟は，全員養子に迎えられた。デイビッドは，母親はまったく彼に関心を示さないのに，いつの日か母親の元に戻りたいと願ってそれを拒否した。行動がとても荒れていたため，何度かの措置の失敗の後，結局，20代前半の子どもたちがいる里親のもとに落ち着いた。

　リスクアセスメントに対するデイビッドの抵抗は当初から明白だった。彼は，クリニックまでの長い道中が退屈で，疲れたと不平を言い，なぜここにいるのかわからないと言った。学校で女の子のお尻をつねったが，そのことではすでに叱られており，すべて過去のことである。以後はそのようなことはしていない。アセッサーは，「多くの人が，私に会いにくることについて，あなたと同じように感じているわ。何のためかよくわからないし，何かの罰のように思うからでしょう。だけど私は，あなたのことを知りたいだけよ。デイビッドであるというのがどんな感じなのか少しでも理解したい。たぶん面接は，あなたが自分のことを理解して，自分のことを好きになるのにも少しは役に立つでしょう。いろいろなことを整理して，より幸せになるために役立つかもしれないようなことを，一緒に考えましょう」と伝えた。デイビッドは，とても退屈そうに椅子の上で背を丸めたままだった。アセッサーは，デイビッドはおそらく，アセッサーが何かたわごとを言っていると思っているのだろうと，とても軽い調子で示唆した。デイビッドは少し驚いたような顔をして戸惑いつつも，礼儀正しくありたいが，正直でもありたいとでもいうかのように，そのとおりかもしれない，つまり馬鹿げた話だと思っていたのかもしれない，と言ったのである！

　デイビッドが最近，放課後にアルバイトを始め，それを楽しんでいると専門家会議で聞いていたので，アセッサーはそれに言及した。彼は素っ気なく，

放課後と週末に農場でアルバイトをしており，今はかなり満足していると言って，黙った。彼はまだ用心深く抵抗的で，関わりを求めてはいないことをはっきりと伝えていたので，恥と批判に対する防衛から彼を助ける方法を見つけねばならなかった。アセッサーは，彼の仕事に強い関心を示し，それは本当に面白そうだと言って，それについて話してほしいと頼んだ。デイビッドは，自分が知っていることや，うまくできていることについて話してもよいのだと安心したようで，農場の牛のこと，どのように乳を搾ったり，世話をしたりしなければならないのかについて，非常に熱心に語り始めた。彼は動物にとても愛着を持っており，接し方が上手だということがわかった。デイビッドはリラックスし始め，警戒心が薄れてきたように見えた。

　彼は，農場のとても凶暴でみんなが怖がる犬について話した。しかし，彼はどう扱えばいいか知っていたので，その犬と友だちになった。アセッサーは彼のスキルを褒め，彼がどのようにして犬にアプローチしたのか不思議に思うと伝えた。アセッサーは，たぶんその犬はかなり怯えていたのだろうと言った。おそらく過去にひどい扱いを受けたので，いつでも攻撃できるようにしていたのかもしれない。デイビッドが怯えた未知の動物へのアプローチの方法を説明してみせる様子は，アセッサーがどのように彼と関係をとっていけばよいのかを感動的に示すものだった。「動物がこっちのことを知らないときは，決して大騒ぎせずに近づくんだ。とてもゆっくり，穏やかに。動物は少しずつこっちのことを知って安心していくんだよ」。アセッサーはその後も，動物のことや，動物をどのように扱うのかについて，いろいろと尋ねていった。デイビッドはその熱意と能力を褒められると，嬉しそうに笑顔を見せた。彼はセッションが終わりの時間になったことに驚き，次の面接に来ることも快諾した。

　その後の面接でデイビッドは，農場の動物について，トラクターの運転や修理の腕前について，もっと話した。このことは，彼の男根的な能力へのプライドと共に，優しさと修復の能力についても伝えていた。アセッサーが彼のことを認めながら話を聞くことで，彼は，ただの「問題」ではない，人間としての自分を評価し始め，他の側面や困難についても興味を持つというリスクを負うことができるようになったのである。

　すべてのアセスメントが，患者との面接のなかで着実に進むわけではない。ときには，考えられないことについて考える能力が，理解や知識，そして可能性を思いがけず飛躍させることもある。

　13 歳のロバートは，リスクアセスメントと措置に関するアドバイスのために紹介されてきた。15〜16 歳のようにも見える，まるで手に負えず抱えられないこの少年は，暴力的で（児童養護施設で他の少年をナイフで脅した），誰かが近づきすぎると暴れ，盗みをし，女性スタッフに対して性的に口汚い言葉を使う。父親は，彼が 2 カ月のときにいなくなっていた。4 歳のとき，麻薬常習者だった母親が彼のことを養育できなくなり，彼は社会的養護に入った。養子縁組の計画は，養父の死によって頓挫した。タフガイな外見の誇示にはほとんど効果がなく，ロバートは最初の診断面接で，（始めに極端な抵抗を示した後）穏やかになった。面接室には 20 分しかいられなかったにもかかわらず，彼は 2 回目の面接にもう一度来たいと言った。この 2 回目の面接までの間に，（どうしてもロンドンにいたかったにもかかわらず）ロバートは西部地方の別の児童養護施設に措置されていた。2 回目の面接の開始の際，彼は 20 分だけしかいないと再び言った。アセッサーはそれについて十分に考えることなく，素材からその可能性が高いと思われたこともあり，誰かが彼に性的な干渉をしたのではないかという疑念を持った。ロバートは何も話さなかったが，それが真実であることを強い非言語的なサインで示していた。彼は（ちょうど 20 分が経つと！）去っていった。帰る前，待合室からソーシャルワーカーとの口論の声が大きく響いていた。2 時間後，ソーシャルワーカーから電話があった。ロバートは，セラピストが彼が虐待を受けていたというソーシャルワーカーからの手紙を見せたと怒鳴っていたのだという。しかし，そのような手紙は存在しない。その後，彼は，父親と叔父（関係機関には知られていなかったが，驚きはなかった）から虐待を受けていたことをソーシャルワーカーに話した。電車の中でソーシャルワーカーのことをじっと見て，男の子がお尻を貸すラップを歌った。この開示の後，彼はソーシャルワーカーに対してとても優しく接した。このことが公になったことで，彼は安堵もしたが，また自身のセクシャリティについて非常

に混乱してもいるとソーシャルワーカーは考えた。しかし，彼はアセスメントの完了のために戻ってくることは拒否した。

　ロバートは，関係機関に対して，なぜ彼にとって暴力が自衛を意味するのかを知らせる，一つの方法にたどり着いたのである（Glasser, 1998）。

●養育者と会うこと●

　とても大きな不安のたねである若者の養育者との面接を依頼するのには，主に二つの理由がある。一つ目は明白で，若者が自分への責任を感じている大人に与える影響を見極めるためである。これは逆転移の領域である。養育者がどのように感じさせられているのか，そしてこのような感情がいかに広く二極化しているのかを描き出すことが，その若者の情緒状態を把握するうえで重要な根拠を提供してくれる。養育者がしばしば無視されるのはとても衝撃的である。その結果，多く関係機関からサポートをされず，むしろ中傷されていると感じられる。そしてそれが，（良いソーシャルワーカーと不十分な養育者というような）二極化した分裂を生じさせ，そのことには触れられない。心理的性質や事実についてのさらなる情報を得る機会と，こうした分裂を扱い始めるチャンスは，逃すべきではない。子どもの養育者からは，とても役に立つ事実や認識を得ることができる。同様に，養育者から話を聞くことで，その若者の脆弱性を推定することも可能になる。

　養育者がその患者の根底にある不安についての洞察を豊かにすることができるような，分析的理解を提供することも重要である。また，養育者の意見を参考に，その若者が安全であるために必要な，より統合された聞き取りのできる関係機関に向けての動きを促進することもできる。

フィードバック

　リスクアセスメントには，報告書の提供が求められる。単純すぎるように思われる危惧はあるが，報告書には以下の内容を含める。

1. 紹介日とその理由。誰が，誰と，いつ会ったのか。開催された会議とその出席者の記録。

2. 家族歴と家族構成。

3. 現在，さまざまな環境でどのように機能しているのか，その概要（家庭，学校，入所施設など）。

4. 入手可能な資料から，収集できる限りの心理・社会史，そしてギャップを示す必要がある。ICD-10（WHO, 1992），DSM-Ⅳ（APA, 1994），およびアンナ・フロイトの診断プロフィール（Freud, 1965）は，重要な領域を押さえており，報告書にまとめるためには「必須」である。

5. 生育歴についての精神分析的解説において，現在危惧されている行動に先行する経験や行為（そしてそれを患者が繰り返していたり，求めていたりするもの）を指摘する。これは，精神分析的定式化において追加的に要約する。

6. 不安の原因となり，紹介に至った行動の履歴。特に，時間経過のなかでエスカレートしていたり変化が見られたりする場合は，具体的な例を挙げて記述することが有用である。

7. リスクのアセスメント——患者によるもの，そして患者にとってのもの——（生育歴と指摘される引き金に基づいて）リスクが増加する可能性のあるシナリオと，リスクが軽減する可能性のあるシナリオの描写を含める。

8. 提言
   ・措置とケアプラン
   ・リスク管理（方略と重要課題）
   ・介入と注意点の提案

　このような報告書は，専門用語を用いず，わかりやすいものでなければならない。むしろ，提案事項を誇張しすぎるという間違いのほうがよいと考える。困難で心配な若者に関わる仕事では，関係機関が分裂する傾向にあるため，重要事項は聞かれも読まれもされないことがある。また，報告書は最終

の専門家会議の前に配布され，読まれるが，そこでさらに明確化され，主要なポイントが強調されるのも重要である。

　最終の会議は，紹介者と子どもの心理療法士との最後の接触ではないかもしれない。実際には，後のコンサルテーションのために扉を開けたままにしておくことが非常に重要である。しかし，患者の過去の経験が，いかに，そしてなぜ，現在の状況を導いたのかについてのさらなる理解を促進するためには，発達的定式化について詳しく検討する機会があるとよい。逆転移現象について説明するのは重要である。関係機関がその直感と不安を頼りに，その切迫感を用いて，その若者の利益のために協力して考えるのを助けるからである。このように考えることと，すぐに動かないという力が重要である。それにより，反射的で破壊的な反応を防ぐことができる。実際，措置や関係の継続性，そして歴史という感覚を持ち，それを利用することの重要性を改めて強調しておきたい。

まとめ

　リスクアセスメントは，その事例に関係する人々が継続的な不安とともに生き，それを抱えるような支援を含む。これは，可能性について，そして「知識に基づいた推測」を作り上げることについてのプロセスである。答えは提供されず，むしろ問いがもたらされる。患者にとっても関係機関にとっても，魔術的な解決はない。関係機関の人々が，ちょうど患者のように，考えるよりも行動しなければならないというプレッシャーを感じているかもしれないときに，患者の不安，防衛，そして重要な局面で生じる情動や，それに基づく衝動を認識し，処理し，調節し，抱えることの困難についての注意深い内省を開く。しかし，リスクは変動するものであり，どんなシステムも安全ではない。関係機関が，情報やケアの負担について常に共有するのを推奨することで，患者の早期のサインに気づく力の発達が支えられる。そのようなサインに注意を払っておくことは，患者が苦痛を伝えるためにリスクを高める必要がなくなることを意味する。「共に抱える」という意思決定を行い，関係機関をチームとして見ることができると，良い親カップル（Antebi,

2003）のように，よりよく抱えることができ，内省ができるようになる。これは，専門家会議や，リスクアセスメントで得られたフィードバックに反映されうるし，またされるべきものである。

【文献】

American Psychiatric Association (APA, 1994) *DSM-IV-TR: Diagnostic and Statistical Manual of Mental Disorders*, Washington, DC: APA.

Antebi, D. (2003) 'Pathways of risk: the past, the present and the unconscious', in R. Doctor (ed.) *Dangerous Patients*, London: Karnac.

Bailey, T. (2006) 'There is no such thing as an adolescent', in M. Lanyado and A. Horne (eds) *A Question of Technique: Independent Psychoanalytic Approaches with Children and Adolescents*, London and New York: Routledge.

Davies, R. (1996) 'The inter-disciplinary network and the internal world of the offender', in C. Cordess and M. Cox (eds) *Forensic Psychotherapy: Crime, Psychodynamics and the Offender Patient, Volume II: Mainly Practice*, London: Jessica Kingsley Publishers.

Freud, A. (1965) *Normality and Pathology in Childhood: Assessments of Development*, New York: International Universities Press.

Glasser, M. (1979) 'Some aspects of the role of aggression in the perversions', in I. Rosen (ed.) *Sexual Deviation* 2nd edn, Oxford: Oxford University Press.

Glasser, M. (1998) 'On violence: a preliminary communication', *International Journal of Psychoanalysis* 79, 5: 887–902.

Khan, M.M.R. (1974) 'The concept of cumulative trauma', in M.M.R. Khan *The Privacy of the Self*, New York: International Universities Press.

Lucas, R. (2003) 'Risk assessment in general psychiatry', in R. Doctor (ed.) *Dangerous Patients*, London: Karnac.

Lucas, R. (2006) 'Destructive attacks on reality and self', in C. Harding (ed.) *Aggression and Destructiveness: Psychoanalytic Perspectives*, London and New York: Routledge.

Minne, C. (2003) 'Psychoanalytic aspects to the risk containment of dangerous patients treated in a high-security hospital', in R. Doctor (ed.) *Dangerous Patients*, London: Karnac.

Parsons, M. and Dermen, S. (1999) 'The violent child and adolescent', in M. Lanyado and A. Horne *The Handbook of Child and Adolescent Psychotherapy: Psychoanalytic Approaches*, London and New York: Routledge.

Winnicott, D.W. (1960) 'The theory of the parent–infant relationship', in D.W. Winnicott (1965) *The Maturational Processes and the Facilitating Environment*, London: Hogarth Press.

Winnicott, D.W. (1961) 'Adolescence: struggling through the doldrums', in D.W. Winnicott (1965) *The Family and Individual Development*, London: Tavistock.

World Health Organisation (WHO, 1992) *ICD-10: The ICD-10 Classification of Mental and Behavioural Disorders*, Geneva: WHO.

【邦訳文献】

American Psychiatric Association（APA, 1994）*DSM-IV-TR: Diagnostic and Statistical Manual of Mental Disorders*, Washington, DC: APA./［高橋三郎・大野裕・染矢俊幸訳（2002）DSM-4-TR 精神疾患の診断・統計マニュアル．医学書院］

Freud, A.（1965）*Normality and Pathology in Childhood: Assessments of Development*, New York: International Universities Press./［黒丸正四郎・中野良平訳（1981）児童期の正常と異常——発達の評価 1965．アンナ・フロイト著作集第9巻．岩崎学術出版社］

Winnicott, D. W.（1960）the theory of the parent-infant relationship, Winnicott, D. W.（1965）*The Maturational Processes and the Facilitating Environment*, London: Hogarth Press./［牛島定信訳（1977）情緒発達の精神分析理論．岩崎学術出版社］

Winnicott, D. W.（1961）Adolescence: struggling through the doldrums, in Winnicott, D. W.（1965）*The Family and Individual Development*, London: Tavistock./［牛島定信監訳（1984）子どもと家庭——その発達と病理．誠信書房］

World Health Organization（WHO, 1992）*ICD-10: The ICD-10 Classification of Mental and Behavioural Disorders*, Geneva: WHO./［融道男・中根允文・小見山実・岡崎祐士・大久保善朗監訳（1993）ICD-10 精神および行動の障害——臨床記述と診断ガイドライン．医学書院］

第5章　思春期のアセスメントの特徴と問題

ジョエル・アルフィルークック（Joelle Alfillé-Cook）

> 癇癪，白昼夢，自慢，威張った態度，すねて泣く，嘘をつきだます
> ——これらはすべて，小さな子どもが強い力に直面したときの反応であ
> り，直面できる以上の負荷がかかったときに思春期青年が戻っていく防
> 衛である。
> 　　　　　　　　　　　　　　　　　　　　　　　　（Blos, 1941, p.280）

　思春期早期についてのブロス（Blos, P.）の描写（Muuss, 1980）からも
わかるように，外見は変わっても人間の本質は変わらない。近年では，コメ
ディアンのハリー・エンフィールドが，ケビンというキャラクターを通して，
思春期早期の居心地の悪さをうまく演じている。ケビンは，親からすると，
一晩で変わるように見える。実際，私たちは皆，思春期にはいかにすぐにホ
ルモンに影響されるのか，一度ならずとも経験があるだろう。制御できない
気分や身体の変化は，ときに思春期青年に寄る辺のない感情をもたらす。思
春期のあがきを見守ることには苦痛が伴う。彼らが頼る防衛は，他者に痛み
を伴う感情を引き起こすが，総じて同情は抱かせにくい。

　ときに思春期は，学校，親，より広い地域社会，そして思春期の彼ら自身
も含めた広範囲にわたって不安をもたらす。なぜこうしたことが生じるのか
を探求する価値はある。内省よりも行為によって特徴づけられる思春期は，
私たち皆の思春期心性に触れ，幼い子どもとして，また思春期として生きた，
制御の効かない感情をよみがえらせる。そこには必然的に心理的分離が含ま
れるため，親にとっても思春期青年にとっても，喪失の期間として経験され
る。また，ひとりぼっちだという不安も生じるが，それはちょうど幼児が「私」
になろうと踏んばる，幼児期早期の分離−個体化のプロセスのようでもある。

　より広い社会において，思春期がメディアでどう報道されているのかを考えると，喪失と混乱のテーマが繰り返されているのは明白である。大人は，親とその価値観が尊重され，生活がより健全だったと思われる自身の失われた青春時代の理想化された世界への喪に服している。コメンテーターは，子どもの成長が早すぎると不平を言う。しかしよく見れば，根本的には何も変化していないことがわかる。自転車小屋の裏では，多かれ少なかれ何らかの性行為が行われてきた。少数とはいえ，女の子は妊娠してきた。攻撃性は常に，運動場や物語のなかの人物に同一化することで，もしくは最近では暴力的なコンピューターゲームにそのはけ口を見つける。暴力や非行，あるいは性的逸脱に傾く者は常にいた。しかし基本的に，そこには思春期の葛藤が存在する。現在は，こうした葛藤が極端に表れる思春期青年が増えているのかどうかという論争はあるかもしれない。しかし，思春期の葛藤によりうまく対処できる青年や親もいる。そして，このことこそが，子どもの心理療法士がアセスメントするべき側面である。

⬤ 思春期の課題

　思春期のアセスメントの実際について考える前に，思春期の課題について考え，その文脈を押さえておくことが重要である。精神分析的には，思春期は長きにわたり，エディプスコンプレックスと人生最初の5年間の再取り組み期だと見なされてきた。ブロス（Blos, 1967）が記述したように，二度目の個体化のプロセス，もしくは心理的離乳である。「思春期に分離と個体化を達成するのが容易かどうかは，親が暗黙のコントロールを手放し，子どもが大人に成長する際の仮説や要求を見直す力による」（Wilson, 1991, p.446）。

　思春期は，変化とそれに伴う不安に特徴づけられる。また，近くにいる大人も，時折ついていくことが困難な情動の混乱のさなかにいることに気がつく。親が認めた子どもと遊ぶ日程を決め，「安全な」塗り絵帳で不安を防衛するのを見守る。もしくは，サッカーやスパイ遊びのようにチームを作ることで心配事を象徴的に対処するなど，比較的穏やかでコントロール可能な潜伏期の確実性はもうない。第二次性徴に入る前の潜伏期の子どもは，一般に

親や教師のような親像が伝える価値や知識を疑うことなく受け入れる。しかし，第二次性徴を迎えると，家族の結びつきから解き放たれようとする内的圧力が増し，耐えがたいエディプス感情を避け，自分自身のアイデンティティを探求するために仲間集団に向かう。仲間集団は，「自己の異なる側面を試し，それを他者のなかに見ることで責任と無責任を共有する」機会を与えてくれる（Horne, 1999, p.39）。親は，影響力を失うことでパニックや喪失感を引き起こされるかもしれないが，これが思春期のプロセスを無事に乗り切るために極めて重要な側面なのは事実である。

　このような変化を促進させるのは，身体の発達である。思春期のホルモンの高まりは，完全に機能するようになる性的身体の発達と，その結果としてのしばしば制御不能な感情と同時に，わくわくするような有能感をも引き起こす。ポール・アップソンは，こうした葛藤のドラマを見事にとらえ，前エディプス段階の乳幼児の特徴と，思春期のそれとの類似性を次のように指摘している。

　　思春期には，その考え，感情やファンタジー，すなわち内的世界で進行中のことを行為に移すことができるのが決定的な違いである……極端な場合には，思春期は命を与えることも奪うこともできる。少年は少女を妊娠させることができ，少女は堕胎することができる。どちらも，自分自身を身体的に傷つけ，危害を加え，殺すことさえできる。そして，家庭，環境，親やその他の人々にも確実なダメージを与える。ゆえに，思春期には生と死の問題が文字通りそこにあるのである……思春期青年は，生と死をめぐる力と制御の感情によるすさまじい刺激と興奮にさらされ，同時に，それをひどく恐れてもいる。　　　　　（Upson, 1991, p.51）

　子どもの成長を見守る親にとっても，同じく葛藤的な反応が起こりうる。潜伏期の間，ある意味で解決したかのように見えたエディプス葛藤は，思春期青年にも親にも再点火される。親の思春期の経験の亡霊が呼び起こされることもあるかもしれない。性的に成熟した身体を持つ思春期青年は，恐ろしいエディプス的苦闘を行動化しないために，愛する対象を家の外に求める必

要がある。葛藤の多くは無意識のため，なぜそのように感じるのか，思春期青年は困惑する。自分と父親との間に精神的スペースを作ろうと試みる少年は，以前には気づかなかった父親の欠点を見つけ，不合理にも父親に対して失望するか，そうでなければひどく競争的になるかもしれない。エディプスのように，実際に母親との性的関係を導きうる潜在力に対する防衛として，母親を中傷するかもしれない。突然，基本的には第二の家族として，同一化，比較，競争，そして何より親密さを減じるスペースを供給してくれる仲間集団のほうが，はるかに重要になる。同様に，思春期の少女は家庭の外に親密性を見つけなければならず，親に幻滅する自分に気がつくだろう。父親は，少女に対する自身のエディプス感情と苦闘し，娘が他の男性や少年にとって魅力的になろうとするのに抵抗するかもしれない。一方で母親は，娘の若さに嫉妬し，娘との競争に巻き込まれてしまうかもしれない。親と思春期青年との間で繰り広げられる服装をめぐる争いは，性的に成熟する思春期の身体を誰がコントロールするのかという葛藤を象徴するもののようである。仲間集団や社会生活をめぐる争いは，家族からの分離をめぐる親と思春期青年との葛藤を象徴するものなのである。

　トネスマン（Tonnesman, 1980）は，思春期には乳児的対象が失われ，その喪の悲しみのため，必然的に，「規範の危機」があるという。喪に服している間，思春期青年は，当時は処理できなかった乳児期早期の関係性や記憶を追体験，あるいは再演するために，周囲の人々を使って克服しようとする。早期の対象へのアタッチメントと，補助自我としての親と親像への依存をあきらめることで，自身の自我は一時的に弱まったかのように感じられ，それが身体を大切にしない，欲求不満にさらされると癇癪を起こす，あるいは時間を守れないといった，より幼い子どもに特徴的な行動を導く。このような退行は，リビドーの解放には必要だが，すべての者に混乱した感情をもたらす。

　ウィニコットも同様に，「思春期の停滞（doldrums）」について，個人がそれぞれに待つ以外に方法はないと言及している。性，アイデンティティ，あるいは未来のかたちを確かにすることができない思春期には，「個人のアイデンティティの喪失なしに，親像に同一化する力はない」。思春期の治癒

について警告するウィニコットは,「気晴らしや治癒を提供するのではなく,そこにとどまり,時間を稼ぐ」ことを示唆している (Winnicott, 1963, p.244)。これは,関わる前に,介入の必要性を確認するようにという警告である。

◖ 防　衛

　性的能力という,思春期の新発見の観点からエディプスの解決に再び取り組むという課題を含む人生最初の 5 年間の反復期間には,原初的,もしくは早期の防衛機制がしばしば現れてくる。ここには,「あらゆる強迫的傾向,習慣や思考とともに,魔術的思考,投影や否認」が含まれる (Blos, 1970, p.71 ; Muuss, 1980)。内省よりもむしろ行動するニーズは,言語とその後の思考に進む以前に,身体を使って精神状態を表現していた早期の乳児的状態への退行として見ることができる。自らをエディプス的思考や記憶から守ることができると感じられる唯一の方法が,思考過程の解体である思春期青年もいる。

　思春期は,絶え間ない変化の状態にあり,ときには潜伏期の安全性を求め,ときには自立の感覚の不足に不満を持つ。新たに得た力と自立する能力に興奮する一方で,そのことをとても恐れ,より幼い頃のあり方への退行を求める。こうした退行は,防衛戦略と見ることができるかもしれず,健康的で正常な思春期の発達の一側面であり,思春期の葛藤の揺れの表現を可能にするものである。

　アセスメントを行う際の子ども・青年心理療法士は,その思春期青年がこれらの困難な葛藤にいかに対処しているのかを理解しようと試みる。それが,健康な思春期の発達の一般的傾向なのか,あるいは気がかりな破綻なのかを見極めるのである。後者について言えば,耐えがたい脆弱さや激しい怒りの感情に対する防衛の試み,そしてその解決としての自死についても見定める。思春期青年がクリニックにやって来たときには,こうしたことを心に留めておくことが重要である。

紹介と事前アセスメント

　クリニック，学校，あるいはその他の設定にかかわらず，紹介元とその内容に注意しつつ，ただ反応するよりもむしろ考えるスペースを保持することが大切である。思春期青年と関わることにより，家族や専門家のネットワークに生じる不安は，考え抜くことや思慮深く反応することよりもむしろ，混乱や行動を引き起こす。確かに，これは思春期の行動への志向が周囲に投影されたものだと言えるかもしれない。他に関わりのある専門家について知っておくことも役に立つ。たとえば，どこかの機関が対応してくれることを願って，複数の機関に紹介されている場合があるからである。あるいは，思春期の用いる防衛的分裂と心配している大人が結託し，その強烈な感情をなんとかするために，次の専門家/治療は良いものだと想像して，どれも「悪い対象」へと変化させながら，絶えず魔術的な解決を求めて専門家から専門家へと渡り歩くこともある。アセスメントや治療の経過中に，別の専門家が関与していることが認識されないままに，薬物治療や認知行動療法（CBT）を始めたという知らせを持ってやってくる思春期青年も少なくない。

　子どもの心理療法士はまた，助けを最も求めているのは思春期青年本人ではないかもしれないという事実を，念頭に置いておいたほうが良いだろう。実のところ，進行中の変化に対応するために助けを必要としているのは親だということもある。学校が正常な健康的発達を同定し，思春期の投影をそのまま受け取るのではなく，それを認識するのを助けるのが有益な場合もある。

　自分の新たな力がどうなっていくのかと悩む思春期青年もいれば，それを試そうとする者もいる。他のアセスメントと同じように，しかし，この群においてはなおのこと，アセスメントの前とその間に，その時点で誰と面接を進めるのが最善なのかを確認するために，リスクについて考える必要がある。行動に向かう傾向は，思春期がより自傷をしやすく，非行に走ったり自死すらしたりすることを意味する。思春期の事例をめぐって考える支えとして，チームで動くこと，あるいは少なくとも同僚にアクセスできることが重要である。アン・ハリーは「思春期青年との仕事では，自分自身よりも他者のな

かにより容易に認識できるかもしれない，特に強烈な逆転移がしばしば生じる」と述べている（Hurry, 1986, p.24）。

● アセスメントのペース

　思春期青年と面接をしたり，思春期について書いたりしている者の間では，一定期間にわたるアセスメントが役に立つという一致した見解が見られる。これには，いくつかの理由がある。一つには，アセスメントをする者が忍耐強く，思春期の発達の流動性と一般的な方向性について見定めようとすることである。たとえば，退行は，退行への抵抗と同じく，健康な発達にも健康ではない発達にも見られる（Blos, 1967）。これは，ラウファーが，アセッサーは「絶えず，この思春期のふるまいや悩みは正常なものなのか，それとも現在もしくは将来の病理のサインなのか，という重要な問いを考える必要に直面している」（Laufer, 1995, p.3）と記していることである。

　二つ目に，思春期過程という視点からは，より限られたコミットメントを求めるほうが，親像から距離を取ろうとする防衛を引き起こす可能性が低いということである。パーソンズは次のように述べている。

　　　セラピストとの断続的な接触は，思春期青年が思春期過程の「流れに乗る」のをより容易にする。思春期の発達課題に年齢相応に取り組む若者は，親に対する子どものような依存という退行への牽引に抗って（筆者による強調）苦悶する。
　　　　　　　　　　　　　　　　　　　　　　　　　（Parsons, 1999, p.228）

　セラピストなどの親像への依存もある。この年齢群の治療についてアンナ・フロイトが悲観的になったのは，そもそもは親から離れていくというそのことにあった。どんな分析家や心理療法士も，親を象徴する（Freud, 1958）ため，修正されたアプローチが模索されてきた。

　ブレント・センター・フォー・ヤングピープル（Brent Centre for Young People：BCYP）で用いられているようなアセスメントモデルでは，現在の困難について考えるために予約を提供する際，ある程度，柔軟性のある頻度

と期間を提案するが，これは思春期過程によく適している。それぞれの面接の終わりごとに，次の予約をするかどうかの選択を与える。これは，援助を求める責任を思春期青年にいくらか引き渡すとともに，多少のコントロールを与えもする。万能感や否認は，思春期に広く用いられる防衛である。それが，アセスメントという不安に満ちた空間で，どれほど容易に「助けなんて必要ない」という気持ちの引き金になるのか，セラピストは覚えておくとよいだろう。拡大アセスメントはまた，思春期の「二重の願望，すなわち出口を見つけたい，変わることすらもという願いと，古い解決法の維持や再確立を願い，変わらないことについてセラピストが共に考えるのを可能にする」(Hurry, 1986, p.36)。

● 待合室で――事例 ●

　私は新しい患者に会うために待合室に向かった。患者と母親はひっついて座っていたが，母親は息子に近づこうとするかのように椅子の端に座っていた。一方，息子のほうはぎこちなくむっつりとして見え，顔をそむけていた。私が近づいていくと，母親は私を見上げてほほ笑み，挨拶をした。私は，この予約が息子のためのものであり，境界の設定と，この面接のスペースが彼のためであるというメッセージを送るため，最初に，もしくは少なくとも母親と同時に，彼に挨拶をするのが重要だと強く感じた。むしろ沈黙がちなアセスメントの間，ここにいることについての彼の葛藤が明確になった。彼は心配するほどのことなど何もないと否認したにもかかわらず，問題や不安の深刻さは伝わってきた。生活のすべての局面（仲間関係，家族関係，身体とのつきあい方や学業成績）で困難に陥っているようだった。おそらく，彼が言うところの非常に不安で心配している両親と同じように，私のことも侵入的だと考えて，反感を抱いているのだろうと考えた。黙っていることで私からの質問を誘い，幼少期の対象をあきらめることにまつわるアンビバレンスを転移関係のなかで再演していたということもできよう。

　セッションの終わりに，彼が話してくれたことについての要点を伝え，それらについて，困ったことは何もないという彼の感情を取り上げた。彼には来週も来るかどうかの選択肢を与えたが，この日に話した（最小限の）こと

について，もっと考えるのが役に立つかもしれないとも伝えた。彼の苦闘の
ある面は，家族からの身体的・心理的な距離の必要性であることが明白だと
思われたため，こうした選択の感覚はとても重要だと感じた。これは，彼の
見せた反応と，おそらく待合室での母親に対する私の逆転移反応に見られた
とおりである。また，自分の問題の深刻さに対する過度で大げさな否認は，
恐れを示すものであり，彼とつながっていくためには慎重に扱う必要がある
と感じられた。

　ラウファー（Laufer, 1995, p.4）は，思春期のアセスメントでは，患者の
生活について次の三つの領域を見るように言う。

(1) 親との関係性と，自分の考えや感情を持つことができるかどうか。
　もしそれが認められなくても，必要であればそれを固守することが
　できるかどうか。
(2) 仲間関係と，大人になるための努力と願望を強化するような友人を
　選択できるかどうか。
(3) 自分の身体に責任を持つ身体的に成熟した人間，すなわち男性ある
　いは女性として自分を見る。

　アセスメントの期間中，これら三つの領域の一つかそれ以上に「発達過程
の破綻」（Laufer, 1997, p.77）のあることが明確になったなら，それは支援
が必要だというサインである。これはもちろん，提供する支援が受け入れら
れ，成功するという意味ではない。ウィニコットは，心理療法は「それを必
要だと感じる患者，もしくはそれが役に立つことを知るための支援を容易に
受け入れることのできる患者に提供する」（Winnicott, 1963, p.245）と述べ
ている。繰り返すが，これは思春期青年が自分の考えを話し，内省したり探
求したりすることの有用性を見極めることができるようになるのを目的とす
る，長期にわたるアセスメントを支援するものである。ブロンスタインとフ
ランダース（Bronstein & Flanders, 1998）は，「行動は何かほかの症状であ
る。つまり，自傷行為，過食嘔吐，あるいは飲酒に駆られる感情は，それぞ

れに特有の意味がある」ということをある程度理解するのを助けることで，自分には援助を受ける必要があると認識できるようになるのが，思春期青年との仕事においては極めて重要だと論じている。

思春期青年との初回面接

　初回面接におけるファーストコンタクトは常に重要である。通常は，面接の前に当該機関との接触がある。初回の予約のための手紙は，通常，設定（例：時間，場所，面接の長さ）や目的（例：現在の困難の探求）をていねいに説明し，セラピストの名前を記す。これは，セラピストが境界を設定するのに役立つ手段になりえ，思春期青年の不必要な不安を軽減するためにできうる限りの有益な情報にもなる。これが精神保健の専門家との最初の接触である者もいれば，GP やカウンセラー，精神科医や関連の専門家などとすでに面接をしたことがある者もいるだろう。いずれにせよ，これが転移関係の始まりになる。ただの親切で役に立たない GP のような人物なのか，あるいは魔法のようにさっと問題をなくしてもらえるという非現実的な望みを持ってやってくるかもしれない。または，内的な混乱はおろか，自分のことなど理解してくれる人などいるはずがないと，まったく希望を持っていないかもしれない。親か学校などに問題があると信じ，ただ来てやったのであり，セラピストは彼らが問題だと考えているまさにその人々の側の人間だと見ているかもしれない。待合室での最初の出会いにおける情緒的反応と考えは，アセスメントのための重要なツールである。否認，投影，そして行動に訴えるといった，この時点で用いられている防衛について考えると，セラピストは容易にそこにとらわれ，その強さに混乱させられるだろう。最初の印象を振り返るのは役に立ち，不可欠な支えになりうる。以下の三つの事例は，初回面接と逆転移反応について示すものである。

●Ｆの到着●

　待合室に入ると，Ｆは私に向かって大股でやって来て，握手をしようと手を差し出した。彼女はちょうど，職員用の駐車場に車を停めたところだった。

私が面接することになっていたのは，心理士か他の専門家だったかと困惑し，しばしあっけにとられた。スマートなスーツやクラシックなジュエリーに至るまで，どれも彼女を自信に満ちた，まとまりのある人物に見せていた。この瞬間，彼女と同様に私は（アセッサーとしての）自分自身のアイデンティティに混乱を抱いた。セッションでは，彼女は現在の不安を説明するのに外的な出来事を語り，内的な問題については否認でいっぱいだった。Fは家を出て大学の寮に戻ることができず，最終試験に失敗し，人生の次の段階に進めずにいた。

　この事例で役に立ったのは，最初のアイデンティティの混乱の感覚を維持し続けることで，彼女の強力な防衛的有能性の仮面に取り込まれることなく，家の外で大人のアイデンティティを見出すという彼女の困難に触れ続けるのが可能になったことである。

●Cとの出会い●

　待合室で会ったときのCに対する私の第一印象は，ナイトクラブに行く途中ででもあるかのような，洗練された魅力的な若い男性というものだった。彼は気軽に挨拶をしてきた。私は彼がアフターシェーブローションをつけていることに気がついた。しかし，面接室では社交性に乏しく，痛々しく臆病な少年という実態を表し，自信にまつわる援助を求めていた。私は，かなり母性的になり，彼のことをかわいそうに感じていた。事実，彼の困難の大部分は，母親から分離できないことから生じていた。彼は母親と同じような妻を欲しつつも，小さな子どものように母親に世話をされるほど退行することがあると語った。彼は，そのように注意を払ってもらうのを楽しみながらも，そうした感情に動揺もしていた。私は，待合室ではより誘惑的な若い男性を体験していたが，この最初のセッションでは，同時に世話をしてやりたくなるような，小さな少年への防衛的な退行をも体験していた。私は，彼がクリニックとの最初のコンタクトをどう感じたのか，また私に会う前から母親像と同一視していたのだろうかと考え続けた。この短時間の接触の間，私はアフターシェーブローションをつけた，性的に成熟した息子に誘惑されること

になっている母親を表象していたのかもしれない。しかし，後にこのことについての強烈な不安が生じ，それが小さな男の子のような退行を促したのかもしれない。

　彼は，数回はセッションにやって来たが，それ以上継続して来談することはなかった。今思えば，この初回のセッションで，すでにハリーの考えである（先述の）「二重の願望」が明らかに存在していたのだろうと仮定できる。

● 母と娘 ●

　私は，14歳の難民の少女に会うことになっていたのだが，待合室では二人の「女性」に出会った。一人は編み込みの髪に明るい服装で，もう一人は特徴のない暗い色の服を着て，不安そうでやつれて見えた。どちらも予期していた少女には見えなかったので，いずれに挨拶をすればよいのかわからなかった。二人に近づくと，明るい服装のほうの女性が患者のことを紹介した。すると，大きな笑みが少女の顔を完全に変容させ，14歳の少女に見せた。私は大きな安堵を経験した。面接室で，彼女はまだ若い人生における複数のトラウマについて話した。困難なセッションだった。彼女は，自身の最大の絶望を私に見せ，体験させることができたのだった。このセッションの後，彼女は私に会うといつも笑顔に戻ったが，私にとって重要だったのは，待合室で，年齢をはるかに超えて見えた悲しげな最初の印象の記憶だった。彼女の笑顔を見たときのホッとした感情の記憶もまた，重要だった。アセスメントの間に明らかになったのは，彼女が（もっともなことだが）トラウマティックな人生を心の外に追いやろうとするのと同時に，それを知らせないことで他者を守ろうとするのに多くの時間を費やしているということだった。自分に起きたことについての恥の感情のみならず，自分の絶望に耐えてもらうことができるかどうかについても心配をしていたのである。

●リスクアセスメントと自死

　アセスメントを開始するにあたり，セッションは秘密にされるが，深刻なリスクについては共有する必要があると知らせておくのが重要である。低年

齢の思春期青年の場合には，これは親/養育者になるが，年長の場合は GP に知らせるか，もしくは，入院治療が可能な精神科医に紹介することが重要である。これは特に，親/学校あるいは GP に，気がかりな点や勧告をするのに抵抗のある青年の場合には，セラピストに対する不信をもたらすかもしれない。しかし，大人が問題の深刻さを認識し，正面から受け止めてくれるというのは安心できることでもある。ブレント・センターでは，治療チームがさらなる治療の勧めについての決定を行うということを前もって知らせている。

　自身や他者を傷つけるリスクのある場合は，安全を確保するために，多職種チームが必要になるかもしれない。児童精神科医のいる入院施設での身体的境界設定が必要な場合もあろう。アセスメントが「最善の支援が何なのかを見極めるもの」だと説明しておくことで，他の専門家や他機関へのリファーについて話し合うことが可能になる。

　怒りの爆発のコントロールが効かないために，学校や地域で他者を傷つけるリスクがあると考えられた少年の事例で，関係する専門家は青少年犯罪チームへの紹介を推奨した。特に，休暇中に地域でトラブルに巻き込まれないために，現実的な支援を提供するのが目的だった。彼は最初は怒り，おそらく潜在的な犯罪者と見られることに恐怖も感じていた。しかし，セッションでは，コントロールできない衝動的怒りに対する恐怖感について考えることができた。また，怒りをコントロールできる唯一の方法は，「おりに閉じ込める」こと，すなわち刑務所に入るという先の感情についても考えることができた。

　エーグル・ラウファー（Egle Laufer, 1995, p.108）は，セラピストが自死について考えるかどうかを問うのを勧めている。不安や「恥ずべき秘密と見なされる」かもしれないことについて，吟味することへの抵抗を減じうるからである。もし，明確な自死の企図が表されたなら，セラピストは危惧する必要があるし，その危惧に基づいて行動する必要があろう。アン・ハリーの論文（Hurry, 1978）は，思春期の少女の自死行動の動機とその理由に関す

る文献レビューを行い，多くの自死行動の過重決定因を同定している。

- 自死企図のある身内への同一化。
- 愛する人物への喪失感情（この人物の実際の死，もしくはその人物に拒絶され/見捨てられた感情）。
- 子どもの頃の自分に向けられた親の破壊的願望の内在化。
- 親から分離し究極の独立，そうでなければ，親との融合もしくは合一を示したいという願望。
- 愛と憎しみの対象への圧倒的な攻撃的感情に対する防衛を，自身に対する攻撃に向け変えたもの。
- 自死を通して親を罰し，そのことで親を非難するという，親に対する公然の攻撃性の表現。
- エディプス願望が進行中であることを意識している，思春期青年の性に対する防衛。
- これらの願望がファンタジーのなかで満たされることへの罰。

　どのような理由があるにせよ，自死の企図は，性的に成熟しつつある身体，内在化された親を含む内的対象，そして十分に世話をしなかったという罪の意識を感じていると空想される周りの人々に対する，（乳児期の攻撃性を適切に抱えられることがおそらく欠けていたことによる）究極かつ最大の攻撃である。この年齢集団と仕事をするセラピストは皆，ほかの専門家の支援を得る必要がある。それは，「自身と治療に対する思春期の破壊的衝動の実際に触れ，そこにとどまるためであり，思春期の否認と共謀しないためである」（Laufer, 1995, p.107）。

　自死の問題についてのさらなる視点に，ロザリー・ジョフェの次のような指摘がある。「耐えがたく制御不能で，傷つきやすく無力な思春期青年にとって，自死という考えは自身の命に対する力の感覚と，他者に対する武器を与えてくれる」（Joffé, 1995, p.54）。こうした理由のために，自死を食い止めたいというセラピストの願望は，思春期青年にはほぼ歓迎されない。

学校におけるアセスメント

　子どもの心理療法士として学校で働くことは，ときに欲求不満を生じるかもしれないが，価値があり，やりがいのある経験になりうる。学校で教職員のケアのもとにいる思春期青年は，しばしば学校のシステムに，パニックや怒り，不安を引き起こす。第二次性徴期に生じる変化に無力感や恐怖を抱き，親や他の対象に対する怒りや性的衝動，失望といった圧倒的な感情の制御に悩む思春期青年らと同じく，このやっかいな旅路に付き添う教職員もまた，寄る辺なく恐怖と失望を感じることになる。

　子どもの心理療法士にとって，問題となっている個人について熟考するためには，めまぐるしい学校生活のなかで精神的なスペースを作り出す，自分なりの工夫が必要である。校内専用の相談依頼フォームを作ったり，毎週関係する教職員との相談依頼会議を持ったりするのも一つの方法である。あるいは，より非公式にこなすこともある。しかし，思春期の混乱に巻き込まれ，行動に駆り立てられるのはとてもたやすい。現在の困りごと，過去の歴史，諸機関の関与などについて適切な情報を集める前に，その生徒に会ってしまうのである。

　学年主任と牧師のアシスタントに帰宅前の挨拶に行くと，ある生徒に会う時間があるかと尋ねられた。私はちょうど別の生徒と，セッションの頻度を2週間に1回に減らすのを同意したところだった。このことを念頭に，時間はあるがその生徒の親の同意書が必要だと伝えた。彼らは，彼女のファーストネームを私に伝え，彼女が本当に援助を必要としており，来週には予約を入れておくつもりだと言った。こうして私は職員室を後にした。

　学校から離れると，私はこの生徒についてまったく何も情報がないこと，そして，彼女に会うのが適切かどうか，何のアセスメントもしていないことに気がついた。幸運にも，学校とのメール連絡は常に歓迎されているため，手段が失われたわけではなかった。しかし私は，生徒を「何とかしたい」と

悩む教職員との同一化という罠におちいりやすいばかりか，思春期の生徒の困難についての議論そのものが耐えがたい感情なのだということにも，改めて思い至った。もちろん，週末に，思春期の葛藤との苦悶から早く解放されたかったという説明も成り立つだろう。

　この一件では，セラピストと教職員との間の力動についても考えさせられた。セラピストが魔術的解決をもたらしてくれる，たとえば「アンガーマネジメント」に行かせれば，怒りをコントロールすることができるようになるだろう，もしくは反抗的な生徒がもう反抗しなくなるだろうという考えは，親によく見られる。これを適切な時期に行わなければ，セラピストに対する無言の失望になりうるため，しっかりと扱う必要がある。おそらくこれは，脱錯覚した患者に対するのと同じように，セラピスト自身が扱うべきことだろう。他に考えるべき力動は，学校にやってくる「熟練者」や専門家によって引き起こされる競争的感情である。セラピストへの依頼は，困難なあるいは不幸な子どもに対処できないか，もしくは助けたいと思っている生徒から信頼されていないのを認めることになると考える教職員がいる。ここでもやはり，親に対するのと同じように，子どもの心理療法士がこうした感情に敏感であるかどうかが大切である。モーゼス・ラウファー（Moses Laufer）は，家族の問題を思春期青年に投影する親と結託しないことの重要性について述べている。学校でも同様に，生徒のアセスメントを通して，その生徒には通常の思春期の葛藤が存在するのみで，実は教師の問題であると結論づけられることもある。

　教職員の期待を扱うということは，生徒の期待をも扱うということである。私の経験では，生徒はしばしば助けになるテクニックを教えてもらえるのを期待してやってくるが，具体的な解決策はなく，面接は自分が考えるのを支援してもらうためだということに驚き，ときに失望する。セラピストに対して，ただ感情を吐き出したいだけの者にとっては，積極的に考えることを期待され，自分の行動と感情にある程度の責任を持たなければならないという潜在的なメッセージは歓迎されない。これは，面接に来るのを「忘れ」たり，「病気」のために面接を回避するといった行動を導く。また，グループワークでは，継続的に何らかの妨害をして，そのプロセスを台無しにしようとす

る試みにつながる可能性がある。このような場合にセラピストは，思春期青年が耐えられることについて敏感である必要がある。また，（ウォークイン・クリニック†9とは違って）彼らが面接に来るのを選んだわけではなく，来させられた，あるいは少なくともそう感じているということを覚えておくべきである。実践的なレベルでは，セラピストは，ケースバイケースを基本に，そのプロセスが迫害的あるいは侵入的になりすぎることなく，適切な境界を維持するために最善の方法でアセスメントを導入する。また，セッションを休んだ生徒にコンタクトをとる方法についても，学校と共に注意深く考える必要がある。

　病院での異なる専門家間の関係性についてウィニコットは，職員間の嫉妬だけではなく，分裂を引き起こすような思春期のあり方についても注目している（Winnicott, 1963）。彼はこれを両親間の緊張が職員に置き換えられたものの反映として見た。無意識の空想システムのなかで，両親が一緒になるのを許すことに対する思春期の恐怖の置き換えである（p.245）。このような精神分析的説明は，職員には役に立たないかもしれないが，家庭でも学校でも，思春期青年と親像との間で起きることの類似性を比較し，そのことについて話すのは有効かもしれない。

　このタイプのアセスメント作業の困難の一つは，柔軟であり続ける必要性である。ここまで，思春期の生徒を取り巻く環境のパニックに加わらないということを述べてきたが，学校では迅速に対応できるという利点もある。教職員は，不安を感じさせられるような生徒の気にかかる変化を拾うことができ，実際に拾いもする。これが，迅速なアセスメントと，入院によるケアにつなぐ精神科医への紹介の可能性を示唆する場合も十分にありうる。

　ある朝，校長が私のところにやって来て，気になっている少年がいるが，「何もできない」のだと話した。彼女はこの一年間，彼の行動と気分に重大な落ち込みがあったと感じていた。彼のことを怒りつつも，心配しているようだっ

---

†9　他機関からの紹介や事前の予約なしに，思春期青年が相談に訪れることのできるシステムのこと。

た。教師に対して反抗的で，席に着くのも学習するのも拒絶するなど，教室の中で破壊的なのだと言う。そして，彼は自死をした別の生徒のことを思い出させるのだと付け加えた。私は親の同意のもとにのみ，子どもに会うことを許されているので，彼女がその場で父親に電話をかけ，承諾を得た。私はこれを，彼が生み出す不安のレベルだと考えた。私が次の週に学校に戻るまで，予約を取るのを待てないようだった。彼女は前日，まだ何も手配をしていなかったが，誰かと話をする機会についてその少年に言及していた。私が校長室で待っていると，一人の少年がふらりとやって来て，私が「その心理士」かと尋ねた。私はこの少年がその彼に違いないと悟った。学年主任に送り出されてきたのだろうと推測した。しかし後に，学年主任は彼のことを探しており，むしろこれが重要なことなのだが，彼が私を見つけに来たのだということがわかったのである。数回のアセスメントセッションの後，この危機的状況に対して，より広範囲の介入を行うことのできる精神科医への紹介の必要性が明確になった。

●まとめ

　思春期は病気ではなく，発達段階である。しかしながら，最も「ノーマル」な思春期でさえ，身体か心のどちらかに異常を感じることはありうる。自分で，あるいは仲間や親の援助で乗り切れる者もいるが，専門家の援助を必要とする者もいる。アセスメントのねらいの一つは，その思春期青年に影響を与えている内的要因と外的要因を整理し，その若者が自身の困難を引き受けられるようになることである。セラピーのアセスメントでは，セラピストはその思春期青年が内的世界に興味があるかどうかについても見る。週に一度か二度，もしくは集中的心理療法の継続を勧める際には，その特定の思春期青年がそれを必要とするほどの病態であり，かつ，その機会を有効に使うことができるかどうかを見定めなくてはならない。一連のアセスメント面接は，思春期青年と子どもの心理療法士が，どのレベルの援助が必要か，そして，どの程度のものならば耐えられるのかを探求する機会なのである。

【文献】

Blos, P. (1941) *The Adolescent Personality: A Study of Individual Behaviour*, New York: Appleton-Century.

Blos, P. (1967) 'The second individuation process of adolescence', *Psychoanalytic Study of the Child* 22: 162–186.

Blos, P. (1970) *The Young Adolescent: Clinical Studies*, New York: Free Press.

Bronstein, C. and Flanders, S. (1998) 'The development of a therapeutic space in a first contact with adolescents', *Journal of Child Psychotherapy* 24, 1: 5–35.

Freud, A. (1958) 'Adolescence', in *The Writings of Anna Freud, Vol. V*, New York: International Universities Press.

Horne, A. (1999) 'Normal emotional development', in M. Lanyado and A. Horne (eds) *The Handbook of Child and Adolescent Psychotherapy: Psychoanalytic Approaches*, London and New York: Routledge.

Hurry, A. (1978) ' "My ambition is to be dead": the analysis of motives and reasons for suicide behaviour in an adolescent girl, with particular reference to the relationship between the adolescent process and suicide. Part II: Past and current findings on suicide in adolescence. Part III: Discussion', *Journal of Child Psychotherapy* 4, 4: 69–85.

Hurry, A. (1986) 'Walk-in work with adolescents', *Journal of Child Psychotherapy* 12, 1: 33–45.

Joffé, R. (1995) ' "Don't help me!" – the suicidal adolescent', in M. Laufer (ed.) *The Suicidal Adolescent*, London: Karnac.

Laufer, M. (ed.) (1995) *The Suicidal Adolescent*, London: Karnac.

Laufer, M. (1997) *Adolescent Breakdown and Beyond*, London: Karnac.

Laufer, M.E. (1995) 'A research study', in M. Laufer (ed.) *The Suicidal Adolescent*, London: Karnac.

Muuss, R.E. (1980) 'Peter Blos' modern psychoanalytic interpretation of adolescence', *Journal of Adolescence* 3: 229–252.

Parsons, M. (1999) 'Non-intensive psychotherapy and assessment', in M. Lanyado and A. Horne (eds) *The Handbook of Child and Adolescent Psychotherapy: Psychoanalytic Approaches*, London and New York: Routledge.

Tonnesmann, M. (1980) Adolescent re-enactment, trauma and reconstruction, *Journal of Child Psychotherapy* 6: 23–44.

Upson, P. (1991) 'At risk: the adolescent and the professional worker', in S. Adamo and G. Williams (eds) *Working with Disruptive Adolescents*, Napoli: Instituto Italiano Per Gli Studi Filosofici.

Wilson, P. (1991) 'Psychotherapy with adolescents', in J. Holmes (ed.) *Textbook of Psychotherapy in Psychiatric Practice*, Edinburgh: Churchill Livingstone.

Winnicott, D.W. (1963) 'Hospital care supplementing intensive psychotherapy in adolescence', in D.W. Winnicott (1965) *The Maturational Process and the Facilitating Environment*, London: Hogarth Press.

【邦訳文献】

Freud, A. (1958) Adolescence, in *The Writings of Anna Freud, Vol.V*, New York: International Universities press./［黒丸正四郎訳（1984）アンナ・フロイト著作集5. 岩崎学術出版社］

Horne, A. (1999) 'Normal emotional development', in M. Lanyado and A. Horne (eds) *The Handbook of Child and Adolescent Psychotherapy*: *Psychoanalytic Approaches*, London and New York: Routledge./［平井正三・脇谷順子・鵜飼奈津子監訳，子どもの心理療法支援会訳（2013）児童青年心理療法ハンドブック. 創元社］

第Ⅱ部・・・・・・・・・・・・・・・・・
重なり合う領域

第6章　乳幼児精神保健

──ディリス・ドーズ（Dilys Daws）との対話

キャリン・オナイオンズ（Caryn Onions）

　私が最初にディリス・ドーズに出会ったのは，乳児観察のときだった。赤ん坊が生まれた後に初めてその家庭を訪ねたとき，すでに一度会っていた母親から，どうやって赤ん坊を寝かしつけたらいいのかわからないと言われた。それから数カ月間，母親は赤ん坊を眠らせるためのさまざまなアイディアを詳しく説明してくれた。愛情と思いやりのある親が，赤ん坊と離れるのに苦労しているところでいったい何が起こっているのかを理解するのに，ディリスの著書 *Through the Night*（1989）がとても役に立った。その後，私が子どもの心理療法の訓練で実際にディリスに会ったのは，彼女の臨床セミナーを受講したときだった。それからまた数年後，応募した仕事の面接官だった彼女に再会した。そのため，私がディリスに接したのは今回が初めてではなかったが，彼女と話し，子どもと成人の心理療法士としての彼女のキャリアについて知るという特権を得たのは，今回が初めてである。子どもの心理療法の仕事だけではなく，乳児とその親の精神保健の領域でも尽力してきたのがディリスである。このインタビューは，2007年3月にディリスの自宅で行った。

キャリン：はじめに，どういったことから子どもの心理療法に興味を持つようになったのか教えていただけますか？

ディリス：私は，自分の家庭環境からこの仕事に入ったので，他の多くの人よりも容易でした。父はハダスフィールドの自宅で GP をしていました。「家族経営」でした。母が電話応対をし，会計を手伝い，すべての患者のことを知っていました。今で言う実務マネージャーでしょう。食卓に

はフロイトが置いてありました！戦後，父は児童精神科医としての訓練を受けました。私は12歳くらいになると，父が読んだり話したりしていたことに魅了されていました。母の「流儀」にも影響を受けました。赤ん坊への愛情，耳を傾ける力，そして家庭での創造性です。私は，父と母のしていることに興味を持ち，その種の仕事に感動して，「パパと同じようなことをしたい」と考えるようになりました。

　中等学校では，芸術分野は得意でしたが，科学分野が苦手なことに気づきました。科学を学ぶことはできましたが，それについて考えることも創造的になることもできませんでした。シックスフォーム[†10]ではとても良い時間を過ごし，まったく違う勉強をすることに決めて，ケンブリッジ大学のニューナム・カレッジで社会人類学を学びました。とても素晴らしく，非常に活気のある学科でした。マイヤー・フォーテス（Fortes, M.）が教授で，エドモンド・リーチ（Leach, E.）が講師でした。彼らは精神分析的思考を持っていたので，本当に良いスタートでした。その後，マイヤー・フォーテスの研究助手として1年間働いた後，以前からずっと暮らしたいと思っていたロンドンに移りました。最初の仕事は，地域社会研究所の研究助手でした。そこは，マイケル・ヤング（Young, M.）をはじめとする1950年代後半の独創的な精神にあふれていました。人々がどのように生活をしているのかということと，その社会的文脈との相互関係について検討していました。アン・カートライト（Cartwight, A.）は，患者の病院での経験について，質問紙を使用した予備研究を行っていました。所定の問いを忠実に守らなければならなかったのですが，私は現実的な会話を進めてしまい，最後に「ありがとう，だいぶ良くなりました」と言われるのです。これは，経験について話すということが，いかに人の役に立ちうるのかについての価値ある発見でした。

　その後，精神分析と社会人類学を結びつけるという壮大なアイディアを思いつき，多くの人を紹介してもらいました。エリザベス・スピリウ

[†10]　英国の学校制度では，義務教育には5歳からの初等教育と，11歳からの中等教育があり，16歳で終了する。シックスフォームは日本の高校に当たる教育課程で，大学進学を希望する者などは，主にここで16〜18歳まで2年間勉強する。

ス（Spillius, E.）はとても励ましてくれましたが，社会科学者のマリー・ジャホダ（Jahoda, M.）には「そのうちの一つをきちんと修めるように」と，最も賢明なアドバイスをもらいました。このときもまた，父が「『アンナ・フロイトのお嬢さん方』の一人になってみては？」と言ってくれたのが助けになりました。これは当時のニックネームです。それで私は，ハムステッド・クリニックに応募しました。ルース・トーマス（Thomas, R.）との面接は，最初のセラピーとの出会いであり，記憶に残るものでした。自分が何者なのかを考え出そうとすること……しかし合格できず，子どもとの経験を積むようにと助言されたのです。そこで私は教職に就きました。

　私は教師の訓練を受けずに仕事に就きました。当時は学位があればできたのです。代用教員としての初日，私はまったくの役立たずでした。子どもたちから，「先生，今日が初日ですか」と尋ねられ，私は「いいえ」と鋭く言い返したのです。本当のことを言っていたら，きっと彼らは助けてくれたでしょう。その日は混沌としていました。その後，キルバーンの公立男子中等学校で教えたのですが，ここではすべての男子を何とかまとめていく，という大変な経験をしました。ハムステッド・クリニックに戻ると，次には年少の子どもとの経験を積むようにと言われたので，プレイストウの幼児学校で1年教えました。このときは，2～4歳のクラスをどう扱うのかをわかっている，年配のティーチング・アシスタントの女性から，適切な指導を受けました。再び戻って，今度はアンナ・フロイト（Freud, A.）の面接を受けたのですが，そこでの分析的沈黙には恐怖におちいりました……何を言えばいいのかわからなかったのです。何を読んだのか尋ねられたのですが，フロイトを読んだと言えば，彼女の機嫌を取ろうとしているように見えるだろうと思いつつも，もし言わなければ……とにかく何とか話すことはできました。しかし，その後の連絡はなく，私は自分から電話をかけました。「申し訳ありません，あなたのことは受け入れられないと伝えていませんでしたか。来年また，トライしてください」と言われました……その頃，タビストックについて聞いたのです。

キャリン：強い意志があったのですね。

ディリス：ええ，そうです。ハムステッド・クリニックに2回戻り，十分な
　　経験がないと言われたのは，実際，もっともなことでした。2回目には
　　自分でお金を払えば受け入れてくれるとほのめかされたのですが，そん
　　な必要はないはずだと考えました。大学の授業料が無料の時代でした。
　　それで，興味のあったタビストックの選考手続きに出向いたのです。ボ
　　ウルビー（Bowlby, J.）博士の面接を受け，集団面接と対象関係論に関
　　する試験がありました。それは一日がかりで，もし合格できなかったら
　　打ちのめされるだろうと考えていました。まったくうまくいかず，自分
　　は不適切だと感じていたのですが，選ばれました。1960年のことです。
　　25歳と，今の基準では若かったです。

　　　当時，マティ・ハリス（Harris, M.）がコースを運営していました。
　　私は分析も受けたことがなく，どの分析家のことも知りませんでしたし，
　　学派間の違いも知りませんでした。ボウルビー博士と面接し，「私の友
　　人のパール・キング（King, P.）のところに行ってみないか」と言われ
　　ました。彼女は独立学派の分析家で，当時は「中間学派」と呼ばれてい
　　ました。私にとっては本当に良い選択でした。彼女が私のことを引き受
　　けてくれることになり，「いつから始めたいですか」と尋ねられました。
　　私が「もちろん訓練を始めるときです！」と答えると，彼女の都合もよく，
　　「それでけっこうです」と。この時点で彼女からの問題提起がなかった
　　のは，かなり興味深いことでした。彼女は賢明で，少し反逆心のある人
　　でした。体制の一員でしたが，それに対して批判的でもありました。少
　　し私に似ている，いえ，私が彼女に似ていたのです！

キャリン：10代の頃に何か，物事を考えるようなことを勉強したかったの
　　は興味深いことです。現在の仕事や執筆の一部は，赤ん坊について，親
　　や専門家と共にどう考えるかということですよね。

ディリス：ええ。ですが，いつも何かを書き留めると，また先に進んで，以
　　前に自分の言っていたことには同意できなくなるのです！

キャリン：書かれたもので，今は違っていることはありますか？

ディリス：そうですね，*Through the Night* の第2版の序文では，分離につ

いての考えがいかに複雑になったのかを説明しています。赤ん坊を寝か
しつけることは，かつて思っていたほど簡単なことではないと気づいた
からです。今日では，親は赤ん坊とより親密さを保ち，抱っこして連れ
歩き，一緒に寝るようになっています。この親密さを楽しむと同時に情
緒的に互いを手離すことで眠ることができる親がいる一方で，親密さが
侵襲的になって夜にぐっすり眠ることのできない親もいるということに
気づいたのです。もちろん，どんな努力を払ってでも分離をするべきだ
とは思いません。そもそも，すべての赤ん坊は，まずはアタッチメント
を支えるために親との距離の近さと親密さが必要です。そこから個体化
と独立に続いていくのです。

　他に私の見方を少し変えたかもしれないのは，赤ん坊を泣かせておく
ことについてです。孫ができて，ベッドに寝かせる喜びを経験して，彼
らをあまり泣かせないようにするのは支配的なことなのではないか，と
考えるようになったのです。落ち着いて寝つくまでに，少し泣いたり，
何かを表現するために抗議したりする必要のある赤ん坊もいます。大人
が近くにいるのを知っていて，見捨てられてはいないと感じるのです。
こうした赤ん坊はすぐに泣き止みます。

キャリン：現在，乳児と睡眠に焦点を当てた本がかなりありますが，これら
　　　　　の非常に異なるアプローチは，親にどのような影響を与えるでしょう
　　　　　か？

ディリス：まず，こうした本はニーズに応えたものです。多くの赤ん坊が眠
　　　　　れずにいて，多くの親が赤ん坊のことを心配しています。また，親世代
　　　　　の高齢化ということもあるでしょう。ペネロペ・リーチ（Leach, P.）
　　　　　は *Mothers as Managers*（2004）という本を執筆しましたが，これは，
　　　　　精力的に仕事をしている母親にはすべてをコントロールできると感じる
　　　　　必要性があることや，物事を間違えることに対する不安に関するもので
　　　　　す。この本はこうしたニーズに対する回答です。もちろん今日では，多
　　　　　くの母親が自分の母親の近くに住んでいません。いろいろなものを読む
　　　　　のを勧める大きな市場もあります。どのように物事を正しく行うのかを
　　　　　伝えるテレビ番組のために，多くの人が自分は間違っていると感じさせ

られるのです！

　経験を説明するのに役に立つ書籍や番組もありますが，非常に管理的
なものもあります……「コントロールされた泣き controlled crying」が
そのキーワードです。しかし，*The Contented Little Baby Book*（Ford,
1999）は特に悩みの種です。私はこれを「従順な赤ちゃん」と呼んでい
ます。フォードは，あたかも私が彼女の視点を支持しているかのように，
文脈から外して引用するので特に迷惑です。彼女はまた，私がジョアン・
ラファエル–レフ（Raphael-Leff, J.）の鍵概念のいくつかを，出典なし
で使用したかのように引用しています。まるで私がアイディアを盗んだ
みたいです。とても非科学的です。

キャリン：ジョアン・ラファエル–レフが，調整者でもありファシリテーター
　　　でもある母親について書いているものですか？

ディリス：はい，彼女の素晴らしいアイディアです……。

キャリン：今日では，私たちは家族関係が赤ん坊に影響を及ぼすのは当然の
　　　ことだと思っていますが，どのようにそうした考えに至ったのですか？

ディリス：そうですね，まあ，意識していたとは思いません。自分の赤ん坊
　　　ができたとき，私はお互いに自分の気持ちについて気安く話し合える人
　　　たちに囲まれていました。子どもの心理療法士も含む友人らと，母親で
　　　あることをどう感じるかについて話すことができましたが，もしこの
　　　ネットワークがなかったなら，誰と話をしただろうかと考え始めました
　　　……遡ってもう少し歴史を説明する必要がありますね。大丈夫ですか？

キャリン：大丈夫です。

ディリス：私はジュリエット・ホプキンス（Hopkins, J.）と共に訓練を受け，
　　　以来，友人でもあり，共に仕事もしてきました。ピア・スーパーヴィジョ
　　　ン・グループに一緒にいて，今でも何をするかについて話し合っていま
　　　す。当時は乳児観察を含めて3年間の訓練でしたが，訓練ケースをもつ
　　　のは非常に容易でした。今とはかなり異なります。このとき，タビストッ
　　　クは私が資格を取得できたということを伝えそびれていたのです……当
　　　時はシステムがあまり良くなかったのです！3年間の終わりに，マティ
　　　に「私は資格を取得できると思いますか」と尋ねると，彼女は「ああ，

あなたはもう資格を持っていますよ。伝えていませんでしたっけ」と言うのです。

　その後，ジュリエットと私は二人とも，その3年間では足りなかったと感じていたので，もう1年残り，訓練ケースや個人分析を続けました。私たちはどちらもその頃に結婚しました。私の最初の夫はオーストラリア人の画家で，1年間オーストラリアに行きました。アデレードのCAMHSチームで5カ月間働き，そこの皆をスーパーヴァイズしたんです！大きなクリニックで，所長はロンドンでしばらく過ごしたことがあり，とても精神分析に興味を持っていました。そのとき，私は後にも先にもこれ以上ないほどのことを知っていました！今以上にクライニアンでした。それを拒否した一人の男性精神科医を除く全員をスーパーヴァイズしました。彼にとってはそれで良かったのです！

　紹介されてきた子ども全員のアセスメントを依頼され，家庭訪問をしましたが，これはこのクリニックの慣例でした。ある程度事前に選択されていたのだと思いますが，全員が心理療法に適していると思われました。実のところ，他のタイプの治療を知らなかったですし，心理療法が最良の選択肢だと考えていたのです。当時は鑑別診断については知りませんでした。これは私にとって素晴らしくまとまった時間でした。

　また，当面の間の最後のひと仕事でもありました。その年にインド，タイ，カンボジアを旅し，帰りにメキシコとアメリカを経由して戻ったときには，妊娠5カ月でした。講義と執筆を除いて5年間休職し，子どもの心理療法士協会（Association of Child Psychotherapists：ACP）の無給役員に就任しました。これは夜間にできることでしたので，専門職に関与する一つの方法として，またほぼフルタイムの母親でいるには完璧でした。パディントン・グリーンでの週半日の仕事に戻り，子どもがそれぞれ5歳と3歳になったときに講義の数を増やしました。ジュリエットと私は，児童相談訓練センター（Child Guidance Training Centre：CGTC）の仕事にジョブ・シェアリングで応募したのですが，そこの就職試験でフランシス・タスティン（Tustin, F.）に出会いました。結局彼女がこの仕事を得たのですが，私たちは二人とも，これこそ

が望む場所だと思いました。1971 年にも応募したのですが，かないませんでした。そこで，デイ・ユニット[†11] の仕事に応募するよう言われたのです。それは私がしたい仕事ではなかったので，応募したくはありませんでした。私は，深刻な障害には興味がなく，普通の家庭で何かがうまくいっていないという事象のほうにはるかに興味があったからです。彼らは私がこの仕事をしなければならないと強く主張し，ついには説得されてしまったのです！実際に子どもと会う必要はなく，職員との仕事だと言われたのですが，結局のところ，それはもちろん真実ではありませんでした。

　それでもやはり，私はそこの子どもたちのことが本当に好きになり，かなり良い仕事をしましたが，彼らの障害についての考えは持ちえませんでした。フランシス・タスティンが自閉症について書いていた頃ですが，私にはまったく理解できませんでした。今になると，何人かの子どもたちが自閉症スペクトラムであったことがわかります。コミュニケーションをとらない子どもや，奇妙な行動をする子どもに会いましたが，彼らの問題や障害については何の考えも出せませんでした。しかし，関係性を通して何らかの手助けをしたとは思います。ほとんど話さず IQ が非常に低かった 6 歳の少年が，さよならをするときに，「これからもあなたのような友だちはできないだろうな」と言ったことには，心底驚きました。私はずっと彼のことを覚えていましたし，おそらく彼も私のことを忘れていないでしょう。私は教師とも有益な仕事をし，この困難で不安な場で，皆がお互いに対処するのを援助したと思いますが，結局そこでは非創造的になって，行き詰まってしまいました。1985 年に CGTC がタビストックと合併した時点で，私はマーガレット・ラスティン（Rustin, M.）に，これは私たちに特有の言い回しですが，「いずれは」そこで働きたいと伝えました。マーガレットは，人が適切な場所にいられるように助けるのが得意でした。ヴァレリー・シナソン（Sinason, V.）

---

†11　さまざまな障害や問題について専門的なアセスメントや治療を行う専門型の施設。ここで語られているのは，自閉症や知的障がいをもつ子どものための施設だと思われる。

　がやって来て，実はデイ・ユニットで働きたいということになったとき，私と彼女は交代したのです。私は家族を見るチームのセラピストでいるほうが断然幸せでした。

　再び話を戻すと，デイ・ユニットにいた3年間で，所長のジョン・ボランド（Bolland, J.）博士に，半日をベイビー・クリニックで働くために使えるかどうか尋ねました。彼は，非常に思慮深く「ゆっくり時間をかけてください」と言ってくれました。もちろん，アンナ・フロイト・ウェル・ベイビー・クリニックはすでに存在していましたが，こうした設定で仕事をしている子どもの心理療法士はいませんでしたから。私はさまざまなクリニックを訪れて，精神分析家で元GPのカトリオナ・フッド（Hood, C.）に会いました。ベイビー・クリニックで働く彼女に同席させてもらいました。彼女は赤ん坊を亡くした女性と面接していましたが，「こういうことは私にはできない」と思いました。私には2人の幼い子どもがいました。私は完全におびえてしまいましたが，興味も持ちました。

　最終的に，私は今も働いているジェームス・ウィッグ・プラクティスを見つけました。彼らの温かい歓迎にもかかわらず，そこにいるのは容易なことではありませんでしたし，今でもそうです。そこに部外者として出向くたびに，自分の存在を正当化する必要があると感じるのです。毎回さまざまな理由をつけて……しかし，もちろんこれは私だけの思いかもしれません。毎週のベイビー・クリニックで，あらゆる問題を抱えた赤ん坊をもつ家族と会い始めましたが，その大部分が睡眠の問題であることに気づきました。どうすればうまくいくのか，それをどのように見出していったのかはまったくわかりません。次々に話をしてみるだけでした。しかし驚くべきことに，約50%というかなりの確率で，1回目か2回目の面接後には睡眠は改善されました。ベイビー・クリニックからCGTCへ戻り，午前中かときには昼食後によく同僚たちとコーヒーを飲んだのを覚えています。素晴らしいことでした。皆が一緒に座って話す時間があったのです。ある日，私は幼い子どもの親でもあるたくさんの職員と一緒にこの部屋に入り，「今，ちょうど，一晩中眠れる赤ん

坊に会ってきたのよ」と言うと，この若い親たちから「どうするのか教えて！」と声を合わせて一斉に言われたのです。

　これは人生における素晴らしい瞬間の一つでした。ジュリエットがこの仕事について執筆するべきだと言ってくれたのです。時間がかかりました。私にも 2 人の子どもがいて，その頃までにはシングルマザーになっていました。パリで行われたカンファレンスで睡眠に関する論文（1985b）を発表したところ，アントワーヌ・グデニー（Guedeney, A.）が同じようなアイディアがあると言ってくれました。アントワーヌは現在，世界乳幼児精神保健学会（World Association of Infant Mental Health：WAIMH）の会長です。それ以来，私たちは多くの仕事を共にしてきました。実際，WAIMH は私の仕事に大きな影響を与えています。世界中に親-乳幼児との精神分析的仕事をしているグループやネットワークがありますが，彼女とは WAIMH の会議で共に発表し，親しい友人になったと感じています。このすぐ後に *Through the Night* を書き始めたと思います。3 年かかりました。読んで考えるのに 1 年，最初の草案を書くのに 1 年，仕上げるのに 1 年です。

キャリン：この本に，「解決は親の領域でもあります。私の仕事は，親が子どものための答えを提供できるように，効果的に考える力が回復するのを助けることです」という一文があります。これは，あなたのお仕事の中核だと思うのですが，親との共同注意と協働について要約されているようです。

ディリス：はい，ある意味でこれは私の中心哲学ですが，もちろんここで言っていることのすべてを必ずしも実行しているわけではありません。アドバイスはしないと言っても，おそらく実際にはかなりのアドバイスをしています。この仕事がどれほど楽しいものなのかを発信することが重要なのです。人生のこの重要な時期に，乳児について家族と話す機会を持つのは非常に価値があると感じますし，早期介入事例について真剣に議論する必要もあります。

キャリン：*Through the Night* では，この分野での仕事を短期集中のものだと何度も言及されていますが，ほんの 2, 3 回の面接で非常に価値のあ

る介入をしてこられたことを，何やら弁解されているかのようです。

ディリス：おそらくそうですね。私がこの仕事を始めた頃の「適切な仕事」は週に5回でしたから。NHSでは実現できませんでしたが，長期の集中的な仕事が適切なのだという子どもの心理療法のモデルがありました……私はいつも言い訳をしてきたと思います……しかしもちろん，子どもの心理療法は大きく変わってきており，この種の仕事は今では高く評価され，認識もされています。タビストックは常に，地域社会に出て手を差し伸べることの推進者でした。

キャリン：当時，かなり異なることをされていて，それについて書いておられます。

ディリス：ええ，けれど今では十分に書いてこなかったと思っています。臨床の仕事とその背景については書きましたが，GPの一般診療での仕事については十分に書いていません。*Standing Next to the Weighing Scales*（1985a）を書きましたが，これを広めようとはしませんでしたし，自分のような存在があるべきだという考えを広めようと，専門外の雑誌に書くようなこともほとんどしませんでした。

キャリン：けれども，あなたは子どもの心理療法と乳幼児精神保健の活発な運動家でした！

ディリス：そうですね。私は子どもの心理療法財団（以下，CPT）の運動家になりました。1979年にACPの会長を辞めたとき，非常に控えめながらも学生のための資金調達を始めました。私は10年間シングルマザーでしたが，10代になった子どもたちが遠慮なく家を出られるようにと，再婚するときが来たと感じていたのです！委員会を離れて別のキャンペーンをする必要があると思いました……幸運にも同じような目的を持っていたエリック・レイナー（Rayner, E.）に出会って恋に落ち，1982年に結婚しました。私たちがお互いから得たものはもちろんですが，精神分析と子どもの心理療法もまた，私たちの関係から恩恵を受けたと思います。私たちはお互い自由にアイディアを出し合ってきました。

　CPTが始まったとき，私は最初の評議員の一人でした。ジュリエットがあるパーティーで「あなたが使うなら10,000ポンドを差し上げま

しょう」と言ってくれる人に出会ったのです。それで，私たちはキャンペーンをどう始めるといいのかを教えてくれる人を任命しました。スザンナ・チール（Cheal, S.）という素晴らしい女性でした。彼女は，この団体を促進する方法について考えるのを助けてくれました。以前彼女から，「子どもの心理療法士は，部屋に入って他の人が始めるのを待っている」と言われました。これは，自分たちが誰かの部屋に行って，「あなたにしてもらいたいことは……」と言う必要があるということなのだろうかと考えさせられました。これは文化の変容です。そこで，私は，CPT とこの専門職を，まさにこうしたことができる人々に変えようとしたのです。一般市民，政治家，公務員，そしてメディアに向けて直接話すのです。たとえば，以前はジャーナリストからの質問に「いいえ，私たちはそんなことはしません」と否定的に答えていたものですが，そうではなく「はい」と言って，私たちのしていることを肯定的に説明するのです。私たちは，お互いに専門的なアイディアを共有するのはとても得意ですが，あまりにも多くの知識を閉じ込めてしまっていて，外部の人とコミュニケーションを取ることは滅多にないのだと感じました。

　また，この専門職の核となる問題をいかに公式化するのかも学びました。主な問題は，自分で訓練の資金を捻出しなければならないため，子どもの心理療法士があまり増えていなかったということです。1974 年以来，保健医療サービスには子どもの心理療法が確立されていましたが，学生に対する NHS の資金提供はありませんでした。私たちは皆それを知っていましたが，「これこそが解決しなければならない問題だ」とはっきりと声を上げてはいませんでした。その後，子どもの精神保健を担当する行政職員と会ったり大臣にロビー活動をしたりして，変化が可能な雰囲気を作り出しました。そして，ACP は地域別訓練ポストの協定にこぎつけました。これは，画期的な成果でした。CPT の活動の喜びの一つは，私たちと同じように，脆弱な子どもたちの生活をより良くすることに情熱を持つ，精神保健の専門外の人々との仕事でした。

　もう一つの目的は，ロンドンの外に子どもの心理療法を広めることで，これが，モニカ・ラニヤードとの最初の出会いでした。彼女はスコット

ランドで仕事をしていたのですが，私が委員を務めていた児童心理学と
精神医学協会（Association of Child Psychology and Psychiatry：
ACPP）の調査・研究費について電話をしてきたのです。私は「それ以
上のことができますよ」と答え，CPT としてスコットランドで子ども
の心理療法訓練を始めるために週半日の資金を提供したのです。こうし
たことを多く行い，国中に子どもの心理療法というアイディアを奨励し
ました。エリックは精神分析において同じようなことをしていました。
一部は偶然ですが，私たちはお互いにバックアップし，アイディアを共
有していました。私のテーマの一つは，人と人を紹介することだと思い
ます。私は自分のことを強迫的な紹介者と呼んでいます！

キャリン：トラストの小冊子やリーフレットについてはいかがでしょうか？

ディリス：そうですね，これもまたスザンナ・チールの発想でした。保健省
　　の上級公務員が金曜日の午後に電話をかけてきて，「今すぐ会いにうか
　　がってもよろしいですか。月曜日までにいくらかお金を使わなければな
　　りません」と言うのです。そこでスザンナが，このリーフレットを思い
　　ついたのです（www.understandingchildhood.net）。私は学生のために
　　使えるお金が必要だと思っていたので，反対しました。彼女よりも視野
　　が狭かったのです。しかし，これは幸運なことでした。これらは貴重な
　　資源になり，CPT の長であるルイーズ・パンクハースト（Pankhurst, L.）
　　を通じて今も利用できます。

キャリン：もう一つの主要なキャンペーンについてうかがってもよろしいで
　　すか。英国乳幼児精神保健協会（以下，AIMH）についてです。このア
　　イディアは「退屈から生まれたインスピレーション」で，「これまでに
　　ない最高のアイディアの一つ」であり，オーストラリアからの帰路の長
　　いフライトのなかで思いついたとおっしゃっているのを読みました。

ディリス：まさにそのとおりです。エリックと私は，1995 年にオーストラ
　　リアの AIMH に話をしに行きました。本当に刺激的でした。そこでの
　　専門家の集まりは，非常に実り多く生産的だったので，戻ってからジョ
　　アン・ラファエル-レフ，ペネロペ・リーチ，リン・マレー（Murray, L.）
　　など，いろいろな人に手紙を書きました。

　　これは一部，フランスの AIMH にも基づいています。当時，私はフランスの親-乳児心理療法グループに所属していたのですが，それはアントワーヌ・グデニーとセルジュ・レボヴィッシ（Lebovici, S.）を中心とした集まりでした。スイスのベルトラン・クラメール（Cramer, B），ベルギーのアネット・ワティロン（Watillon, A.），そしてイギリスの私を含めて，他国の人が数人いました。年に2回，互いに事例を提示していたのですが，それを私は「サメと泳ぐ」ようなものだと言っていました。最も恐ろしい経験でした。それ以前はフランス語がかなり得意だったのですが，もはや失われていました。時折，私のために意訳してくれたのですが，最も恥ずかしかったのは，私が何か言いたいのをわかって，私が発言できるようにちょっと中断してくれるようなときでした。追いつくのに時間がかかったので，それはたいてい5分前に話されていたことについてでした。刺激的でもあり屈辱的でもある体験でした。この会合の準備をするのを憂いていたものですが，そこから永続的な友情と競争的なインスピレーションを得ました。

キャリン：乳幼児精神保健の世界で多くの人々に出会ってこられたわけですが，印象に残っている著述家や特定の考えはありますか？

ディリス：身近な人たちが私に最も大きな影響を与えてくれました。たとえば，親-乳児心理療法に関するジュリエットの論文は，複雑なアイディアを日常的な感覚で理解しやすくしてくれています。また，タビストックのアンダー・ファイブ・サービス[12] の同僚も皆，そうです。特有の家族との仕事の仕方や予想外の結論を下すウィニコットは，インスピレーションでした。セルマ・フライバーグ（Fraiberg, S.）はもちろんのことですが，私は仕事に行き詰まるまで彼女の著作を読んだことがなかったのです。エスター・ビック（Bick, E.）先生の乳児観察セミナーは，常に私の思考のなかにありましたし，ダニエル・スターン（Stern, D.）もそうです。私は彼のファンみたいなもので，実際には会ったことがな

---

[12]　5歳以下の子どもとその家族のために，5回までのカウンセリングを提供するサービス。

いのです！『乳児の対人世界　*The Interpersonal World of the Infant*』
を読んで深い感銘を受け，タビストックのチューター会議で紹介しました。当初は，これは精神分析的ではないとか，投影同一視について言及していないと言った人もいました。今では，タビストックも他と同じように，彼のアイディアを使っています。

キャリン：彼の著作があなたにとって創造的だと言えるところを，ピックアップしていただけますか？

ディリス：ええ，それは彼が発達的観察と，ある種の精神分析的思考の間で作ったつながりであり，そこで描写されるリアルな赤ん坊です。また，私にとっては斬新で，非常に勇気づけられる調査・研究についてもそうです。誤解しないでください。私は臨床的なストーリーと詳細な乳児観察は好きですが，個々のストーリーの強烈な感情に息が詰まることもありますし，多くの赤ん坊を見ることでアイディアが生まれることもありうるでしょう。

キャリン：続くキャリアでは，主にリン・マレーやコールウィン・トレヴァーセン（Trevarthan, C.）のような，心理学者から起こった乳児調査・研究とその開発に大きな関心を寄せてこられました。彼らは分割画面やビデオ撮影などの技術の進歩を最大限に活用しています。彼らの調査・研究はあなたの実践に影響を与えたと思われますか？

ディリス：発達心理学者の仕事にアクセスするようになったことで，私たちの活動の幅はとても広がり，個々の赤ん坊について，より多くの気づきを得るのに役立ちました。以前も，情緒的な雰囲気のなかで何が起こっているのかに気づいていたのは明らかですが，認知行動の詳細がそこに加わるのは本当に役立ちました。私自身はビデオを使うのを学んでいませんが，これはただの怠慢です！そうしたグループで働いていたなら，きっとビデオを使うようになっていたはずです。こうしたことは友人や同僚にもよりますが，私もビデオの素材を持っていればよかったのにと思います。現在，学会での最も興味深いプレゼンテーションは，ビデオ付きのものであることが多いからです。皆が一斉に注目します。

キャリン：ビデオは現在，脆弱でリスクのある赤ん坊に対して治療的に使用

されています。

ディリス：このテクノロジーを身につけなかったことを後悔しています。私は重篤な問題を持つ親と乳児を扱う仕事はあまりしておらず，乳児やその関係性について心配して，自ら相談に来る人との仕事がほとんどです。

キャリン：それは先ほど，ご自身の興味が深刻なレベルの障害ではないとおっしゃっていたことと一致しますね。

ディリス：はい，そう思います。おそらく私は，そう簡単に障害に耐えることはできませんが，道に迷った人々となら協力することができるのです。自分がしてこなかったことについては後悔しています……しかし，その一方で，自身の専門職のなかでアイディアを広め，他の多くの専門家が，親に「あれやこれはやってみましたか」と言うのではなく，「もっと話してください」と言うように変化するのを助けてきました。おそらく，エリックと私がこれまでに行ったなかで最も有用なことは，精神分析的思考をシンプルで普通のものにしたことです。彼は著書 *Human Development* で，私は本を書いたり，幅広い乳幼児精神保健従事者らとのワークショップやコンサルテーションを通してです。

キャリン：ええ，あなたがきっかけで，他の人もさまざまな方法で仕事を発展させて，複雑な事例にも応用するようになりました。それが，さらに別の領域，乳児の脳の発達についての理解の深まりにつながっています。

ディリス：ええ，私はいつも，人との協力は実際に精神状態に影響を与えると考えてきました。これは，早期にうまく事を進めるのを助けるのは重要だという考えを補強するものです。レジーナ・パリー（Pally, 2000）が，この仕事がセラピストの脳にどのように影響するのかについて書いていることに，非常に興味を持っています。私はかなり以前から，深く早期のプロセスに触れる親−乳児心理療法は非常に楽しいもので，より頻繁に言及されるストレスの影響だけではなく，セラピストにとっても良性の統合効果をもたらすと考えていました。

キャリン：そのことについてもう少し教えてください。

ディリス：パリーは，セラピストは統合プロセスの一部であり，そこに立ち会うことから得るものがあると言いますが，私は長い間，このことをシ

ンプルに言ってきたように感じています。彼女は，何かを言語化することは脳の連絡を強化し，それが脳の可塑性によって深く浸透した情緒的反応に深い影響を与える可能性があると述べています。2006 年 7 月の WAIMH パリ大会で，私は Enlivened or Burnt Out と題した論文でこのことについて話しました。この仕事をする専門職とのコンサルテーションでは，彼らが感情に耐えられるようになるのを手伝います。情緒を引き受けるのを避けることが燃え尽きにつながる可能性があるのです。

キャリン：少し違う方向からお聞きします。あまり個人的なことになり過ぎないとよいのですが，ご自身の睡眠はいかがですか？

ディリス：ええ，生活が大変でないときは良いですね。本を執筆することで解決しなければならないことがあったとは考えていません。私の子どもたちも，概ねよく眠っていました。親‒乳児心理療法を試行するなかで，実際に特定の症状をすぐに「治癒」させる場合があるのを発見していったのは喜ばしいことでした。これは，精神分的的心理療法士にとっては当たり前の経験ではありません！

キャリン：本のアイディアは実際の臨床経験から生まれたのですね？

ディリス：はい，そのとおりです。しかし，ダニエル・スターンの著作にも影響を受けました。ちょうどいいタイミングで読んだのです。精神分析的思考と発達的思考を組み合わせることができるのは興味深いことです。今や，成人の精神保健と子どもの精神保健とが組み合わされるようになりましたし，成人の患者には子どもがいて，子どもの患者には困難を抱える親がいる可能性があることに皆が気づき始めています。別のシステムを追加できるようになるまでは，一つのことを実行するのに一定の時間がかかります。おそらく，さまざまなシステムをつなぐことに私が関心を持つのは，ウエスト・ライディングの羊毛工業都市のユダヤ人家庭で過ごした（帰属感と非帰属感を伴う）子ども時代にあるのでしょう。

キャリン：成人の心理療法士としての訓練も受けておられますが，乳幼児との仕事は成人との仕事にどのように影響を与えたのでしょうか？

ディリス：家族との仕事は，成人患者の家族の周辺に自分自身を位置づける

のに役立ったと思います。また，たとえば母親や成人患者の早期の生育歴についても理解しようとしますが，これは必ずしも他のセラピスト以上のものではありません。私は常に分離に関するテーマに注意を払っていたと思います。また，成人の心理療法士の訓練でのスーパーヴィジョンは，親–乳児の仕事をゆっくりと進めるのを助けてくれました。最近の学会論文を How To Do Brief Work Slowly と題しています。

キャリン：キャリアを通じて，世界中の多くの場所に出かけておられますが，特別な思い出はありますか？

ディリス：1995 年にオーストラリア AIMH を見たこと，特にキャンベル・ポール（Paul, C.）とフランシス・サロ（Salo, F.）が乳幼児精神保健における仕事の文化をいかにして生み出したのかを見たことは，当然，非常に重要なことでした。先に申し上げたとおり，英国で AIMH を始める刺激を受けました。ケープタウンのアストリッド・バーグ（Berg, A.）を訪ねたときの印象的な思い出もあります。彼女と一緒にカエリチャ地域[†13] のベイビー・クリニックに行ったのですが，心理療法部門があるのはもとより，ヘルス・クリニックという考えそのものにも大変な感銘を受けました。とても感動的でしたが，同時に私たちが持っているものを高く評価することもできました。そこで気づいたことの一つは「供給のレベル」です。私は，米国のように，お金はたくさんあっても，適切な NHS，または保健師を持たないところを見くびっていました。南アフリカには，特定の家族のための特別プログラムによって資金供給された，集中的な家庭訪問者がいますが，普通の家族のための日常的なサービスの提供はありません。

　私が話していることの一つは，ヘルスサービスの存在が臨床家に解放感を与えてくれるという効果です。私たちにはネットワークがあり，NHS の多くのストレスにもかかわらず，これが私たちに自信と権威，そして患者や問題について互いに話し合う力を与えてくれていると思います。タビストックを引退したときの科学会議で「精神分析的思考と公

---

†13　南アフリカの非白人居住地域。

共サービス──いかに互いに刺激し合うのか」について話しました。引
退後，プライベートで親と乳幼児の仕事を少ししましたが，実際には好
きになれませんでした。タビストックやベイビー・クリニックで行うの
とまったく同じようには感じられなかったのです。ネットワークの一員
ではないということに，違った気持ちがもたらされました。プライベー
トで紹介されてくる人の多くはかなりの「エリート層」で，家族の混乱
はそれが原因だと思われることがよくありました。赤ん坊に関する面接
のために海外のどこかからパパが飛んでくるのですが，それがどれだけ
彼らの問題の一端であるのかを見ることができます。ただ，そのことに
ついては触れられないのです。一方，タビストックや，そして私が今も
仕事をしているベイビー・クリニックでは，そのようなことにもっと毅
然と立ち向かうことができます。それは，実際にこうしたことを言って
いるのが国であり，この部屋にいる私ではないからです。何を求めてい
るのかをわかっていて，自分たちとその赤ん坊に洞察と援助が提供され
るのを期待してやってくる人とプライベートで仕事をするのは容易です
が，敵対的な態度でやってくる人とは容易ではありません。子どもの保
護の問題も，NHS の設定で取り上げるほうがずっと容易です。

キャリン：ご自身の旅行や異なる文化についてお考えになってみて，親と乳
　　児の分離を扱う方法に違いはありますか？

ディリス：異文化の影響について検討した唯一の場所は，南アフリカです。
　　ある程度は，期待どおりのものが得られたと思います。子育てについて
　　の考えは，大人がどうあるべきなのかについての考えと関係していると
　　思います。家族は近くにいるものだという考えを持っているとしたら，
　　赤ん坊と一緒に寝るのが自然なことでしょうが，子どもが自立するよう
　　に育てるのなら別々に寝るのを勧めるでしょう。南アフリカでは，赤ん
　　坊と一緒に寝ると赤ん坊がよく眠るといった神話があると感じられたの
　　で，そこを少しついてみたところ，一緒に寝てもよく眠れない赤ん坊が
　　いることが認められました。つまり，お母さんと一緒にいることが，安
　　全でよい睡眠を必ずしも保証はしないのです。困難な関係性が睡眠に侵
　　入するかもしれないのです。

キャリン：親がアンビバレンスと攻撃性を表明するのを助けるという，著作
　のテーマに関することですか？

ディリス：ええ。しかし，無理のないようにすることで，親がそれを吟味す
　る機会を与えられます。実際，赤ん坊に対して敵対的になるのが容認さ
　れると感じられることなく，です。親と一緒のベッドにいてよく眠れな
　い赤ん坊についての助けを求めて，かなり攻撃的な態度でやって来た
　カップルがいました。私は，「赤ん坊が一人でいることや，自分の思い
　について考える機会を持てていない」と話しました。今では，こんなこ
　とを言うのは非常に攻撃的にも思われますが，両親はこれをわりと気に
　入ったのです。剥奪に対処しなければならないとだけ考えるのではなく，
　自分自身で何とかすることの重要性を理解するということです。

キャリン：人々が今日直面している問題には以前と比べて何か違いがありま
　すか？

ディリス：住宅ローンが高いため，両親は共働きをしなければならず，通勤
　距離は長く，比較的年齢を重ねてから家族を持ち始めるといったことが
　困難になりえます。家族はよりストレスを受けていると思います。

　　年長の子どもの場合の非常に大きな違いは，虐待の知識です。私が仕
　事を始めた頃にも明らかに虐待はありましたが，あまり知られてはいま
　せんでした。一方，今日ではそれを見つけなければならないということ
　を皆が知っています。主要な問題に到達する方法がわからなかったため，
　非常に満足のいかない未解決の仕事がたくさんありました。境界例，ま
　たは精神病だと考えられていた子どもたちが，セラピーによって改善す
　るようには思われませんでしたが，私たちは彼らがずっと虐待されてき
　ており，また，セラピーに来ているそのときにも虐待が続いていたこと
　を知らなかったのです。振り返ってみると，一番の問題を除いては，私
　たちはこれらの子どもたちのことをよく知っていたのですから悲惨で
　す。何が起こっているのか，実際に何とか気づくことのできた人々は見
　事でした。

　　もう一つは良い変化ですが，患者と専門家の間の平等感が増したこと
　です。丁重な態度でやってくる親は今ではほとんどいませんが，彼らは

確かに子どもの権利を守ろうとしています。彼らは，自分と子どもが誰かに診てもらうべきであり，それは特権ではないと考えています。これは定住民の場合ですが，私が働くGPクリニックに来る多くの難民，亡命希望者，および非常に苦しい状況にある人々にも明らかに劇的な変化が起こっています。

キャリン：乳幼児精神保健の分野は，アタッチメントの理論家に抱接されてきました。彼らは新しい概念を導入し，親–乳児関係について新たな用語を開発しました。「メンタライゼーション」や「親の内省機能」といったものです。現在，この融合は必ずしも満足のいくものではありません。こうした発展をどうお考えになりますか？

ディリス：ピーター・フォナギーのような人々は，これらのアイディアを非常に有効に組み合わせています。私は理論が得意ではありませんが，それは私のいくぶん怠惰な考え方で，皆，自分自身の考えを進めると同時に，誰かから借りることもできます。別々にしておく必要はなく，結婚のようなものじゃないですか？いつも同意するとは限らず，アイディアが相反する場合もあります。私たち皆がしていることには非常に大きな共通の目的がありますが，臨床業務では私たちは非常に個別の方法で物事をつなげていると思います。

　　子どもの心理療法における非常に大きな変化の一つは，今は誰がどこで訓練を受けたのかが，まったくわからなくなっていることです。私は，英国のほぼすべての訓練校の学生をスーパーヴァイズしていますが，学生が子どもに話す内容にはほとんど違いがありません。

キャリン：それはこの専門職にどんな影響を与えるでしょうか？

ディリス：何が優れた心理療法士にするのかについてです。長年の訓練は非常に重要ですが，その的確な内容は自分の道を見つけるための出発点なのかもしれません。子どもが実際に話していることに対して，私たちは以前よりもずっと応じていると思います。

キャリン：あなたの個人分析のスタイルは？

ディリス：私たちは自分の分析家の「スタイル」に大きく影響されると思います。それが十分に自分自身についてであるのかどうか，そしてそれを

どの程度使えるのかも重要です。分析で惨めだと聞くのは，その分析家が何か特定の視点を持って，それを追求したいような場合です。ある学生が，分析家のことが「問題」になっている仲間の学生について，話してくれたことがありました。そこでの転移は，彼らが分析家に不当に苦しめられていると本当に感じられており，その関係性が一種の決まりきった型にはまったようなものでした。

会話がいったん止まった。

ディリス：今，さまざまな理論についてのご質問について考えていて，AIMH のことが浮かびました。私は意図的に，（精神分析の人々だけではなく）さまざまなタイプの専門家と共にこれを設立しました。そうすることで，ほかの見方をする必要が出てきます。自分にとって居心地の良い準拠集団だけではなく，より幅広い集団と共に生きることを学ぶのは役に立ちます。

キャリン：フルタイムの仕事は引退されましたが，たとえば保健師のためのロビー活動など，今も関わっておられることがあるようですね。

ディリス：数年前に保健師業務が困難に陥って以来，何かしようとしてきました。経費削減のために，保健師は仕事を離れていきます。彼らは自分の仕事を適切に行えないことに我慢ができないでいます。政府は現在，脆弱な家族に対する支援に資金を投入しており，新しい集中的な保健師業務のプログラムもあります。私たちはこれを，普遍的な保健師業務の状況の危機について話し，何らかのインパクトを与える機会として利用しています。

　一緒に働く保健師とコーヒーを飲みながら話していたようなことを公式の場で話してもらうのは，何年もの間，できないことでした。彼らは秘密保持契約に署名しなければなりませんでしたから。今は，公開することができるようです。ここには目的という現実感覚があります。今，おそらくすべてがバラバラになる前に，乳幼児のいる家族のための早期介入という，普遍的なアクセスの必要性を主張できるかもしれません。

キャリン：最後に，さまざまな組織やシステムについて，どのように把握し，並々ならぬ決意をもって進み続けてこられたのかについて，考えていました。

ディリス：私の始まりである社会人類学は，臨床の仕事を助けてくれています。患者の内的世界だけではなく，社会的文脈についても考えることができます。そして，これが社会的公正についての考えにつながりました。いくつかの非常にシンプルで達成可能なアイディアを持って，より幅広い人々と出会って，共通の目的を持つのはとても喜ばしいことです。私の家族もまた，私の改革への熱意が家庭の外にあることに安堵しています！

キャリン：終わりにしましょうか？

ディリス：ありがとうございます。アイディアを引き出してくれたことに感謝します。

キャリン：再びお目にかかって，お仕事についておうかがいできて，本当に嬉しかったです。ありがとうございました。

【文献】

Daws, D. (1985a) 'Standing next to the weighing scales', *Journal of Child Psychotherapy* 11, 2: 77–85.

Daws, D. (1985b) 'Sleep problems in babies and young children', *Journal of Child Psychotherapy* 11, 2: 87–95.

Daws, D. (1989) *Through the Night: Helping Parents and Sleepless Infants*, London: Free Association Books.

Daws, D. (2006) 'Enlivened or burnt out', unpublished paper given at the WAIMH Conference, Paris.

Ford, G. (1999) *The Contented Little Baby Book*, London: Vermilion.

Hopkins, J. (1992) 'Infant–parent psychotherapy', *Journal of Child Psychotherapy* 18, 1: 5–17.

Leach, P. (2004) 'Mothers as managers', *AIMH (UK) Newsletter* 4, 1.

Pally, R. (2000) *The Mind–Brain Relationship*, London: Karnac.

Raphael-Leff, J. (1993) *Pregnancy: The Inside Story*, London: Sheldon Press.

Rayner, E., Clulow, C. and Joyce, A. (2006) *Human Development*, 4th edn, London and New York: Routledge.

Stern, D. (1995) *The Interpersonal World of the Infant*, New York: Basic Books.

【邦訳文献】

Stern, D. (1995) *The Interpersonal World of the Infant*, New York: Basic Books./［小
　此木啓吾・神庭靖子・神庭重信・丸田俊彦（1989）乳児の対人世界 理論編・臨床編.
　岩崎学術出版社］（邦訳は初版を翻訳）

【ウェブサイト】

www.understandingchildhood.net

第7章　治療的コンサルテーションと, アセスメントにおける人種と文化

アイリス・ギブス（Iris Gibbs）

文 脈

　コンサルテーションは本来, 協働関係を確立するためのものである。情報交換をし, 理解を明らかにし, その共有を達成するのがその主な文脈である。コンサルテーションはカウンセリングやセラピーと同種のものではない。すぐに取り組まなければならないこととは対照的に, コンサルテーションのみで十分な場合もある独立した活動である。コンサルテーション過程は, 潜在的に治療的でもある。たとえば, 終了時には有益な結果が導き出されていることもあれば, アセスメントや継続的治療に先立って役立つものともなりうる。

　ウィルソン（Wilson, 1999）は, 個人や専門家集団が行き詰まったときや, 個人あるいは確立された資源が十分ではない場合のコンサルテーションの有効性についてコメントしている。ほかにも, ビオンの言うところのコンテイニング機能や, 異なる観点について考え, それらを統合するというコンサルテーションの力について説明するものもある。理解が豊かになることで, 専門家もクライエントも同じく力づけられるが, この力づけられるという概念は, 人種や文化の問題においては特に重要である。

　「人種」という言葉が名詞として使われる場合, 祖先や種, 血統を指す。しばしば生物学的な意味でも用いられ, 人は肌の色によって遺伝的に異なるという暗黙の仮定がある。しかしながら, それが人間を分類するうえでの有用性と, そのような分類がレッテルを貼ったり, 心理学的サービスを提供す

るか否かに用いられたりするとなると，問題が起こる。

　「文化」の定義もまた，個々人がひとまとまりに内在化した，動かしがたく決まりきったものだという印象を与えうる。行動や思想の社会的，経済的，政治的，宗教的な理解，また家族に特有のパターンと，それがいかに個人の内的世界に組み込まれているのかについての理解には，より幅広い思考が求められる。ここで言う個人とは，生物学と（文化的な要因も含む）環境の間の相互作用によって形作られ，自分が暮らす文化的風土を決定づけるのにも一役買う。

　コンサルテーション過程は一般に，人種や文化にかかわらず，優れた専門的実践を行うものである。しかし，新たにやって来た移民や亡命希望者群の場合は特に，複雑な衛生的，社会的，心理的ニーズや，言語の違いもあるだろう。それゆえコンサルテーションは，文化的な標準について専門家を啓蒙するとともに，家族をサポートするための幅広い意見（文化顧問や教会，コミュニティのリーダーなど）をまとめる機会にもなる。これはまた，個人的にも社会的にも，ある集団についての仮説やステレオタイプへの挑戦にもなる。また，その集団で用いられる儀式や象徴とその目的に対する，専門家の注意をうながす。拡大家族の形態，非公式の養子縁組，私的な里親，ジェンダーに対する態度，また結婚についての取り決めといった子育て文化の相違について，さらに教えられることになるかもしれない。抑うつやその他の精神疾患を認識し，診断する際，また，病気や苦しみの表現，表明，そしてその解釈について，思わぬ文化的な落とし穴が鮮明になるかもしれない。これらのいずれもが，専門家の知見をより良いものにし，また，個人的/心理的な事柄と文化的な標準とを仕分ける助けにもなる。さらに，個人の願望，それぞれの文化の標準，そして受け入れ国の法律との間の潜在的な葛藤に，注意が引かれることになるかもしれない。

　私たちもまた，専門家としてのコンサルテーションとアセスメントの過程に，自身の固定観念と態度を持ち込む。それは，私たちの訓練に漏れがあるためか，あるいは，特定の集団に関する私たち自身の偏見のためかもしれない。さらに言えば，専門家は移民一般について，政治的に，またメディアの憶測や見解と，そして受け入れ国での社会的，経済的，教育的な圧力とも無

縁ではない。ラック（Rack, 1982）は，文化的に繊細なサービスを提供する能力は，個人的にも組織的にも，このような固定観念と態度を認識し，検討しているときにのみ生じるという。

　ラック（Rack, 1982）の意見では，人種についての勘案は，コンサルテーションやアセスメントのずっと前から始まっている。それは，発音するのが難しい名前，「亡命希望者」や「難民」といった言葉を聞いたときの私たちの心の中から始まる。ときに専門家は，違いについて扱うことの複雑さに圧倒され，なじみのない行為については詳しく尋ねないか，もしくは文化的な説明を難なく受け入れることにもなりうる。親族によって英国に連れてこられて虐待されたヴィクトリア・クリンビエの悲劇的な死[14] は，医療従事者が直面する課題を強調するものである（Lamming, 2003）。また，複雑でなじみのない状況を扱ううえで，定期的なコンサルテーションや関係機関の継続的な協働の重要性を強調するものでもある。これによって必ずしも更なる悲劇を排除することはできないかもしれないが，組織的な人種差別の訴えを防ぐと同時に，脆弱な子どもをより良いレベルで監視するのを支えることにはなるかもしれない。

コンサルテーションと子どもの心理療法士

　子どもの心理療法士の多くは，専門家としての仕事の一部をコンサルテーションに費やしている。コンサルテーションには，子どもがセラピーを受けているなかでの，親や中心となる専門家との定期的な接触も含まれる。この

---

†14　2000 年 2 月，ヴィクトリア・クリンビエ（当時 8 歳）が，当時養育者であった大叔母とその同居人によって長期にわたる虐待の末，亡くなった事件。亡くなる前の 10 カ月間に，ソーシャルワーカー，警察，病院などが状況を把握して命を救うことができたと考えられる機会が，少なくとも 12 回はあったと報告されている。背景には，彼女が魔女だと見なされていたなどの文化的・宗教的問題もあったが，多機関の連携がうまく機能していなかったことも問題として大きく取り上げられた。この事件を受け，政府は 2003 年 9 月「Every Child Matters」を議会に提出。2004 年 11 月「2004年児童法」により，子どもや若者に対するあらゆる政策の基礎となった。（「英国の青少年育成施策の推進体制等に関する調査報告書」，平成 21 年 3 月内閣府統轄官）

広い意味での「コンサルテーション」は，同僚との非公式のやり取りや，関
係機関会議への参加，子どもの保護や裁判手続きに専門家として呼ばれるこ
とにまで及ぶ。おおまかな記録しかない紹介状のみでコンサルテーションを
行うこともあれば，以前の生活についての情報がほとんどない亡命希望者の
例もあるだろう。事故や戦争経験のようなトラウマについて，あるいは，そ
の家族は拡大家族や社会もしくは宗教的なグループから保護されているのか
どうかといったことがほとんど知られていないか，考えられていないことも
あるかもしれない（Eleftheriadou, 1999）。ヘルマン（Helman, 1995）の知
見では，これは文化的死別の一形態になりうる。ハンター（Hunter, 1999）は，
子どもの心理療法士がコンサルテーション過程にもたらすことのできるスキ
ルについて，次のようにまとめている。

・子どもの発達とアタッチメント関係の知識。
・発達過程にある子どもとその内的表象への，トラウマ，ネグレクト，
　親の病気の影響についての理解。
・子どもの困難な行動の意味について理解するのを助ける能力。

　子どもの心理療法士のインプットは，子どもの個別性と，絶え間ない相互
作用のある家族の一員としての子どもという両面を考慮する，観察的かつ理
論的訓練に関連づけられるものである。しかし，人種と文化の問題を概念化
し，それに取り組む際には，西洋を軸とした訓練との関連については多くの
議論がある。ボイド-フランクリン（Boyd-Franklin, 1989）のような著者は，
ほとんどの精神分析理論は，人種と差別の外的影響についての考えに乏しい
と強調する。時がたつにつれて，これは自身についての恥として内在化され
ることになるかもしれない。彼女の見解では，人々の生活に陰湿で広範に，
かつ絶え間なく影響をもたらすような経験をしていない者に，それを完全に
伝えるのは難しい。
　セラピストやほかの専門家にとっての挑戦の一つは，このことに耳を傾け，
自らに貼られたレッテルに対する避けられない怒りに耐えることである。し
かし，外的な人種差別のみに焦点を当てると，変化に向かう旅路においては

外的ニーズと内的ニーズの両方が考慮されるべきだという重要な事実を無視することになる。また，黒人やアジア人といった背景を持つ家族や文化的集団においても，肌の色については多くの異なる反応がある。このことは，なぜ，ある個人が家族の投影のために選び出されるのかを説明する助けになるかもしれない（Boyd-Franklin, 1989）。

　セラピストとヘルスケアの専門家は，文化的標準に即した「ほど良い」ケアについて判断し，尊重すると同時に，子どもの発達と，基本的かつ根本的な，人権という普遍的側面についての知識を保持し続けるという困難な道を足踏みしながら進む。

　専門家は，究極的には子どもの安全と保護に関して，受け入れ側の文化のルールに縛られるが，それは家族の文化との葛藤をもたらすかもしれない。体罰と強制結婚の問題がその例である。マイノリティの人々がCAMHSとケアシステムに過剰に紹介されてくるという不均衡は，この複雑な状況に対して許容できる解決を見出すには，まだ長い道のりがあることを示唆するものであろう。

　セラピストとヘルスケアの専門家の挑戦は，介入によって個人と家族の生活に肯定的な違いをもたらすことができると信じ続けることにある。しかし，これは容易なことではなく，多くのセラピストが困難で圧倒的な転移に苦闘するなかで，ときに経験する麻痺について証言している。そのような場面で，個人セラピーあるいは熟練者によるスーパーヴィジョンは，治療的機能を維持するために重要だろう。

　コンサルテーションの過程は，多くの懸念を明らかにし，検討し，決定するのを可能にする。それは，クライエントの応諾と充足の程度，そして決定が，その個人に（身体的，心理的，行動的に，また社会や家族関係に）及ぼす影響を考慮するものである。ストリートとダウニー（Street & Downey, 1996）は，コンサルテーションの結果を書面にすることの重要性を指摘している。書面は，聞き間違えたり誤解されたりする可能性のある会話よりも，価値が高いと見なされる。書面での決定は繰り返し読むことができ，必要に応じて翻訳もできる。彼らの見解では，これはクライエントとの対等な立場の保持と，次のステップの自由な選択のために，特に治療的コンサルテーショ

ンの鍵となる側面を確認するものである。

アセスメント

　アセスメントは，現在起きている問題についての専門的判断を導く評価プロセスである。パーソンズら（Parsons et al., 1999）は，心理療法士やほかの専門家にとって，介入や治療の推奨に向けてアセスメントがいかに重要なのかを強調している。セラピストが子どもや家族をアセスメントする際，子どもの障害の性質，子どもの内的・外的世界のあらゆる側面，発達段階，遊びの能力とその段階，そして問題とともに強みを含む，多くの観点を考慮する。アセスメントではまた，家族成員間における言語的・非言語的な行動やコミュニケーションを含む家族システムと，脆弱な子どもを守るそのシステムの力についても見る。

　移民の家族では，移動の問題と文化適応の程度のいずれもが家族機能に影響を与えうるため，よく考慮することが重要である。アセスメント過程には，エインズワース（Ainsworth, M.D.S.）のストレンジ・シチュエーション法や，診断プロフィール（Freud, 1965）といったツールの使用も含まれるだろう。しかし，いずれもその使用と解釈には注意が必要である。社会化の目標や健康と疾患についての見方に，西洋に合わせた偏りがあるかもしれないからである。

　アセスメントを行うにあたって，セラピストは手に入るコンサルテーション資料は何でも利用することになる。しかし，自ら相談に訪れる場合や，最近の移民の事例の場合には，ほとんど情報がなかったりすることから，アセスメント過程においてセラピストが家族としっかりと関係を作っていく力が重要であろう（Gibbs, 2005）。多くは，セラピストの関心，興味，尊重，非裁定的な態度，そして，その家族の構造に合わせて面接をする力に依拠する。

　限りあるアセスメント期間のなかで必要な情報を集めるのは，困難になりうる。言語の違いが進展を妨げるかもしれない。繊細な情報の開示に関しては，家族の気が進まなかったり，疑いが起こるようなこともあるかもしれない。マイノリティの人々には，家族や教会の外で自分たちの問題について話

す経験がほとんどないこともあるだろう（Fletchman-Smith, 1993）。加えて，エレフセリアドゥ（Eleftheriadou, 1999）のようなコメンテーターは，家族のトラウマ経験に向き合う際のセラピストの不安を指摘している。もし，セラピストが家族との面接で情緒的内容から切り離されたなら，クライエントの苦悩に耐えられず，強迫的に質問をし続けることになるかもしれない。

　セラピストにとって問題となる転移が文化的背景をベースに発展することもあるかもしれない。ブーグラとブーイ（Bhugra & Bhui, 1998）は，初回面接のかなり前から，心の中に潜在的なセラピストを持つ患者がいるとしている。アセスメントでどの程度，転移を取り上げるのかについては議論のあるところではあるが，そのプロセスを妨げる場合には，アセスメント段階であってもそれを扱う必要が生じるだろう。いつ，どのように行うのかは，個々のセラピストによる。不安から急き立てられるセラピストもいれば，素材から明白なときでさえ，クライエントへの攻撃になるのを恐れて，転移に触れるのに乗り気ではないセラピストもいる。次に述べるのは，私自身の事例である。

　14歳の少年Cが，アセスメントのために紹介されてきた。私の質問に対して，彼は私の真似をして強いアクセントをつけて話した。私はこのことについて考えた。攻撃的な態度だと考えるセラピストもいるだろうが，私は逆転移から，この少年の不安の性質について考えていた。私は，私たちの明らかな違いから，私には彼のことを理解したり援助したりすることができないのではないかと彼が心配しているのかもしれないと伝えた。彼の態度は即座に変化した。アセスメントが進み，継続的な治療関係に発展した。

　タングとガードナー（Tang & Gardner, 1999）は，異なる人種や文化的背景は治療過程を脅かすことがありえ，行き詰まりや早すぎる終結に至らしめるとしている。それゆえ，彼らの見解では，相違について話すことが重要である。悪い感情を分裂し投影するための，肥沃な土台になりうるからである。そして，クライエントが真に探求することへの防衛，あるいは抵抗になっていくかもしれない。ポスメンティエ（Posmentier, 2006）は，別の見解を

挙げている。似ているという幻想は, ときに面接に必要不可欠なものになり
うる。そのため, 違いの強調は, 患者がセラピストとつながっていると感じ
たり, 似ているというファンタジーを使ったりすることのできる潜在空間を
締め出すことになるかもしれない。そして, アジア系セラピストと白人系患
者のセラピーにおいて, セラピストが面接で母国の衣服を着ることで, 違い
を過度に強調したときの患者の苦悩を引用している。

面接

　臨床面接の目標は, 問題の核心について, 明瞭かつ焦点化された理解を親/
養育者と共に相互に発展させることだと理解されている (Hirshberg,
1993)。ガルシア–コールとメイヤー (Garcia-Coll & Meyer, 1993) は, 社会・
文化的に神経を使うアセスメントを行う際の質問リストや, 役立つヒントを
提示している。まず, セラピストは介入を要する問題があるかどうかを確認
する必要がある。第二には, 問題が存在する理由や, それに対処するために
できることについての問いである。最後は, その問題を支援するのに最適な
人物は誰なのかを考える必要性である。

　最初の問いは, 問題は何なのかということと, その重大性についての見方
が文化によって大幅に異なるということの認識である。分離–個体化の問題,
あるいは攻撃性のレベルの問題は, 非常に異なって理解されうる領域である。
「なぜ」という問いについて考える際には, セラピストがその家族に特有の「説
明モデル」に注意を払うべきである。一般にこれは良い実践だが, マイノリ
ティの人々の場合, 家族に加わりラポールを促進し, コミュニケーションを
高めるのはさらに良い方法だと見なされるため, 社会・文化的に矛盾しない
治療の工夫ができる。この方法はまた, 家族/臨床家の葛藤のリスクを軽減
することもできる。

　文化的に神経を使う実践では, どのメンバーが面接に出席するべきかの決
定に家族が巻き込まれる。異なる文化における家族役割や, 生物学的親が子
どもの主たる養育者あるいは実際のアタッチメント対象ではない可能性もあ
るという認識を持つべきである。子どもの発達や行動についても, これらの

重要な人物の間で認識が異なり，また臨床家の関心を共有しない場合もあるかもしれない。したがって，異なる視点について聞き，検証し，アセスメントに組み込むことが重要になる。

アイデンティティについての問いもまた，アセスメント過程に関連するものである。これは現代社会，特に大きな多文化都市の豊かさのなかで，明らかな異文化間の関係性の複雑さと，その洗練のレベルについて考える際には重要である。私にも，混合系家族（黒人と白人），そしておそらくはより珍しいアジア系/アフリカ系や，カリブ系/アフリカ系の家族の事例がある。民族の起源について尋ねると，さまざまな反応があるのは珍しくない。西インド諸島の家族では，同じ家族の成員でも，自らをアフリカン・カリビアン，あるいはブラック・ブリティッシュと同定することがある。文化適応の程度とともに，どの国で生まれたのかが関係するのかもしれない。

アセスメントの結果として，予備的な公式化と推奨されること，家族の現在の適応と防衛機能の感覚，そして変化に対する力についてまとめる必要がある（Gibbs, 2005）。セラピストはまた，子どもと家族との関係性の両面から，心配事の領域，あるいは子どものリスクをとらえなくてはならない。さらに，診断の公式化は臨床家が作り出すのではなく，また親にとって「抽象的で難解な知的混合物」として経験されるべきものでもない（Hirshberg, 1993）。むしろ，協力して理解できたことの要約であり，親が容易に理解できる言葉で伝えられるべきである。

●問題を支援すること

次のステップを考え，計画するときに重要なのは，異なる文化の個人や家族との仕事に最も適切なのは誰なのかということである。これについて書かれているものの多くは，白人のセラピストとマイノリティの患者との間の異文化の遭遇に関するものである。しかし，文化を超えて，あるいは同じ人種間でセラピーを行うマイノリティ出身のセラピストも，少ないながら増えてきている。彼らが直面する特有の困難もまた，考慮されるべきである。

異文化間で仕事をする白人のセラピストは，クライエントが持つ，支配や

権力の認識に基づいた不信を扱わなくてはならないかもしれない。したがって，治療同盟の確立には時間がかかる。タングとガードナー（Tang & Gardner, 1999）は，セラピストが自身の領域を拡げようとする意欲について述べている。しかしそこでは，セラピストが宣教師のような傾向におちいること，ためらいやへつらい，あるいは努めて家族に合わせようとスラングを使うといったことに抗う必要がある。このテーマについて教えるなかで，私はセラピストの「敬意ある好奇心」という態度を強調している。これは，個人もしくは家族が，話を聞いてもらい，真剣に受け止められたと感じられ，セラピストが繊細に探究し，不明瞭なことについて明確化するのを可能にする。話を聞くなかで，人種と文化を超えて，子どもとその発達についての理論を考えてみること，そしてそれを検証し続けることが重要である。もっと言えば，強調されるべきは，共通点を探求し，見つけることである。

　マイノリティのセラピストもまた，困難な局面で踏ん張っている。白人の個人や家族にとって，セラピストの肌の色やアクセントは，階級や知識レベルについての認識や仮説とともに，アセスメントの障壁として作用することがあるかもしれない。黒人やマイノリティのクライエントは，そのセラピストに社会的立場や力がないと想定して心配するかもしれない。セラピストとクライエントの民族性の一致は，ポジティブなものにも問題にもなりうる。とりわけ支配的な文化のなかで信頼を欠いている場合には，人種が同じであることがクライエントを安心させ，陽性転移を構築する助けになるかもしれない。

　問題になることとして，セラピストの救済者との過剰な同一化，そしてそこに自分を位置づけることが挙げられる。過度に親しげになることや近すぎる生育歴が，治療的客観性の欠落につながるかもしれない。すなわち，意味を共有しているという仮説に飛びつくことで，違いについての探求を排除することになるかもしれないということである。次の事例が示すように，守秘の問題もあるだろう。

　Ｃさんと幼い息子は，母子の絆形成の困難からアセスメントに紹介されてきた。紹介状から，母親のＣさんはカリブ生まれであることがわかっていた。

私が担当に割り当てられたが，似たような出自を持つ人との面接について，興奮と妥当性の感覚を経験していた。しかし，実際は違った。Cさんに会って，私たちが同じ小さな島の出身であることが明らかになった。このことは，私たちのいずれもが認めたわけではなかったが，面接過程と最終的な結果に影響をもたらした。私は，意識的にこの事実に気がつかないようにと過度に用心し，Cさんも同様に抑制的に反応していた。問題の理解という点では，ほとんど何も達成しなかったと考えたので，私は次のアセスメントの予約を提供した。Cさんはやって来なかったし，その後に彼女とつながろうとする試みに応じることもなかった。この面接について振り返ると，私は，Cさんの転移と，私たちの近すぎる生育歴についての私自身の逆転移に直面させられていたのである。

　このドロップアウトにはほかにも理由はあったかもしれないが，この事例では，同じであることを認め，その意味するところについての探求への忌避感が要因だったと思う。近いということの問題は，親密性に関する紹介状の内容とも近すぎたと言えよう。

　ガルシア-コールとメイヤー（Garcia-Coll & Meyer, 1993）は，ほとんどの家族にとっては臨床家の出自よりも，最高のサービスを受けることが第一の関心事であるとしている。さらに言えば，アセスメントに紹介されてくる家族とその文化について振り返ってみると，たとえ要求されたとしても，すべての家族との文化的一致を見出すのは事実上，不可能だろう。しかし，ある患者にとっては，コンサルテーション機関に，黒人とマイノリティの専門家がいることが重要なのである。何年も前にクリニックの待合室を横切った際，他のセラピストの黒人の患者から静かに呼び止められたことを私は決して忘れない。彼女は私がここで働いているのかと尋ねた。「はい」と答えると彼女はうなずき，それ以上私を引き留めることはなかった。今，自分がここに存在することができると確信したかのように，彼女は背筋を伸ばして座り直したのだった。

　タングとガードナー（Tang & Gardner, 1999）は，マイノリティのセラピストは，二つの文化で教育を受けていると指摘する。西洋の伝統に基づく

訓練は，自身の文化的標準とは異なっているかもしれず，それが仕事上の葛藤の原因になるかもしれない。マイノリティのセラピストはそれゆえ，二重拘束の状況にあるかもしれない——自身の人種的アイデンティティと階級についての見解が異なっていたかもしれない例の黒人患者のように。また，匿名性についての懸念も含むあらゆる理由から，黒人家族に拒否されることもあるかもしれない。

　セラピストのための個人的，組織的支援は，どんな文化であろうとも不可欠である。スーパーヴァイザーもまた，よく訓練され，熟練している必要がある。エレフセリアドゥ（Eleftheriadou, 1999）が記すように，逆転移はスーパーヴァイザーとの関係性においても同様に強力なものである。心理療法の訓練に人種と文化の問題を統合するよう，より多くのことがなされる必要があると提案したい。学生には，自身の先入観とステレオタイプに対する挑戦とともに，それぞれの文化の強さと困難さについての教育のために，さまざまな文化的背景の乳児観察を行うことを奨励する。私自身，アフリカ文化の赤ん坊を観察した経験がある。私たちの共通点は人種だった。しかし，そのほかのことにはすべてなじみがなく，観察のレンズを通して経験しなければならなかったのである。

まとめ

　治療的コンサルテーションとアセスメントについて本章で述べてきたことの多くは，人種や文化に関わりなく，良い実践（good practice）だと見なしうることである。家族のいるところ（彼ら自身の説明モデル）から始めるというのは，子どもの心理療法ではよく知られ，実践されている理論的概念である。しかし，システム論的視点からクラウス（Krause, 1998）は，人種や文化，そして背景が特に際立って異なる場合に，セラピストとクライエント間の限られた個人的関係性を通して，十分にアセスメントができるのかどうか問うている。彼女は，このような家族には，システム的アプローチ，あるいは家族療法のアプローチがより合うのではないかと見ている。しかし，システム的アプローチのみでは，一対一の関係性のプライバシーにおいて（家

族的かつ内的心的に）自身の困難を探索する機会を否定することになるかも
しれないというのが私の見解である。さらに，多職種チームで仕事をし，そ
のチーム内で幅広いアプローチが提供されているのを経験している子どもの
心理療法士は，個人もしくは家族への最も適切な介入についてアセスメント
をし，ほかの専門性を採り入れるという決定に特に困難は感じないだろう。

【文献】

Boyd-Franklin, N. (1989) *Black Families in Therapy: A Multi-Systems Approach*, New York: Guilford Press.

Bhugra, D. and Bhui, K. (1998) 'Psychotherapy for ethnic minorities, context and practice', *British Journal of Psychotherapy* 14, 3: 135–140.

Eleftheriadou, Z. (1999) 'Psychotherapeutic work with refugees, understanding the therapist's counter-transference', *Psychodynamic Counselling* 5, 2: 219–230.

Fletchman-Smith, B. (1993) 'Assessing the difficulties for British patients of Caribbean origin in being referred for psychoanalytical psychotherapy', *British Journal of Psychotherapy* 10, 1: 50–61.

Freud, A (1965) *Normality and Pathology in Childhood: Assessments of Development*, New York: International Universities Press.

Garcia-Coll, C. and Meyer, T. (1993) 'The sociocultural context of infant development', in C.H. Zeanah (ed.) *The Handbook of Infant Mental Health*, New York: Guilford Press.

Gibbs, I. (2005) 'Parent–infant psychotherapy: engaging and beginning the work', in T. Baradon, C. Broughton, I. Gibbs, J. James, A. Joyce and J. Woodhead (eds) *The Practice of Parent–Infant Psychoanalytic Psychotherapy – Claiming the Baby*, London and New York: Routledge.

Helman, C. (1995) *Culture Health and Illness*, 3rd edn, Oxford: Butterworth-Heinemann.

Hirshberg, L.M. (1993) 'Clinical interviews with infants and their families', in C.H. Zeanah (ed.) *Handbook of Infant Mental Health*, New York: Guilford Press.

Hunter, M. (1999) 'The child and adolescent psychotherapist in the community', in M. Lanyado and A. Horne (eds) *The Handbook of Child and Adolescent Psychotherapy: Psychoanalytic Approaches*, London and New York: Routledge.

Krause, I.-B. (1998) *Therapy across Culture*, London and New York: Sage.

Lamming, W.H. (2003) *The Victoria Climbié Report*, London: The Stationery Office.

Parsons, M., Radford, P. and Horne, A. (1999) 'Traditional models and their contemporary use (b) non-intensive psychotherapy and assessment', in M. Lanyado and A. Horne (eds) *The Handbook of Child and Adolescent Psychotherapy: Psychoanalytic Approaches*, London and New York: Routledge.

Posmentier, L. (2006) 'Race, culture and psychotherapy', in R. Moodley and S.

Palmer (eds) *Race, Culture and Psychotherapy – Critical Perspectives in Multi-cultural Practice*, London and New York: Routledge.

Rack, P. (1982) *Race, Culture and Mental Disorder*, New York: Guilford Press.

Street, E. and Downey, J. (1996) *Brief Therapeutic Consultations: An Approach to Systemic Counselling*, Chichester: Wiley.

Tang, N.M. and Gardner, J. (1999) 'Race, culture and psychotherapy: transference to minority therapists', *Psychoanalytic Quarterly* 68.

Wilson, P. (1999) 'Therapy and consultation in residential care', in M. Lanyado and A. Horne (eds) *The Handbook of Child and Adolescent Psychotherapy: Psychoanalytic Approaches*, London and New York: Routledge.

【邦訳文献】

Boyd-Franklin, N.（1989）*Black Families in Therapy: A Multi-Systems Approach*, New York: Guilford Press./［山本伸・古屋尚子訳（2000）翻訳『黒人家庭における心理療法——人種偏見，アイデンティティー，肌色問題のコンテクストから』，四日市大学短期大学部紀要，34，23-40.］

Wilson, P.（1999）'Therapy and consultation in residential care', in M. Lanyado and A. Horne（eds）*The Handbook of Child and Adolescent Psychotherapy: Psychoanalytic Approaches*, London and New York: Routledge./［平井正三・脇谷順子・鵜飼奈津子監訳，子どもの心理療法支援会訳（2013）児童青年心理療法ハンドブック．創元社］

第8章　家族の死

——9.11後のマンハッタン・ピア94にて

ヴィクトリア・ハミルトン（Victoria Hamilton）

2001年9月27日

　この日は，スーザン・コーツと私が初めてピア94を訪問した日だった。私たちはもともと，ワールド・トレード・センター（WTC）に隣接するセント・ポール教会に割り当てられていた。しかしその日，比較的早くそこに着くと，実際には自分たちが必要ではないことに気がついた。ボランティアであふれかえっていたのである。教会は非常に静かだった。そこは消防士と警察官のための休憩所で，数人が休憩をしているか会衆席に座って低い声で話をしていた。スーザンと私はブロードウェイに沿って，WTCの恐ろしい現場が唯一見える交差点へと歩いて行った。州兵に急かされて，並んで早足で歩いた。写真撮影は禁止されていた。それから閑散とした通りを下り，金融街にある裁判所を通り過ぎると，埃っぽく悪臭がしてきた。私たちは二人ともとても気分が悪くなり，少し休んでお茶を飲んでからピア94に出向いた。

　ピア94は薄暗かったが，大歓迎してくれているかのようなにぎやかな雰囲気だった。スーザンと私はすぐに「ここが私たちの場所だ」と認識して，お互いにうなずき合った。おそらく，そこを訪れていた家族の温かさや安堵を多少なりとも感じたのだった。子どもコーナーは，この初期の頃にはかなり混雑していた。小規模で間に合わせだったにもかかわらず，見慣れた赤や青，緑，黄色のおもちゃやテディベア，そして子どもたちの騒々しさに満ちていた。「テディベアに囲まれた通路」，聖堂，行方不明者の写真を貼った壁

にもかかわらず，その一画は活動的で賑わっており，子どもたちがいつものように遊んでいる姿は，全員ではないにしても十分に私たちを元気づけてくれ，蔓延する不安や嫌な予感から一息つかせてくれていた。

　市長部局の選別を経て残された贈り物のエリアに，私が他のワーカーを案内している間，スーザンは30代後半か40代前半のアフリカ系アメリカ人のジョーダンさんと話していた（余談だが，初期には多くの人が，自分や州外の友人からのおもちゃのプレゼントをどう届ければいいのかと尋ねに来ていた。しかし，市職員には安全規制のためにすでに過大な負担がかかっており，こうした援助衝動は容易には満たされていなかった。あまりに多くの親切な行動に応対するのは，過重負担になっていたのである。おもちゃもテディベアも，すべてテロ行動の可能性のためにチェックしなければならなかった）。ジョーダンさんは，友人と9人の子どもを連れてやって来ていた。彼女には13歳の息子チャールズから3歳ぐらいの小さなアレキサンダーまで，自分の子どもが4人いた。その子たちが一緒に来るように友だちを誘っていたので，グループが大きくなっていたのである。ジョーダンさんはまた，ハワイから遊びに来ていた軍隊に入っている18歳の甥と，その友だちも連れてきていた。スーザンがジョーダンさんたちと1時間ほど話して休憩を取るときに，私はソファーの端に移動してジョーダンさんと話を続けた。

　ジョーダンさんは深刻で悲しげな顔をしていたが，そこには強さと決意も滲み出ていた。子どもたちについて話すなかで，ジョーダンさんは12歳の娘のジェシカに最も困っていると語った。他の子どもたちのことは，優しくなだめてやることもできるので問題はなかったが，ジェシカのことを心配していた。ジェシカとジョーダンさんにはいつも少し距離があったが，今ではジェシカはほとんどジョーダンさんとは話さなくなっていた。部屋のこちら側から見ると，ジェシカは12歳よりもずっと年上に見えた。彼女は年下の子どもたちを助けてやっていた。ジェシカはジョーダンさんの弟である叔父にとても懐いていたが，彼はWTCで行方不明になっていた。ジョーダンさんはジェシカが非常に心配していることをわかっていた。ジョーダンさんは，ジェシカは父親を亡くしていることから，おそらく叔父にとても懐いていたのだろうと思慮深く語り，夫が11年前の9月11日に殺害されたのだと話し

た。殺人犯はまだ起訴されていなかった。彼女はこの恐ろしい出来事について話したが，私は詳細を記録していない。ピア94での初日の詳細を思い出すのは難しいが，あの窮屈で隔離された小部屋でのジョーダンさんとその家族の姿は，私の心に生々しく残っている。ジョーダンさんはジェシカが，自分は父親の死のすぐ後に生まれたのに，兄は父親が生きているうちに生まれたことに嫉妬しているとも考えていた。ジェシカの兄には幸運にも父親がいたが，彼女はそれを逃したのである。確かに，無邪気な顔つきのチャールズは，大人びた妹よりも幸福そうに見えた。

　私はかなりの間，話を聞いたり質問をしたりした。ジョーダンさんは生来の話し好きで隠し立てがなく，私は自分の個人的なことを言わないのはむしろどこか失礼で，異常なことのようにすら感じていた。私は誘発されて「あなたが経験してきたことに比べると何でもないことなんだけど，私も夫を2年前に突然亡くしたので，少しわかるような気がするわ」と言った。無言でいたジョーダンさんの目に涙があふれた。それまでの彼女はとても悲しそうだったが，頑健そうでもあった。私の喪失が即座に同情の涙を引き出したようだった。同様に，私も彼女の目を見て涙した。ジョーダンさんは「お子さんは？」と応じた。私が23歳の息子のことを話すと，ジョーダンさんは椅子にだらりと座って眠っている，ハワイからやって来た甥のブラジについて話し始めた。ブラジの友だちは，私がソファーのおもちゃを片付けようと言うまで，同じ肘掛け椅子に居心地悪そうに腰掛けていた。疲れ切って少し機嫌が悪いようだった。彼は伸びをしてすぐに眠った。ジョーダンさんは，甥とその友だちは教育上の理由からハワイで軍隊に入ったのだが，この1カ月の内にアフガニスタンに送られるのだと語った。このように若い青年が戦場で倒れるのかという思いが，また暗い影を落とした。私たちは，子どもたちのおかげで頑張っていけるのだと意見が一致した。ジョーダンさんには子どもがたくさんいて，考える時間がなかった。子どもたちが眠ると，10日前に弟を亡くしたことや，11年前の9月11日に夫が殺害されたという恐ろしい記憶が闇夜に呼び覚まされる。まもなく19時だった。ジョーダンさんとその家族は渋々立ち去ることになった。私たちは抱き合って，またここに来てもっと話そうと約束をした。「ほらね，離れられないのよ」と彼女は笑った。

　12月11日火曜日，『ワシントンポスト』紙外国局のピーター・フィンによる記事，「負傷した陸軍大尉がタリバンに対する攻撃について詳しく語る」を読んだ。記事には以下のことが記述されていた。12月5日の朝，アメリカ陸軍第5特殊部隊はカンダハールへの進軍に気を良くして，ケアパッケージ[†15]の食事を楽しみながら良い夜を過ごしていた。そのとき，「突然爆撃された」。カリフォルニアとホノルルの兵士らが死亡したり怪我をしたりしたが，誤空爆の矢面に立ったのはアフガンの側だった。ジョーダンさんや彼女のように苦しんでいる家族が，再び暴力的な死を経験していないことを強く望んでやまない。

● 2001年10月10日

　この頃には，子どもセンターは，ピア94の広くて守られた一角に移動していた。より多くのソファーやおもちゃ，絵画工作道具があり，いつものように，そこを訪れる家族よりもボランティアのほうが多かった。今では，ボランティアはシフト作りのためにあらかじめ登録を求められており，ちょっとした選考と援助者からの助言も行われるようになっていた。主催者側はすでに，熱心なボランティアが常にふさわしい行動をするとは限らず，訪れる家族に喪失や怖かった話をするように強要することがあるのをわかっていた。私たちに求められているのはセラピストとしての行動ではなく，ただ耳を傾け，勇気づけ，慰めることだった。私はしばらくの間，工作テーブルでアートプロジェクトに加わっていた。そのとき，ソファーに独りで座っている静かな中年女性が目に留まった。かなり悲しそうな顔に皺（しわ）があった。スペイン人のような顔立ちである。彼女は人知れず座っていたが，可愛らしい小さな3歳の女の子（レイチェル）が，ボランティアと楽しげに遊んでいるテーブルのほうに頻繁に顔を向けていた。レイチェルとボランティアは，誰が見ても親密で陽気な様子だった。私は彼女に近づいて，ここに初めて来たのか，あるいは以前にも来たことがあるのか尋ねた。彼女（ヘルナンデスさん）は

---

†15　救援小包，差し入れの意。

スペイン語訛りのブロークン・イングリッシュで，「初めてよ」と答えた。彼女はその日の朝について，次のように説明した。義理の息子が車で家に来て，彼とその妹がダウンタウンで「用事」をする間，彼女とレイチェルをそのあたりで降ろすから，車に乗るようにと言った。ヘルナンデスさんは義理の息子（フェルナンド）に，服を着替えて出かける用意をするので待ってくれるように頼んだが，彼は「いや，待てない。車を外に停めていて，約束に遅れそうなんだ」と言った。ヘルナンデスさんは自分の着ている服を見下ろし，ズボンを手で払いながら，黒のスウェットパンツに急いで引っ掛けた防寒用の上着という自分の身なりについて，何度も謝った。私は彼女の格好はまったく問題ないと伝えた。しかし，彼女が言うように，彼女はこのような格好で家の外に出ることはなく，もちろんいつも着替えるのであろう。ヘルナンデスさんは，小綺麗で小柄で，おとなしそうで，昔気質の行儀の良さを重んじていた。

　私はヘルナンデスさんに，フェルナンドの用事はこの建物でのことなのか，別のところに行ったのか尋ねた。彼女は「わからないわ。彼はどこかとても大事なところへ行かないといけないと言ったの。『車に乗って。今すぐに出ないといけない』って」と言った。私は後に，彼とその妹はピア94から出る船に乗って，亡くなったり行方不明になったりしている親族を悼み，あるいは待つために，WTCの現場に他の遺族と一緒に行ったのだとわかった。ヘルナンデスさんは早口で，ほぼずっと泣きながら，動揺したように両手を重ねたり丸めたりして話し始めた。娘のマーサはまだ39歳で，9月11日にWTCにおり，2号棟の94階で亡くなった。6歳の女の子と3歳のレイチェルの母親だった。「私の家族はみんな死んだの。わからないわ。私の人生は，死，死，死」。私はヘルナンデスさんにティッシュを渡した。彼女の悲嘆はたまらないものだった。「主人は30年以上前のこの日（今日）35歳で死んだの。殺されたの」。ヘルナンデスさんは，座ったまま身体の向きを変えた。彼女の目は部屋の向こうの孫娘が遊ぶテーブルを見ていた。悲しい話をしながらも，孫娘を見ると顔が明るくなった。彼女はレイチェルに何回も「ミルク」はいらないかと尋ねていたが，レイチェルは興味を示さなかった。

　ヘルナンデスさんは，娘のマーサのことを話した。9月11日の朝，マー

サは特別なドレスを買いに行くために休暇を取る予定だった。毎朝，マーサの夫のフェルナンドは，6歳の娘のローザを学校で降ろして，それからレイチェルを祖母の家に預けに来ていた。しかし，この日マーサは午前中だけ仕事に行って，午後1時には帰宅することにしていた。家族みんなで一緒に買い物に行くことになっていたからだ。あの恐ろしい日以来，ローザは父親のもとにおり，レイチェルは祖母のところに泊まっている。彼女たちは同じ通りの数軒離れたところに住んでいる。ヘルナンデスさんのもう一人の娘と息子はフロリダに住んでいる。ニューヨークの一家は，クリスマスにフロリダを訪れる計画をしていた。マーサはもう1年，WTCで仕事をして，その後はフェルナンドと家族とヘルナンデスさんと一緒に，フロリダに引っ越すつもりだった。より静かな地域で，小さな家を手に入れるのをとても楽しみにしていたという。ヘルナンデスさんはすすり泣いた。

　私は，まだフロリダに引っ越すつもりなのか尋ねた。ヘルナンデスさんは「そうは思わないわ。子どもたちを置いていけないもの。レイチェルを放っておけないわ。あの子には私だけなの。あの子はいつも私を求めるし，生まれてからずっと毎日一緒にいたの」と言った。ヘルナンデスさんはまた，とても楽しそうなレイチェルのほうを向いて，「飲み物は？　ミルクはいらない？　お腹は空いてない？」と尋ねた。レイチェルはこちらにやって来て，ていねいに「いらないわ。ありがとう」と言い，飛びはねながら遊びに戻った。ヘルナンデスさんは何度も，孫娘たちが礼儀正しくきっちりと育てられており，とてもいい子たちなのだと強調した。ヘルナンデスさんは，幾度となく飲み物や食べ物のためにレイチェルを呼び戻し，そのたびにご婦人（私）に「こんにちは」を言うように言い，レイチェルはていねいにそうしてくれた。

　どこに住んでいるのか尋ねると，ヘルナンデスさんはとても良い地域（北部のどこか，私はニューヨークをよく知らないので思い出せない）だと話した。安全な地区に素敵なアパートを持っており，そこにおよそ30年住んでいる。近所の皆がお互いのことを知っており，面倒を見合っていた。今は特に家を出たいとは思っていない。彼女は児童公園の近くに住んでいる。私はヘルナンデスさんにニューヨーク生まれかどうか尋ねた。「いえ，キューバ

よ」。彼女は首を振って「私の人生はずっとこうなの……私の家族はみんな死んだの」と言った。彼女は自分の父親の死について話した。また，彼女の母親は，私が思うに，横断歩道を歩行中に「車に轢かれた」ということである（ここでも，私の聞きかじりのスペイン語では，話の詳細のすべてを理解するのは極めて難しかった）。ヘルナンデスさんは，母親が放り上げられて地面に打ちつけられた様子を，手ぶりを使って説明した。この死の後すぐに，ヘルナンデスさんは船に乗って合衆国にやって来た。私はこちらに兄弟姉妹がいるのか尋ねた。「ええ，兄が一人。カリフォルニアに住んでいるわ。膝から下に麻痺があって苦しんでいるの」。自分の膝も痛むのだと言いながら説明して見せてくれた。彼は歩けない。彼の妻も膝から下に麻痺があるという。興味深いことにヘルナンデスさんは，自分で日常生活ができることや，膝のためのエクササイズをして健康を保っていることを話してくれた。「そうしないとね。どこへでも歩いて行くの」と言った。

　ヘルナンデスさんは，兄夫婦が毎日電話をしてくると話した。アメリカに来た当時，ヘルナンデスさんはロサンゼルスに住んでおり，45年前にニューヨークに引越して来た。私も25年間ロサンゼルスに住んでいたと言って，両市の違いについて話し合った。彼女は「私は自分が住んでいるところが好きなの」と言い，私もニューヨークが好きだと言った。

　ヘルナンデスさんはもう75歳だと言う！　私はちょうど，彼女が話してくれた人生の年月とそれぞれに異なる世代の人々の年齢を計算して，彼女の年齢を推測していたところだった。ずっと若く見えると私が言うと，皆がそう言うのだと言った。しかし今は，「とても歳を取った気がするの」と。彼女はとても顔色が悪くやつれて見えたが，明るい茶色の目と身体的な活力が，年齢を相殺して見せていた。私は「50歳くらいだと思ったわ」と言った。彼女は再婚はしなかったと言い，続けて「37年前の今日，10月10日」の夫の殺害について話した。「娘は父親を知らないの。殺されたとき，彼女はほんの2歳の赤ん坊だったの」と言った。私は，ヘルナンデスさんに夫がどのように殺されたのか尋ねた。この話は長くなったが，概要は次のとおりである。ヘルナンデスさんの夫は車の修理工場で働いており，3,000ドルを手に持っていたか，あるいはレジに入れるところだった。黒人の大男が現金を要

求して3回撃った。夫は助けを求めて叫び，911^{†16}にも電話をしたと思う。加害者はとても大きかったにもかかわらず，夫はどうにか押し返して怪我もさせたようだ。殺人者は走って逃げたが，夫が大声で叫んだので，ほかの従業員が犯人を追いかけた。「犯人は捕まえたけれど，夫はその瞬間に倒れて」亡くなった。「ひどいわ，ひどいわ」「犯人はまだ刑務所にいて，仮釈放が近づくと，いつも誰かが止めるの」と，ヘルナンデスさんは頭を振った。「みんな死ぬの。私の家族は……わからないわ」と言った。

　ヘルナンデスさんがレイチェルに声をかけてから随分と時間が経った。ヘルナンデスさんは，レイチェルは喉が渇いているに違いないと言い，「レイチェル，ミルクが欲しい？　何か食べたいんじゃない？」と話しかけた。レイチェルはまた断ったが，ヘルナンデスさんは心配していた。私は外のカフェテリアにミルクをもらいに行くことを申し出て，ヘルナンデスさんに何か欲しいものはないか，それとも私と一緒に来るか尋ねた。彼女は「ここにいる」と示して，ジュースをお願いすると言った。レイチェルから目を離したくないのだろう。私がミルクを1パック持って戻るまで，ヘルナンデスさんはままごとの哺乳瓶を見ていた。「哺乳瓶？」と彼女は尋ねた。私は，それはままごと用だと思うが，もしよければ使ってもいいと思うと言った。哺乳瓶をいっぱいにすると，ヘルナンデスさんはミルクを温められるか尋ねた。温めることはできなかったが，彼女は「問題ないわ」と，レイチェルを呼び寄せた。レイチェルはミルクを飲んだ。再び「ご婦人にお礼を言って，キスをしなさい」と言われて，レイチェルは忠実に愛らしくそうしてくれた。

　レイチェルともう一人の孫娘がどのようにして過ごしているのか尋ねた。上の孫は学校に行っており，夜は父親のところにいるが，ヘルナンデスさんが学校に迎えに行ってご飯を食べさせる。父親のフェルナンドが家に寝に帰るために迎えに来るまで，面倒をみているのだと話した。私たちが一緒にいる間ずっと，ヘルナンデスさんは心配そうに時計を見ては，「今頃までには戻って来ると言ってたんだけど……ローザを迎えに行くのに遅れるわ」と言っていた。私は，ローザは何時に学校が終わるのか尋ねた。まだ12時な

†16　日本の緊急通報（110番）にあたる番号。

のでもう少し時間があると，ヘルナンデスさんを安心させた。ヘルナンデス
さんは，ローザは母親が死んだことを知っているに違いないと話した。学校
では WTC の惨事について話す。ヘルナンデスさんはテレビを移動させて，
子どもたちが眠る夜にだけ見ているが，ローザがテレビで映像を見たことを
知っていた。ローザが地下鉄の駅の入り口を通り過ぎようとしないと言って，
ヘルナンデスさんは身震いした。ローザは，母親があの恐ろしい日に，地下
鉄で仕事に行ったことを知っているのだった。レイチェルはまだ，あたかも
母親が戻って来るかのように話すが，ヘルナンデスさんはレイチェルもおそ
らくは母親が死んだことをわかっていると考えていた。私たちは，子どもた
ちは事態を了解しているようだと同意した。レイチェルは毎日，午後に窓の
所に行って，「ママ！　いつ帰って来るの？」と言いながら母親を待っている。
ローザはレイチェルがまだママが帰って来ると思っていることについて，何
か言ったようだった。私はヘルナンデスさんに，ママが戻って来ないことを
子どもたちに言えるか，あるいは「何も言わないほうが良いと思っている
の？」と尋ねた。ヘルナンデスさんは，ため息をついてあきらめるような身
振りをして，「私は何もできないわ。父親は話さないだろうし。彼は何も言っ
てはいけないと言うの。決心がつけば自分で話すに違いないわ」と言った。
私たちはうなずき合った。「彼は父親だもの」。

　再びヘルナンデスさんは時間を尋ね，私たちはフェルナンドたちがどこに
いるのか考えた。私は，彼はビルの中にいて，しないといけないことがたく
さんあるのかもしれないと言った。ヘルナンデスさんは，義理の息子のフェ
ルナンドを取り乱させないようにしたいのだと，大きな不安を語った。「レ
イチェルには私が必要なの。私だけを求めるの。いつも，おばあちゃん，お
ばあちゃん。私だけが服を着せてやって，私の作ったご飯しか食べないの」。
そして，レイチェルの好きな食べ物や，朝ご飯に食べたがるものなどを挙げ
た。ヘルナンデスさんは，義理の息子に何かが起きて，孫娘たちを失くすの
ではないかと非常に悲観的に考えているようだった。彼女は，どれほど子ど
もたちが彼女を必要としているのか，そしてレイチェルが生まれてからどれ
ほど面倒をみてきたのかを繰り返し話した。ヘルナンデスさんの娘のマーサ
は，子どもたちを自分の母親に預けることができるという理由で，仕事に行っ

ていた。「彼女は私を，私だけを信頼していたの」。私は，レイチェルもヘルナンデスさんも，お互いに別れることになったら大変なことになるだろうと感じた。そして，ヘルナンデスさんとフェルナンドの間で，あらゆることがうまくいっていないのではないかという恐ろしい感覚が増してきた。私は，ヘルナンデスさんはいい姑なんだろうと想像した。しかし，フェルナンドが再婚したらどうなるのか。

　次に私は，フェルナンドがどのように過ごしているのか尋ねた。このような恐ろしいショックを受けて，ひどい状態に違いないからだった。彼女は，「大丈夫よ。仕事を休んで自分の家族と一緒にいるの。よく会っているの。とても近い家族なのよ……ひどいわ，ひどいわ」と言った。この時点で，フェルナンドとその妹が現れた。レイチェルは嬉しそうにしてから，遊びを続けた。ヘルナンデスさんは私のことを紹介してくれた。フェルナンドはとてもハンサムで上品な人で，良い身なりをしていた。そして，ていねいに挨拶をしてくれた。少しよそよそしかったが，微笑んでお礼を言ってくれた。妹はとてもフレンドリーで，温かそうな人だった。二人とも私と握手をし，ダウンタウンのピアから一緒に来たのだと話した。私は，とても気の毒に思うとお悔やみを言った。レイチェルがプレイテーブルで午前中ずっと一緒にいた可愛らしいボランティアと渋々別れることになったとき，私たちはまた握手をした。レイチェルは私にキスをしてさようならを言い，私はヘルナンデスさんにまた来てくれるよう伝えた。彼女はそうしたいと言ったが，車を持っていなかった。レイチェルは家に持って帰るテディベアを選んだ。スーザンと私が最初に訪れた日には，通りがかりであっても，欲しい人は誰でもテディベアがもらえた。今は，センターを訪れた子どもか，家族を亡くした人にだけ渡すよう指示されている。テディベアを集めるために同じ大人が続けて何度もやって来て，悪用されていたからである。後に，とても悲しそうな若いアジア系の女性がテディベアを求めてやって来た。スーザン・コーツは，指示に反して，大人も子どもと同じくらいにぬいぐるみの安らぎを必要としているのだという強い思いから，一つ渡した。

　私は，ヘルナンデスさんに非常に勇気のある人物，何度も繰り返されるショックと喪失に耐える人間の魂の力を証明するものを見たように思えた。

ヘルナンデスさんは決して不平を言うことなく，ただ自分の人生の悲しみを凛として受け入れるような話ぶりで語っていた。多くの恵まれない移民の家族にとって，9月11日は，暴力的な死の連鎖のうちの新しい災難の一つだったのだろうか。私がピア94でじっくり話した最初の二人が，夫の命日にそこに来ていたのは，偶然ではないように思われた。

第9章　親密性から行動化へ
——危険な子どものアセスメントと
コンサルテーション

アン・ホーン（Ann Horne）

　本章では，14歳の少年マーティンと，その少年との間で生じた反応について記述し，積み重なるトラウマから立ち現れてきた転移・逆転移現象についての議論を展開する。コンサルタント児童・青年司法精神科医が，「マーティンの理解と，ケースマネージメントに継続的に取り組むうえで助けとなる精神力動的手法」を提供してくれるようにと，アセスメントを依頼してきた。また，その後のチームに対するコンサルテーションも依頼してきた。

　予算の関係で，開始までに5カ月かかった。マーティンについての理解とその保護が危機にあることが示唆されていたために，予測のつかないことではなかったが，彼の保護計画はその頃までに変化していた。マーティンは専門治療施設にいた。依頼の書類を受け取ってから2週間後，政府がセンターの将来についての諮問を公表し，私たちが訪問する1週間前には，職員はセンターの閉鎖の通知を受けていた。そのため，チームにとってもマーティンにとっても非常に落ち着かない状態にあった。マーティンは2年半前，12歳の誕生日の3カ月前にこのセンターに入所していた。2件の放火と，もう2件の故意に人命を危険にさらす放火によって，5年の実刑を受けていた。彼が罪を犯したのは11歳のときだった。加えて，この依頼の4カ月前には，プラスティック製の野球バットで，近い関係にあった女性職員を暴行していた。その暴行は「青天の霹靂」だと言われていた（依頼元のアセスメントによると，「彼は穏やかで満足しているようなときに，重大な暴行など，非常に暴力的なふるまいをするが，それは挑発によるものではない」と言う）。警報システムがうまく作動せず，そのときユニットには他に誰もいなかった。マーティンは長時間にわたる暴行の間，「死ね，意地悪女，死ね」と叫んで

147

いたという。彼はこの罪で執行猶予付きの処分を受けたが，「自責の念がまっ
たくない」と言われていた。マーティンのもともとの刑期はほとんど終わり
かけていた。職員チームは，彼のことを危険でもあり，危機に瀕しているとも感じており，彼を手放したくないという気持ちでいた。私たちの勧告は重
要になろう。

　紹介状には他に3件のアセスメントも添付されていた。裁判のために準備
されたものが1件と，他の2件はごく最近になってリストに挙げられたもの
で，明らかにこの暴行事件のために行われたものだった。そのうちの1件
は，専門入院施設のものだった。コンサルタントは，マーティンは精神疾患
を発症させるリスクが高いと考えられるが，精神病的ではないとして，入院
させるつもりはなかった。彼は「精神病質障害の法的定義の基準は充たして
いる」が，病院はこれに対する治療を施すことができず，彼を留置すること
はできないと考えていた。紹介者は，センターとマーティンの措置に資金を
提供する政府の部門に最終報告書を出していたが，そこには精神分析的アセ
スメントの推奨も含まれていた。

　マーティンはこれ以上の面接は受けるべきではなく，むしろ職員へのコン
サルテーションがより適切であろうと私は主張した。しかし，このことはま
た，大勢の児童精神科研修医と仕事をしていた，私自身のロンドンの
CAMHS時代の記憶を喚起させた。たとえば，遺糞の子どもが紹介されてき
たとき，「これは精神科医訓練生にはとても良い事例だわ！　こんな事例はそ
うそう診られないもの！　本当に良い経験になるわ！」と思ったものだった。
このように私は，ある種のケースから身を引く力，そしてこの子どもについ
て言えば，今回の要請に応じる不安にも気がついていた。

　なぜ，この事例について書くのか。経験豊富な分析家の同僚経由でこの要
請が来たときに感じた不安の外在化なのか。おそらくはそうだろう。これは，
暴力の根源と，マーティンの世界や対象の知覚に関して，またマーティンに
あったいくつかの選択について考える機会だった。あまりにも多くの若い患
者に見られる人生初期の重大なダメージとともに，潜在的な暴力について考
え，扱う際には，あらゆる方法を採ることが重要だと強調したい。マーティ
ンはかなり極端ではあるが，私たちは日々CAMHSで，こうした方向に止

めようもなく進んでいるような子どもを目の当たりにしている。しかし，非
常に単純なメッセージもある。私たちは昨今，精神分析的方法の経験と，精
神力動論がもたらす特別の理解を保ち続けるのに苦労している。ときには，
あたかも自分自身ではない何かであることを押しつけられているようにすら
感じる。子どもの心理療法士にとっては，他の様式による理解も必須である
一方で，私たちの専門性が伝えることのできる核心は失われるべきではなく，
そのことを詫びるべきでもない。それは，私たちが提供し，かつよくできる
ことでもある。センターがマーティンのために求めたように，精神分析は理
にかなった内省的な洞察と前向きな方法を提案することができるのである。

　コンサルテーション/アセスメントの連続性のなかでの決断は，多くは明
確なものではない。どれほどそこに明快な原則があり，私たちはそれに従お
うとしているのだと信じていても，である。そこで，ここに少しまとめてみ
る。「私はアセスメントをしなければならないとは思いませんが，その代わ
りにこの（別の）方法で援助ができますよ」と言うことに，常に困難を経験
するわけではない。ノーと言うことは，特に行動が軸になる防衛がある場合
や，セラピーを治療の選択肢とはしない環境にいる若者との関わりにおいて
は必要である。さらに，心理療法士として「ふさわしい」のだろうかと超自
我によって自らを疑うことなく，誰にも限界はあり，できることとできない
ことを認めなければならないということも強調しておきたい。私たちは，自
分たち自身の不安が内省を不可能にすることなく，考え続けることのできる
方法で仕事をせねばならない。マーティンに関しては，私は自分がやってい
けるのかどうかが確かではなかった。

　日が経つにつれ，マーティンと会うことは，紹介者のみならず政府からも
要請されていることが明らかになってきた。私は，ネットワークの極めて地
位の高いところに浸透する大きな不安の結果として，緩やかに虐げられてい
るように感じていた。その不安のいくらかが，確かに私にも浸透してきてい
たのである。さらにマーティンは，今や私に期待して，極めて横柄に，私た
ちが訪問してもかまわないと言っていたのだった。

マーティンの生育歴

　マーティンの生育歴は，一瞬ひるんでしまうほどのものだった。二人兄弟の弟で，両親は彼が 17 カ月のときに離婚しているが，父親とは連絡を取り合っていた。最早期の発達歴や重要な出来事についての情報は手に入らない。しかし，まだ彼が 2 歳にもならないときに，保健師はすでに親が持て余していると言っていた。実父は暴力的で，別れてからもマーティンの母親への暴力が続いていたこともわかっていた。1 年後，マーティンの母親は，B さんと出会って 1 週間で同居するようになった。二人はその後 3 カ月で結婚し，さらに 3 人の子どもをもうけた。同時に起きていた外での心配事には，マーティンが 2 歳 9 カ月時の，プレイグループ[†17] での反抗的な行動や，友だちに対する攻撃性といった問題があった。マーティンが 4 歳時には，兄弟はネグレクトのために要保護児童に登録されたが，後にこれは B さんの攻撃的な態度の結果だとして登録を外された。B さんはマーティンが 4 歳 4 カ月時，自宅を放火して起訴された。8 カ月後，兄弟の面倒は見きれないとの訴えにより，社会的養護に入った。この時点で，夫婦間の暴力が明るみに出た。また，B さんは夜，寝室に鍵をかけて兄弟を閉じ込めていた。再び要保護児童に登録され，兄弟は別々の里親家族のもとで，完全に社会的養護下に置かれることになった。マーティンは複数の措置先での破局を経験した。裁判所の記録によると，「どんな里親家族もマーティンに対応するのは不可能だった」ということで，6 歳時に児童養護施設に措置された。

　彼は消防署に電話をしては，消防隊が警察と共に到着するのを見ていた。実父のもとに返す試みも失敗に終わった。児童養護施設で落ち着いていたときに一度，マーティンは心理療法のためのアセスメントを受けて，里子になるまでの 18 カ月間あまり，週に 1 回の心理療法に通っていた。施設の報告には，マーティンが大人に対しても子どもに対しても，性愛化された行為を見せると記されている。悪夢と睡眠の問題を抱えており，疑い深く，破壊的

---

†17　就学前の子どものための小グループ。

で頻繁に脱走していた。夜尿もあった。驚くべきことではないが，心理療法の報告には，彼が大人のことを迫害的に見ており，嫉妬深く，残忍な感情と万能空想を持つと記述されている。マーティンの性愛化された行為は，彼が考えるところの，コントロールされていると感じる関係性のなかで現れていた。このとき，どれほど専門家チームが怪しいと思っていても，マーティンは自分の過去については断固として沈黙を貫いていた。良い措置先，良い特別学校，定期的な心理療法という一貫した保護計画の下，彼はここで落ち着いた時期を過ごしていた。

　この施設で暮らし始めてちょうど2年後の8歳時に，養親家族の元へ移った。これにはかなりの地理的移動と，心理療法の喪失が伴った。この児童養護施設の同じ寮の子ども数人が，X夫妻の里子になった後に養子になっていた。マーティンも彼らと連絡を取り続けており，彼もまた引っ越して1年で養子になった。彼の兄もXさん宅を訪問するようになり，マーティンが9歳時に兄もまたそこに移り住み，マーティンが10歳半時に養子になった。

　かなり細部にわたって記していることは承知している。このような子どもについては，情緒が耐えきれないものであるがゆえに，可能であれば道理や事態の流れにコンテインメントとコントロールの感覚を求め，あるいは，全体性を回避し，細部にこだわることになる。このような逆転移感情は，アセスメントにおいては重要である。

　X一家で暮らしていたとき，初めてマーティンはひどい身体的，心理的，かつ性的虐待についてXさんに明かした。彼が初めて話せると感じたのが里父（後に養父）であったことを，心に留めておくことは重要である。ひどい内容だが，以下にまとめて示す。母親はマーティンと異父妹にセックスの真似をすることを強要した。大人（母親とBさんを含む）のセックスを目撃してもいた。別の女性の前で，彼は母親との性的行為に引き入れられた。母親とBさんの性的行為にも巻き込まれた（二人から指を入れられ，Bさんにはフェラティオもしなければならず，肛門性交が行われた）。加えて，ベルトで叩かれたり殴られたりするなど，ひどい身体的虐待もあった。子どもたちは，このことを誰かに話したら殺されると信じ込んでいた。

　ここで，養親のX家について一言。結婚して20年以上経つ60代初頭の

X夫妻は，二人とも二度目の結婚で，それぞれに連れ子がいた。何年もの間，20人以上の子どもの里親になり，しばしば養子にしていた。そのうち12人は，かなりひどい過去を持つ子どもたちだった。彼らは外との付き合いがほとんどなかったので，家族が大切だった。地方のかなり大きな土地の大きな家に住んでいた。訪問する専門家はこぞって，子どもたちに与えられている養育の質と，そこでの成長を称賛していた。

犯 罪

　X一家のもとに移り住んで3年ほどたってから，マーティンは放火を始めた。彼はこれを，ちょうど11歳の誕生日の前に消防実演会を見たことと結びつけ，本物を見たら「楽しいだろう」と考えたという。少なくとも5件の放火が起き，彼が告発された事件は4件だったが，そのたびに他者に危害を加える可能性が増していた。最初の2件の放火（物干し竿の洗濯物と学校）の後，彼は自分の家族について次のように話した。「僕のことを厄介払いして心配なんてしないだろう。僕は家から逃げようとしていたんだ。家族が僕を傷つけるだろうと思ったんだ。絶対にそんなことはなかったのに，父さんが僕を傷つけたと警察に嘘をついたんだ」。A医師（裁判所への報告書の用意をした，非常に経験のある児童・青年司法精神科医）とのこの会話で，マーティンは「すべてを破壊してしまったから家から逃げたかった」のだと，実際にはもっと火を点けていたことを付け加えた。審判が下されるまで施錠措置となったが，彼はそこを「安全」だと感じた。

　放火時，学校は無人だったが，A医師はマーティンがここに固執していることと，後々の火事に強く印象づけられた。特に注意の持続が短く，注意散漫だと言われてきた子どもだからである。3番目の放火はサマーハウスで，彼はそこを確実に放火することにかなり固執していた。そこの小屋の小動物が彼の目に留まった。危害を加えるリスクが高まっていた。最後の2件の放火は，（ホームレスがよく寝ている）屋根付き玄関とガソリンスタンドだった。マーティンは屋根付き玄関には燃焼を促進させるものがあることを知っており，爆発すると聞かされてもいた。ガソリンスタンドにいたっては重篤度を

増していると言わざるを得なかった。

暴力について考える

　マーティンの状態について，どのように理解できるだろうか。最も重要な点は，マーヴィン・グラッサー（Glasser, M.）の概念である「コア・コンプレックス」という悪循環で，そこには理想化された親密な自己愛的関係の希求がある。親密さを得ると，融合してアイデンティティをなくし，搾取されるのではないかという，それに付随する不安が破滅恐怖を伴って生じる。この呑み込む母親に対して，乳幼児は自己維持的な攻撃で反応する。すなわち，自我を保護するために用いられる暴力である。これは孤独感と見捨てられ恐怖という結果を招き，さらに親密さを求める。こうして，この循環をめぐる旅は続くのである（Glasser, 1996b）。ユニットでの暴力は，マーティンが大好きで，特に馴染んでいるように見えていた女性に対するものだった。私がマーティンに会ったときの養母に対する彼の態度もまた，コア・コンプレックス現象を思い出させた。放火事件が悪化していることを考える際,マーティンが初めて虐待を告白することができた善良な養父と出会った家族のもとにいたことに注目せねばならない。Bさんからの虐待にもかかわらず，男性との関係に希望を持ち続ける力がそこにはあった。児童養護施設に消防隊を呼んでいたことを思い起こすと,ホースを持った消防隊員は,創造的であって虐待的ではない。また，破壊するのではなく，救出するペニスを持った男性である。マーティンはその点で養父の心に居場所を得たようだった。それは，父親の助けを得て母親と脱同一化し，母親との分離に必要なプロセスだが，それを維持することはできなかった。

　興味深いことに，マーティンのなかでは養母と実母が混乱し，混同されて，（ストレス下では）悪い人物イマーゴとして合成するようだと報告されている。重要な女性はどんな人も，すぐにこうなってしまうのかもしれない。

　拡大養親家族は，親密度の高い核家族よりも，マーティンとの親密性をよりうまく調整することができたのかもしれない。しかし，結局は，親密性は負担が大きすぎた。彼は助けを求め，つまり消防隊を呼び，最初は他者への

危険がより少ない方法で，その後は，さらに気づいてもらうためにリスクを増大させなければならなかった。A医師は彼が次のように話したと，報告書に記している。「ゴタゴタを起こしたかったんだ。込み入った大きなゴタゴタをね。警察が関わってくるのも，他にもたくさんのことを巻き込むことになるのもわかっていたんだ。僕は家を出る必要があると感じてたんだ。それこそが僕が感じていたことなんだ。あのときは，家にいるのにうんざりしていたんだ。長い間あそこに住んでいたら，飽き飽きしてくるよ」。これはあたかもコア・コンプレックスの問題があまりにも激しく出てきて，うまく扱えなかったというように聞こえる。また，おそらく，呑み込み，見捨てる内的母親を中和することができなかったのではないかと思われる。「茂みに隠れて『消防隊め，今日は一日中，出ていることになるぞ』って言い続けていたんだ」。このように，一日中彼のことを心に留め置いてくれる男性が必要だったのである。そうした人なくしては，攻撃者との同一化（Freud, 1968）は，おそらく解決にもなり恐怖にもなる。彼の内的な暴力空想は，自己喪失恐怖のコア・コンプレックスに対する反応として彼を怖がらせ，すでに「何もかもダメにしてしまった」と感じさせた。そして，その考えが実行された。彼の放火が，増大する暴力的感情に対する必死の援助希求でもあり，フロイト（Freud, 1916）の言うように罰を求めるものでもあった。グラッサーの以下の言葉は，内的世界，内在化，そして現実の経験の混合の重要性を思い起こさせる。

> 危険に関する議論の欠点の多くは，犯罪者の内的世界が構築したものへの注意が欠けていることである。つまり，恵まれない背景，崩壊した家族，暴力的な親などは，それ自体が暴力的あるいは性加害的にふるまわせるものではない。ただ，そのような要因は，潜在的暴力を構築し，暴力的行動の引き金にはなる。
> （Glasser, 1996a, p.273）

シナソン（Sinason, 1996）は，母親によって性愛化された男児が，特別に脆弱であることに警告を発している。マーティンは，母親から部分対象として扱われることで，極めて重要な恥の保護的感覚の発達に対する破壊的な

影響を受けていた（Campbell, 1994）。呑み込む内的母親に対する彼の傷つきやすさと屈辱的で見捨てる内的母親の分裂は，女性に対して直接向けられる行動化の要因となる。女性との親密さに対するニードと恐れこそが，彼を暴力に走らせる引き金である。性的に非常に侮蔑的な言葉を伴うことの多い暴言は，マーティンが不安を表現する常套手段だが，不安がこのように認識されないときには象徴化は十分ではなく，行動するしかなくなるのである。

　暴力の性質もまた，重要である。これは，その時点では，自我を守る働きとしての暴力，グラッサー（Glasser, 1998）のいう自己保存のための暴力である。マリアンヌ・パーソンズとシラ・デルマンの論文が，この分野で最も役に立つものの一つである。そこには以下のように記されている。

　　　暴力的な若者と関わるうえで，攻撃性にのみとらわれることの限界。そうではなく，暴力は個人が処理することのできなかったトラウマを解決しようとする試みとして理解したい。また，守ってくれる対象の不在による寄る辺なさとして，このトラウマを定義する。……こうした若者は，（外界においても，また理想的自己イメージにおいても）加害者であり，かつ（最大限の無力さという点で失敗してしまったことと，内在化された保護的膜の欠如という）被害者でもある。そこで，他者に危害を及ぼすことと，無意識的に法による罰を受けることという分裂を演じるのである。
　　　　　　　　　　　　　　　　　　　　（Parsons & Dermen, 1999, p.345）

　「処理されていないトラウマ」は，ハイヤットウィリアムズの「精神的に消化できない経験」（Hyatt Williams, 1997, p.104）と類似している。ボスウェル（Boswell, 1997）は，1993年の児童青少年法第53条（この法律の下にマーティンは留置されていた）によって拘留された子どもの調査から，72%がある種のもしくは複数の虐待の被害に遭っていたことを見出している。

　「暴力」と「攻撃性」の留め金を外すためには何が助けになるのか，考えさせられる。「防衛」と「不安」について考える際には，「攻撃性 aggression」や「攻撃 attack」について考えるときとは，介入についてかなり異なる表現を用いる傾向にある。ここではセラピーについて議論しているのではない。

ただ，「適切なセラピーは，軽視され，欠けている側面に向けられねばならない」（Freud, 1947, p.42）ということが思い起こされる。アン・ハリー（Hurry, 1998）が非常によく推敲しているように，私たちは自我の構造化とその手当ての領域に入っていくのである。パーソンズとデルマンは，さらに以下のように加えている。

> 子どもの心理療法士の仕事は，理想的自己（暴力）の価値や，厳しい良心の要求（サディスティックな処罰）との癒着に抵抗することである。むしろそれは，子どもの苦境，つまり自分ではどうすることもできないものを理解することである。　　　（Parsons & Dermen, 1999, p.345）

彼らは，こうしたアプローチ，そしてセラピスト側の内的理解が，「暴力に訴えることなく，他者やまさに自分自身とも効果的に対話することが特に難しい」患者との，情緒的コンタクトを可能にすることを見出した（Parsons & Dermen, 1999, p.345）。

トラウマや欠損，内在化された保護膜の欠如を考えると，技法的に躊躇させられる。解釈は，患者を癒やすだけではなく，攻撃や復讐，打ち負かし，そして距離を取ることに用いられる可能性もある。エッジカム（Edgcumbe, 1971）は，解釈だけでは暴力的な子どもには十分ではないと明言している。また，1995年のアンナ・フロイト・センター主催の暴力についてのセミナー（Perelberg, 1995a 参照）で，あるワークショップが，暴力的な患者との面接では伝統的技法の修正が避けられないものなのかという，重要な問いを立てていたことが励みになる。すでに，子どもの心理療法のように伝統的技法の応用を行っている私たちは，このような柔軟性については多くの問いを持たないだろう。

マーティンの機能――さらなる理論

私がマーティンと会う一方，同僚がユニットの日誌と記録を精査し，職員に対するマーティンの「突然の」攻撃について，むしろ違った考えを見出し

た。センターに来たとき，マーティンはまず最初に入ったユニットで少し成長し，かなり落ち着いていたようだった。しかし，そこでの仲間は年上で，マーティンは学習に抵抗を示し，件の攻撃が起きたユニットに移されていた。そこでは，過去の虐待について取り組むことになっていた。A 医師の裁判所への報告書では，そのような取り組みはマーティンが要請した場合にのみ，彼が選んだ職員と，彼のペースでなされるべきだと明言されていたにもかかわらず，である。また，「ライフワーク」も試みられていた。記録には，暴言，次に他者への脅しといった出来事が記されていた。脅しは，殺すというものだった。マーティンは火事についても話すようになった。他者を傷つけるか，火で建物を破壊するというものである。あるとき，マーティンは拘束されることとなり，部屋に閉じ込められた。彼が B さんに鍵を掛けて閉じ込められて虐待されたということも，判決を待つ間に鍵を掛けて閉じ込められた際，部屋に放尿しゴミだらけにしたという報告も，忘れ去られていたようだった。彼は，壁や床，カーペットをむちゃくちゃにした。女性職員への性愛化された軽蔑的な発言は，ときに殴る蹴るも伴った。実際の攻撃は，こうしたことの積み重ねの結果のようだった。犠牲となった女性職員は，仕事を 1 週間休むほどの極めてひどい怪我をした。

　三つ目のユニットに移ってからは，職員を傷つけることを考えたり，それについて話したりもした。まったく接点のなかった教師が父親を彷彿とさせたことから，彼女を傷つけてくれたらお金を払うと他の若者に誘いをかけた。日々，一対一の特別な観察が実施され，マーティンの行動と可動性は厳しく抑制された。件の攻撃までの期間，マーティンは食事用のナイフをこっそり隠し，（自分が壊した）家具を武器に改造しようとしていた。そのときから，職員を殺すという彼の脅しは非常に深刻さを帯び，警察に通報されることになった。また，職員に性的暴行を加えるとも言い，カタログから切り取ったナイフやチェーンソーの写真を持って，長時間トイレに立てこもった。そこでマスターベーションをしていると考えられていた。自死をすると言い，浅い自傷をしたり，電気ソケットに物を突っ込み，爆発して死ねるようにとテレビに水をかけたりもした。

　これらの一連の行動は，マーティンに過去のトラウマと屈辱を思い出させ，

かつ回想させた結果としての深刻な代償不全と見るのは難しくはない。攻撃後の1カ月は，毎日暴力的な出来事があったが，綿密な監視により落ち着き，その後はさらに減少した。マーティンは毎日，付き添い人として自分を監視する人を選ぶのを許され，なんとかマーティナとの協働関係をはぐくむことができた。興味深いことに，入院のためのアセスメントを行った精神科医は，これは彼の万能感を増大させるので止めるべきだと感じた。幸運にも，職員はこれに反対した。その精神科医に対して彼は情け容赦なく全能的であり，精神科医がその背後にある不安に気がつくことは不可能だったようだ。

　カタログを使ったマスターベーションについて考えるとき，この最も低い地点で唯一彼が取ることのできる位置は，暴力的対象との同一化のようだと推論できるだろう。彼自身がパーソンズとデルマン（Parsons & Dermen, 1999）の言う加害者としての内的「理想像」になるのである。先に触れたセミナーで，あるワークショップのグループが，暴力的な人について概念化する要素を提示していた。そのリストには「人間を他者と自己として感じられないこと」（Perelberg, 1995b, p.165）が含まれていた。フェレンツィ（Ferenczi, 1933, p.163）は，「『虐待された』子どもは，機械的で従順な自動化へと変化する」と，虐待へのこうした反応を最初に警告している。

　倒錯と「人間性を失わせること」の中核的トラウマについてのクーパー（Cooper, A. M.）のコメントが思い出される。彼はそれを，人間の愛する性質，傷つきやすさ，そして予測不能性から自らを守る方略として定義し，次のように述べている。「倒錯における中核的トラウマの多くは，すべてではないにしても，危険な悪影響のあるものとして知覚された，前エディプスの母親との関係における，恐ろしく受け身的な経験である」（Cooper, 1991, p.23）。マーティンは，人間であると感じることへの危機を，執拗に思い起こさせられていたのである。彼の暴力は，本能的エネルギーを注ぐもの，そしてアイデンティティになっていた。彼の代償不全を考えるとき，精神病への防衛としての暴力について考えておかなければならず，彼の将来についても深刻に受け止めなければならない。

●マーティンとの出会い

　タウンズビルに到着する前，マーティンが私と単独で会うのか，信頼する職員と一緒に会うのか，マーティン自身に意見を求めることを提案した。彼はユニットのグループワーカーで，自分のキーワーカーでもあるマーティナを選んだ（おそらく，マーティナのグループワークでの役割が，マーティンのなかでのキーワーカーとしての彼女の役割を弱めていた）。面接は40分を少し超える程度のものだった。マーティンは私たちの存在を意識し続けており，これほどの時間の面接ができたのは感心なことだった。私たちは自己紹介をし，彼はマーティナが一緒にいていいかと尋ねた。彼は鎮静剤を投与されていた。これは，彼の破壊性に対してこの時点で取られていた方法で，A医師から勧められていた抗精神病薬の試行であるらしかった。

　マーティンは，ドアに最も近い長椅子の端に付いている肘掛けの上に座ることに決めた。マーティナがその隣に座った。私はマーティナと反対側の心地良い椅子に座った。治療環境において危険性が問題になっている場合には，患者を出口に最も近い席にしなければならない。ほとんどの暴力的な患者にとって，突然，自我を脅かされるように感じることで湧き起こる不安は，自我を守るために暴力的な反応を導く（Glasser, 1998）。したがって，出口が見えていることで，患者は攻撃をする必要がなくなり，逃げることで自我を守ることができるのである。マーティンは自分の選択に抜け目がなかった。

　言うまでもなく，この面接から明確な情報が得られることはほとんどなかったが，マーティンが知らない人（特に彼のコントロールが及ばず，ある意味で将来がかかっている人）とどのように相互交流をするのかについては，多くのことがわかった。彼は，私には刺すような視線を向けつつも，マーティナにはある程度詳細に，養父母との電話で今は家で養親と会うのを望んでいないと伝えることができた件について，話すことができた。時間をかけて話すことで，マーティンが家に帰るのを望まないのは，暴力を振るう可能性から自分のことも家族のことも守っているのだということが明らかになった。彼は電話をしている間，声の届くところにいてくれたマーティナと，「ノー」

と言う練習をしていた。電話は概ねうまくいった。養父は悲しんだが理解してくれた。しかし，後ろで養母が，どれほど彼がいなくて淋しいか，どれほど彼に会いたいかと言って，帰って来るべきだと声を上げ続けていたという。マーティンにはこれは「まったくイライラさせられる！」経験だった。彼は，その出来事を再現するなかで，言葉の暴力で養母をひどく虐待し，傷つけていた。彼がなんとか自分の言うことを聞き入れてもらおうとしたこと，そして養母は養父のようには自分の言うことを聞き入れてくれなかったことに対する怒りがあるようだと，私はコメントした。マーティンは話を止め，私をにらんで，それからマーティナのほうを向いた。養父がマーティンのニーズを聞き入れられそうである一方，養母のスタンスが，養母自身のニーズと願望にあることに私は衝撃を受けた。

　マーティンはすべての報告書で，集中力に欠けるとされていた。この面接で，彼は主題を変えるか，ほとんど乖離状態で聞いていないふりをして，考慮中の問題から話を逸らすという巧みな能力を示した。そして後から，話したことを繰り返してほしいと要求する。私はそこを生き延びるしかなかった。たとえわずかでも介入すると，彼を失ってしまうのではないかと感じていた。彼は私の前で何かを演じており，私は観客だった。その演技は，彼が対象との関係において，いかに自身の安全を保っていなければならないのかを示していた。興味深いことに，彼をサディスティックだとも攻撃的だとも感じることはなかったが，それは「攻撃性」ではなく，「防衛」について考えることから立ち現れたものだった。

　マーティンは数学の能力を誇りにしていた。このことで彼は，自分をマーティナに関連づけて，自分と彼女は同等だと彼女をからかったが，これは同一化における誇りでもあった。このような同一化は，違いを取り払い，それゆえに分離性と危険をも取り払う。彼は二人の名前が似ていることを気に入っていた。マーティンが，なぜ私がここにいるのかわからないと言い張ったとき，私が彼に，自分が大人のなすがままであるように感じているのだろうと言うと，彼は同意した。結局，彼は強い情動を認めることはなかった。センター閉鎖の悲しみについての私のコメントは，これまでに悲しみを感じたことなどないという否認を引き出した。それは弱さからの否認ではなく，

圧倒されてしまうため，むしろ感情を排除する必要からだった。

　マーティンのマーティナとの同一化は，付着のように思われるかもしれない。グラッサー（Glasser, 1996a）の言う，欺きの「真似」のようにも，真のあるいは偽りの自己の領域に位置しているようにも見えなかった。確かに，分離と親密性の問題は重要である。マーティンの理想の追求は，ほとんどグラッサー（Glasser, 1996b）の言う「コア・コンプレックス」の悪循環にある関係性との融合ではないかと思う。マーティンが理想の関係性を求めるのは，違いと分離性を切り捨てる方法だと考えることも必要である。違いと分離性は危害をもたらし，危険だからである。同じであることはまた，考える必要を排除する。つまり，同じだからわかっているということである。

精神分析的理解が提供するもの

　私たちが，実際に虐待を受けた子どもたちのことを理解していると彼らが感じられるためには，彼らが経験していることを経験させられることが必要である。これは，子どもとの間ではよく起きることで，私たちは臨床場面でこれを言葉にして伝えることには慣れている。熟練した専門家の大人にとっても，その出来事が圧倒的で，そのストレスフルな経験の激しさを和らげるものが何もないようなときには，何であれ提供するものは十分ではないだろう。マーティンの場合，マーティナとの合同面接を計画することで，私自身の不安を扱うプロセスが重要だったと考えている。私にとっては，扱うことができ，考えることのできることのみを引き受けるという必要もあった。私の同僚が記録を読みこなす時間を取ったのも，同じことである。つまり，手に入る情報を整理して，その若者の生育歴とトラウマの文脈に落とし込むだけの時間が必要だということである。私たちが提供するのは何よりもまず，職員の理解に別の視点を加えることであり，専門家の答えではない。私たちが共に考え，そこで熟慮したことを要約した報告を提供するのである。

　さらに，私がマーティンに会う気になれなかったという，当初の問題がある。それは，アセスメントの問題からあまりにもかけ離れているか，あまりにも侵入的だということに内包されている。暴力的な若者との仕事では，逆

転移は鍵となるツールである。私の逆転移反応は私に属するものだという感覚でもあり，分析家と患者の両方が共に作り出すものでもある（Heimann, 1959/60）。後者のように考えると，主眼点は，単に私が扱えると感じるものから，マーティンが不安と直面して自分が扱えると感じるかもしれないものへと移る。そのため，どのように会うのかを選ぶよう彼に勧めたのである。転換点は，技法ではよくあることだが，「私を攻撃する」と考えることから，「不安で私に対して防衛する必要がある」であった。このことは，センターのチームにとって重要な情報であった。

　チームとの議論に続いて，報告書が求められる。これは，扱うことのできるペースで，精神分析的洞察を消化するのを可能にし，また，伝えられたことを明確にするのを助けてくれる。不安なとき，話し言葉は間違って聞き取られ，理解される可能性がある。マーティンのような若者に関しては，メッセージが明快であることが重要である。わかりやすく，用いることができ，理解できるために，精神分析的洞察を翻訳する。アドバイスは，それを受け取る人にとって意味がなければならないのである。以下に，その主な内容を要約する。

(1) マーティンにはこれから数年間，施錠された環境が必要である。彼には，他者に危害を加える危険があり，自身にも危害を加える危険があることを示すような行為が増すだろう（これが率直すぎることは承知しているが，複雑な事例においてはあいまいにするのは得策ではない）。

(2) 他者と近く，親密な関係を築いたときにマーティンの危険度は上がる。放火は，養家に落ち着き，そこから逃れたいという感覚を持ったときに始まっている。職員への攻撃は，良好で近い関係が築かれたときに起きている。職員はこうしたリスクに気づかなければならない。彼には，暴力的なやり方で，過度に近い感覚から自分を守る必要がある。親密さを必要とし，次にその影響を恐れるというサイクルの罠にはまってしまうのである。過去に，人間の幼い男の子としてのアイデンティティを失い，ひどく虐待されたことも影響を与

えている。職員がマーティンの機能のこの側面を扱うことができるよう援助するためには，良いコンサルテーションが必要である。

(3) 幼少期の経験を探索するプログラムを提供するのは，得策ではない。A医師は，そのような作業はどんなものでも，マーティンのペースで，彼の話す必要に応じてなされるべきだと強調しているが，私もこれに同意する。これまで彼は，そのために2人の大人を選んでいる。養父と現在のキーワーカーのマーティナである。しかし，これは強制されるべきではない。記憶は圧倒的かつ屈辱的で，彼がそこらから自分を守る唯一の方法は，今のところ暴力である。マーティンは，自分のタイミングで，自分に合った相手を選ぶだろう。いつでもそこにいられるようにしておくことは，親密さの危険を認知し，面接のタイミングを合わせ，コンサルテーションを設けられるようにしておくことと同じく，重要だろう。

(4) 管理職は，マーティンの機能を俯瞰的に見なければならない。チームは，日々，彼が「そこに居続けること」を詳細に気にとめ，情報と責任を共有しなければならない。これは，マーティンの成長のためだけではなく，職員の安全のためにも不可欠である。マーティンの生育歴は，職員に周知されていなければならない。過去の暴力のエスカレートは予測でき，このこととも直接関係する。

(5) マーティンと良い関係を育ててきた職員は，センターの閉鎖による彼の見捨てられ感や怒りの感情と，このような感情を職員（特に彼が親近感を感じている女性）や彼自身，そして建物に対して行動化する潜在性に注意を払っておくことが重要だろう。情動表現の困難さのために，彼が問題に対して何の感情も持ち合わせていないと考えるようなことにはならないようにするべきである。

(6) マーティンにはセラピーが提供されなければならない。セラピーでは，彼の心理的発達における欠損と，「自我機能」，あるいは自己感覚を強めることに焦点を当てるべきである。それは，長く，とてもゆっくりとしたものになるだろう。セラピストの柔軟性が必要不可欠である。また，面接の長さとタイミングについての柔軟性も不可

欠だろう。マーティンが自分でペースをコントロールできると感じられるよう，また十分に安心して情緒とその状態に接近できると感じられるようにしなければならない。マーティンとこのことを話し合わなければ，彼はそれを歪んだコントロールに変えてしまうかもしれない。男性のセラピストのほうが良いだろう。

(7) 教育はマーティンにとって問題の領域である。集中力の欠如は，おそらくは何らかの障害のためではないだろう（しかし，神経学的検査は推奨する。何も見逃したくないからである）。マーティンのような若者にとって，考えることは，幼少期の記憶を思い出すことやフラッシュバックと同等のものと見なされがちである。彼は心の中に浮かぶことに圧倒され，そのため「スイッチを切る」。脱感作アプローチが探索されてもよいだろう。彼は抽象的なレベルの素材を比較的容易に扱うことができるので，数学，コンピューターやITのような領域に焦点を当てることが助けになるかもしれない。

(8) 記録からは，マーティンの暴力は，放火のときもそうであったように，エスカレートするパターンを示すようである。彼の情緒状態を詳しく記すことで，どんなパターンもできるだけ早く見つけなければならない。さもないと，彼は暴力を増強させる。そのような行為が認められたときは，不安やその不安の高まりを周囲が認識していることがマーティンにわかるようにし，彼が役に立つと感じられる計画に彼を巻き込まねばならない。彼の不安のレベルの変化について注意を喚起する際は，屈辱を与えることなく，おそらく前もって同意しておいた言語形態（シグナル）を選ぶといった注意深さが重要である。

(9) このことは，彼が情緒状態を認識できないこととも関連する。今のところ，強い感情はどんなものでも単に圧倒されるものとして経験され，それを扱う唯一のレパートリーは，暴力的になって自分を守ることである。情動に名前をつけるということに，ゆっくりと取り組まなくてはならない。たとえば，「それはイライラするに違いないね」，あるいは「それは嬉しかったね」と，幼い子どもに対する

ように，コントロールを身につける最初のステップとしてである。
ここでも，注意深い言葉選びが大切である。感情は，名づけられ，
認識されなければ（彼には，圧倒されて初めて感情を認識する以外
に術がない），膨大で恐ろしく，自己を出て外の世界へと移ってい
くしかないのである。

(10) 今のところ，養家族と距離を置くのを頼む手伝いをしてくれたこ
とで，マーティンはマーティナに感謝している。このことは重要
である。なぜなら，親密性が自分にとって複雑な問題であり，自
分が暴力を振るう可能性から養家族を守る一つの方法を，初めて
認識したようだからである。彼は聞き入れられたとも感じた。養
家族とのコンタクトについて考えるときに，このことを心に留め
ておくことは必須である。私たちはコンタクトを「良いこと」だ
ととらえがちだが，親密性が暴力の原因となるような場合には，
必ずしもそうとは限らない。マーティンの言うことを聞くという
ケアが求められる。養家族がこのコア・コンプレックスという中
心的な問題を理解するよう，援助するのも重要である。マーティ
ンの養母は特に，彼との関わり方と，消耗せずに面倒を見る方法
をよく考える時間を与えられる必要がある。

まとめ

　これは，とても難しい少年と，彼の将来を心配し，悩む人たちの物語であ
る。不可能だと思われる多くの子どもにとって，心理療法は，推奨される介
入リストのはるか下のほうにある。私たちは，自分たちの持つスキルについ
ての万能感，つまりどのような事例も扱うことができなければならないとい
う感覚によって，自らを罰してしまうことがある。ときには，ある特定の状
況では，薄められたかたちでの他の介入がより適切な選択であろう。しかし，
精神分析は，こうした行為の源の理解やアプローチについて，コンサルテー
ションと，考え，内省するためのスペースを創ることで，非常に多くを提供
できる。精神分析は，内的世界とその外的世界への影響を見るための，何も

のにも劣らないプリズムである。そして，特定の事例を扱いたいと思えない
ときや，不安に直面して考えるための能力を維持できないような場合には，
お互いに異なる役割を取ることを認め，これを失敗ではなく，創造的な反応
であると見るようにしなければならない。

【文献】

Boswell, G. (1997) 'The backgrounds of violent young offenders: the present picture', in V. Varma (ed.) *Violence in Children and Adolescents*, London: Jessica Kingsley Publishers.

Campbell, D. (1994) 'Breaching the shame shield: thoughts on the assessment of adolescent sexual abusers', *Journal of Child Psychotherapy* 20, 3: 309–326.

Cooper, A.M. (1991) 'The unconscious core of perversion', in G. Fogel and W. Myers (eds) *Perversions and Near-Perversions in Clinical Practice – New Psychoanalytic Perspectives*, New Haven and London: Yale University Press.

Edgcumbe, R. (1971) 'A consideration of the meaning of certain types of aggressive behaviour', *British Journal of Medical Psychology* 44, 4: 373–378.

Ferenczi, S. (1933) 'On the confusion of tongues between adults and the child', in S. Ferenczi *Final Contributions to the Problems and Methods of Psychoanalysis*, New York: Basic Books.

Freud, A. (1947) 'Aggression in relation to emotional development: normal and pathological', *The Psychoanalytic Study of the Child*, Vol. 3–4, New York: International Universities Press.

Freud, A. (1968) 'Identification with the aggressor', in A. Freud *The Ego and the Mechanisms of Defence*, London: Hogarth Press.

Freud, S. (1916) 'Some character types met with in psychoanalytic work III Criminals from a sense of guilt', *SE 14*, London: Hogarth Press.

Glasser, M. (1996a) 'The assessment and management of dangerousness: the psychoanalytical contribution', *Journal of Forensic Psychiatry* 7, 2: 271–283.

Glasser, M. (1996b) 'Aggression and sadism in the perversions', in I. Rosen (ed.) *Sexual Deviation*, 3rd edn, Oxford: Oxford University Press.

Glasser, M. (1998) 'On violence: a preliminary communication', *International Journal of Psychoanalysis* 79, 5: 887–902.

Heimann, P. (1959/60) 'Counter-transference', in M. Tonnesmann (ed.) (1989) *About Children and Children-No-Longer – Collected Papers 1942–80 Paula Heimann*, London and New York: Routledge.

Hurry, A. (1998) *Psychoanalysis and Developmental Therapy*, London: Karnac.

Hyatt Williams, A. (1997) 'Violence in adolescence', in V. Varma (ed.) *Violence in Children and Adolescents*, London: Jessica Kingsley Publishers.

Parsons, M. and Dermen, S. (1999) 'The violent child and adolescent', in M. Lanyado and A. Horne (eds) *The Handbook of Child and Adolescent Psycho-*

therapy: Psychoanalytic Approaches, London and New York: Routledge.

Perelberg, R.J. (1995a) 'Violence in children and young adults: a review of the literature and some new formulations', *Bulletin of the Anna Freud Centre* 18: 89–122.

Perelberg, R.J. (1995b) 'Report on the colloquium', *Bulletin of the Anna Freud Centre* 18: 165–167.

Sinason, V. (1996) 'From abused to abusing', in C. Cordess and M. Cox (eds) *Forensic Psychotherapy: Crime, Psychodynamics and the Offender Patient, Vol. II: Mainly Practice*, London: Jessica Kingsley Publishers.

【邦訳文献】

Freud, A.（1968）'Identification with the aggressor', in A. Freud The Ego and the Mechanisms of Defence, London: Hogarth Press./［外林大作訳（1985）自我と防衛. 誠信書房］

Freud, S.（1916）'Some character types met with in psychoanalytic work Ⅲ Criminals from a sense of guilt', ES 14, London: Hogarth Press./［三谷研爾訳（2010）精神分析作業で現れる若干の性格類型. 鷲田清一編　フロイト全集 16　1916-19 年　処女性のタブー／子供がぶたれる. 岩波書店］

Parsons, M. & Dermen, S.（1999）'The violent child and adolescent', in M. Lanyado and A. Horne（eds）*The Handbook of Child and Adolescent Psychotherapy*: *Psychoanalytic Approaches*, London and New York: Routledge./［平井正三・脇谷順子・鵜飼奈津子監訳. NPO 法人子どもの心理療法支援会訳（2013）児童青年心理療法ハンドブック. 創元社］

第Ⅲ部・・・・・・・・・・・・・・・・・
コンサルテーションとその先

第 10 章　アンダー・ファイブ・サービスへの コンサルテーション

ソフィー・ロブソン（Sophie Robson）

——————————————◆◆◆

　私は，見慣れた明るいピンクの壁に囲まれた 20 世紀初頭の建物の中の，とある地域クリニックにいる。上の階は歯科で，下の階が GP クリニック。隣の部屋では，赤ん坊が硬く冷たい体重計に乗せられては泣き叫んでいる。母親が保健師と話しながら新しい世界を知ろうとする傍らで，暖かく包まれて寝かされている赤ん坊もいる。私は，どこにでもあるこのような体重計の傍に立つディリス・ドーズを思い，子どもの心理療法士がどれだけ彼女と同じようなことをしたいと切望してきたのかを思った（Daws, 1985）。

　しかし，今日は，保健，教育，そしてソーシャルサービスの管理職らに，アンダー・ファイブ・サービスを公式なものにすること，ミッション・ステートメントを超えて「連携」できるサービスが実際に存在するべきだということに気づくこと，そのためにも，私たちのサービスがさらなる予算カットから守られるべきだということを力強く訴えるために，息が止まるような希望を抱いて会議を招集していた。意気消沈するような日ではない。

　子どもと若者サービス・ファミリー・センターのソーシャルワーカー，教育心理士，地方教育局（local education authority：LEA）からは行動支援の教師，精神科看護師，心理士，子ども・思春期精神保健サービス（CAMHS）の統合的心理療法士と子どもの心理療法士，一次医療トラスト（Primary Care Trust：PCT）の保健師，ペアレンティング・プログラムの保育士といった，中核的チームの全員が出席していた。子どもの心理療法士と共に，ペアレンティング・プログラムを確立させるのに尽力した保健師が，会議の議長を務める。

　私が活動するアンダー・ファイブ・サービスは，コンサルテーションを通

じて，この保健師と CAMHS の子どもの心理療法長による，豊かで創造的
な空間から生まれたものである。初期のコンサルテーションと，長年にわた
る関係，すなわち，異なる考えと専門知識を持って共に考えることで，より
深い理解が得られるという互いの専門性への敬意と信頼が，「良い対象」を
このアンダー・ファイブ・チームに与えてくれた。それは，クライエントと
私たちの双方が「そこに居続ける」(Winnicott, 1960, p.54) ことのできる
安心感を求めるよう駆り立てるものである。最近の予算カットにより，現在
危機にさらされているのは，このサービスである。

　『オックスフォード・クラレンドン出版辞典』(1924 年刊) は，「相談する
こと」の定義を，「助言を受け，(人または本) から情報やアドバイスを求め
る (人の感情や興味) を考慮し，それに対してベストを尽くすこと」だとし
ている。これをアンダー・ファイブ・サービスに適用する際に特に役立つの
は，私たちが紹介されてきた子ども，親，そして養育者に変化をもたらすこ
とができるよう，最善を尽くすために協力するということを明確に示すこと
である。私たちは，直接の面接，あるいはその子どもと家族に関わる専門家
とのコンサルテーションを通じて，援助を提供している。

● 運用の実際

　私たちのアンダー・ファイブ・サービスチーム (全国各地でその形態は異
なる) は，CAMHS の子どもの心理療法士長主導のもと，2 週間に 1 回，2
時間ずつ集まっている。会議の前半は紹介事例を取り上げる。現在，アン
ダー・ファイブ・サービスへの紹介方法は単一ではなく，その手続きは発展
途上にある。5 歳以下の子どもはまず，病院，小児科医，保健師，学校，子
どもと若者サービス (ソーシャルケア) を通じて，PCT，CAMHS，子ども
と若者サービス，そして LEA といった，いくつかの異なる機関に紹介される。
　各機関の体制は異なり，援助を受けるまでには待機時間がある。そのため，
紹介者によっては子どもと家族へのサポートを何としても引き出したいとい
う不安から，一度に複数の機関に紹介することもある。CAMHS への紹介を
受け入れられた 5 歳以下の子どもは皆，アンダー・ファイブ・チームでアセ

スメントを受ける。紹介が受理されると，特定の機関に対して守秘をしてほしいのか，あるいはアンダー・ファイブ・チーム全体で検討してもよいのかをクライエントに確かめるために，煩雑なチェックを行う。ほとんどの家族は，自らの困難を異なる専門家が共に考えてくれることが支えになり，助けになると感じるが，ごく稀に，とても迫害的に感じる家族もいる。

　どのような介入が家族のニーズに最も合っているのかをチームが共に考え，私たちが提供できるものとは異なるアプローチが必要だと決定されることもある。これには機関間での紹介が必要になることがあり，その場合は，チーム内で素早く効率的に進める。ときに，二つの機関が一つの事例に協働であたることもある。たとえば，CAMHS の臨床家が親が子どもの情緒的，行動的ニーズをより良く理解できるようになるための援助をする一方で，教育心理士が学校で子どもにプレイセラピーを行うといったことである。

　会議の後半は事例検討を行う。経験上，子どもがあるサービスから他のサービスに移ることでコンテインされないということにはならないよう確認しつつ，チームはこれを家族の耐えがたい困難が耐えられるものになる過程だと認識する。この考え方は，子どもの心理療法士の理論的枠組みによって促進される。特に高い評価を得ているのは，ワーキンググループ内での専門家間の逆転移経験の探求である。チームの保健師の 1 人が最近，これらの会議が，自分が担当している家族について広く考えるだけではなく，深く考えるための，めったにない機会を与えてくれると発言していた。

過去からの反響を，現在，認識すること

　精神分析的心理療法士は長年，相談室で子どもと親の両方を一緒にみてきた（Burlingham & Freud, 1944; Winnicott, 1971; Fraiberg et al., 1975; Lebovici, 1975; Daws, 1989; Hopkins, 1992; Stern, 1995; Szur & Miller, 1991; Cramer, 2000; Onions, 2009）。親が乳児の早期のコミュニケーションの形態を，迫害的で圧倒的なものとして経験するかもしれないことを理解し，この非難の網のもつれをほどくのを助けるために，短期あるいは長期の親-子心理療法を提供する。関係のなかにポジティブな性質を築くこと（Hopkins,

1992)，子どもの発達的力を最大限に活かし（Hurry, 1998），そして高められた親の感受性と意欲を，この新しく始まったばかりの関係に変化をもたらすために用いようと努力する（Furman, 1995）。オナイオンズは，自身が行う親–乳児面接は，精神分析理論，アタッチメント理論，神経科学と行動的見解に基づくものだと述べている（Onions, 2009）。

　親–乳児心理療法は，子どもの心理療法士の臨床的スキルを役立たせるものとして，オックスフォード親–乳児プロジェクト（Parent-Infant Project：PIP），タビストック・クリニックのアンダー・ファイブ・サービス，アンナ・フロイト・センターの PIP（Baradon et al., 2005），キャッセル（Dowling, 2006），そして親–乳児クリニック（Acquarone, 2004）といった機関や組織において広がりを見せている。CAMHS のより広いコミュニティでは，産前産後サービスや保育所，そして幼児グループで，子どもの心理療法士が親–乳児心理療法や 5 歳以下との面接を通して，興味深く画期的な治療を展開している（詳細は Douglas & Brennan, 2004; Pozzi-Monzo, 2007 参照）。

　現在に繰り返される過去について認識する子どもの心理療法士の訓練は，アンダー・ファイブ・チームの面接が，世代間の関係が現在の生活を支えもすれば，絶えずそれにつきまとわれもするという理解のもと（Fraiberg et al., 1975），親と子に会うことを基本にしている。子どもの発達的ニーズについての知識と，転移–逆転移関係の理解とともに，親と子どもの内的世界の間の関係性を理解することこそが，チームの隔週のミーティングにおける専門家間のコンサルテーションで用いられる考え方である。子どもの心理療法士のさまざまな臨床実践と経験，さらにコンサルテーションでの継続的なやり取りが，子どもの情緒的，発達的ニーズを仕事の核として，アンダー・ファイブの組織のスピリットを保つのである。

　この仕事によって同僚らのアセスメントや治療的スキルが磨かれるように，子どもの心理療法士は専門家の同僚と共に行うコンサルテーションを通して，外的環境が子どもの内的世界に与える影響について学び続ける。精神分析の実践家が相談室から出て，子どもの日常生活に入っていくことの奥深い重要性は，長年にわたる伝統にある。アンナ・フロイトには，第二次世界大戦中のハムステッド戦時保育所での仕事から，残酷な外的環境が子どもに

与える影響は明らかだった（Freud, 1973）。ウィニコットの理論は，数々の関連領域の専門家に対する講義とともに，長年，ウェル・ベイビー・クリニックでの小児科医としての経験を通して，子どもの内的世界に対する剥奪，貧困，そして親の精神保健の影響についての理解に大きく影響を受けたものである（Winnicott, 1960）。コンサルテーションでは，子どもの心理療法士には，双面神のような性質の考え方，時の流れを前向きにも後ろ向きにも見る力，そして同時に，子どもの世界の内的関係性と外的関係性のなかで内向きにも外向きにも見る力が求められる。精神分析的知識に基づくコンサルテーションは，内省のためのスペース，他者のニーズからくるパニックに抵抗するスペース，そして組織とネットワークの内部の関係性と，それを超えたところで出会う困難について，より良い理解を得るために，深く考えるためのスペースを提供するものである。

コンサルテーションという心の構えでいること

　私たちのアンダー・ファイブ・サービスでは，子どもの世界をポジティブに変えようとするためのそれぞれの方法に，互いに真に尊敬の念を持ち，「コンサルテーションという心の構え」のもとに会議を行う。そこで，私たちが出会う子どもとその養育者について共に考える。こうした会議では，子どもの心理療法士は，どのような無意識の過程がこの土俵に持ち込まれているのかに注意を払う。たとえば，以下のようなことである。

・家族の防衛（分裂や投影）がネットワーク内で破壊的に起こること。
・状況の全体的な視点を犠牲にして，実践家が家族の誰か一人と同一化すること。
・親あるいは子どもから，実践家の転移と逆転移が喚起されること。

　子どもの心理療法士は，親あるいは子どもの内的状態に注意を払っておくために，実践家がこれらの感情をオープンに活かし，理解するのを促し，それを面接のための情報にする。無用さ，拒否，反発，あるいは考えることが

できないといった感情はすべてよくある経験で，話し合いを通して，それらがたいていクライエントからの非言語的コミュニケーションであり，これは彼ら自身の絶望的な状態と，他者がどう関係してくれるのかという期待によるものだということがわかるようになる。

　チーム会議は，考えが豊かになりうる場である。子どもの心理療法士長のチームリーダーは，会議が空間的にも時間的にも，守秘の観点からも，そして「答えは必ずしも解決ではない」という信念など，精神分析的設定の安全性に支えられていることを保証する。精神分析的思考はそのなかで，強力な情緒に耐えるための枠を提供する（Trowell & Bower, 1995）。この過程が，クライエントの非常に複雑な社会的，教育的，心理的，そして医療的ニーズに対する多機関の理解と組み合わされる。家族によっては，短期間でも一つのサービスが関わることで，必要な転換がもたらされることが認識されている。しかし，より長期のサービスが必要な家族もある。一つの短期間のサービスでは十分ではない家族の場合には，チームが注意深く異なるサービスを進めつつ，より持続的に長期間にわたって他機関による支援を提供することもある。どのように子どもと家族の援助を進める決断をしたにせよ，アンダー・ファイブの実践家は，その苦闘を共有するために，何度でもコンサルテーションに戻ってきていいのだと考えている。望むような進展が見られないときには，別の「入港口」（Stern, 1995）のほうがその家族とよりかみ合うのかどうか，チームが考えてくれるということが了解されているのである。

　異なる機関や異なる専門家と会うことも，CAMHS のワーカーの日常の一部である。家族が親–子心理療法的アプローチから利益を得られるとチームが認め，かつ子どもの心理療法士のコンサルテーション的な役割が，いかに親と子の世界についての異なる考え方を提供するのかを示す，アンダー・ファイブ・サービスに紹介されてきた三つの事例を記述する。一つ目の事例は，特別支援保育所での1回のみの短いコンサルテーションから，セラピストと保育所との間に新たなコンサルテーション関係が始まったことを示すものである。二つ目は，子どもと若者サービスで継続中のコンサルテーション過程，そして三つ目は，長期にわたり多機関を巻き込んだ多面的コンサルテーションの過程である。

事 例

● 鉄道線路とブラックホール ●

　アンダー・ファイブ・チームのコンサルテーションのポジティブな結果が，すぐに劇的に現れることがある。同僚の子どもの心理療法士と私は，クリニックで，自閉症の男の子，ダンの両親から相談を受けた。その後，ダンの保育所での行動について理解するために，私たちからアドバイスを得ることを，両親が保育所に勧めた。この保育所は，地方自治体の特別支援保育所で，経験豊富で思いやりのある職員がいる。午前か午後のいずれか半日，最多で5人までの子どもが通っている。この集団に対して1人の教師と1人の保育士が関わる。すでに多くの子どもが自閉症，あるいは広汎性発達障害の診断を受けているため，子どもたちのほとんどが，ほぼ言葉のない状態でやって来る。彼らの行動からは，彼らが存在するこの世界での苦痛と奥深い混乱が伝わってくる。多くの子どもにとっては，ここが親から離れる初めての経験になる。保育所はかなり構造化された予測可能な環境で，子どものために一貫した境界設定を設けており，子どもが自分のニーズを職員に伝えるのを促すための努力が行われている。

　保育所の職員は，ダンがなぜその先にトイレがある教室のドアのところで「ノー！」と叫んで立ちつくすのかを，理解するための助けを求めていた。いったんトイレの個室に着いてしまえば，大丈夫なのである。この訪問の前日に私は，自閉症ではないが自閉的防衛を示す，トラウマを負った小さな男の子に会っていた。彼は電車と線路にいくらでも時間を費やすことができる。電車は休むことなく動いているのだと言う。もし電車が止まったらどうなるのか尋ねると，彼は，私がそんなことも知らないのが信じられないという様子で目を見開き，電車は線路から外れてブラックホールに落ちてしまうのだと断言した。逆転移から，これは彼が抱える深い恐怖だと理解することができた。その同じ週には，小さな女の子が指人形で遊びながら，キリンが大きな穴にどんどん落ちていくのだと話していた。この女の子の治療中，私はタス

ティンの書いていたことのすばらしさがわかった。子どもの心理療法士の
スーパーヴィジョンと，自閉症の子どもとの仕事の長きにわたる経験からタ
スティンは，子どもが底なしの穴に果てしなく落ちていくという恐ろしい経
験に，再三再四遭遇してきたのである（Tustin, 1992）。今，保育所でダン
がドアのところで恐怖に立ちすくみ，叫ぶ姿を見たことで，これらの子ども
の「ブラックホール」のことが頭に浮かんだ。おそらくダンも，教室の安全
性とトイレの安心感との間に，恐ろしく深い裂け目を経験していたのかもし
れない。私は，これがダンの体験かもしれないことと，保育所はこの恐ろし
い空間を越えるための橋を用意する方法を考えられるのではないか説明し
た。教師らは解決策を編み出し，ダンは難なくトイレに行くために教室を離
れられるようになった。

　　ポール・ヴァン・ヒーズウィックは，以下のように記述している。

　　　一次精神保健において子どもの心理療法士ができる特定の貢献は，子
　　どもの不可解な行動，あるいは症候学の領域に対する姿勢にある。私が
　　ここで考えているのは，子どもの示す困難が，純粋に子どものみの個人
　　的要因でもなければ，親の側の困難に対する理解可能な反応でもなく，
　　また問題が家族にとって明らかに何らかの機能を果たしているようでも
　　ない事例のことである。　　　　　　　　　（Van Heeswyk, 2005, p.259）

　このコンサルテーションは，この子どもの内的世界についてのある特有の
視点を提供したが，保育所の職員の想像力豊かな教育的思考と組み合わさる
ことで，実際にこの男の子に安全な通路をもたらすことができた。この最初
のコンサルテーション以来，保育所の教師と保育士には，学期ごとに会って
いる。多くの子どもが非言語か，あるいは自分自身を表現するのに深刻な困
難を抱えている。そのため，逆転移を通して，子どもが伝えようとしている
感情について職員が思いをめぐらすのを助けることが，通常にも増してより
適切なのだと言える。コンサルテーションの重要な側面は，職員が「子ども
の情緒的要求……とともに，組織の圧力についても内省する」のを助けるこ

とである（Wilson, 2003, p.223）。

　保育所の教師が子どもとの新しい向き合い方について考えるための空間を求めていたコンサルテーションでは，これが特に適切だった。教師と保育士は，身体接触を伴う早期幼児期のゲームをもとに，子どもとの一対一の遊びを提供していた。そこには，子どもに自分と他者との間のスペースの関係性や，それを調節する新たな方法を学ぶ機会を与えるという考えがあった。職員が驚いたことには，すべての子どもがこの活動にとても夢中になった。子ども1人に対して週3回のセッションを提供していたが，これは子どもにとっては決して十分ではないようだった。時間に限りがあるので，職員は機会があれば3回目のセッションを入れていたが，あまりにも疲れ果てており，これが負担になり始めていた。子どもに新たな発達的対象を提供する際に彼らが担う役割について，そしてこの新たな関係に対する子どもの渇望がいかに情緒的インパクトを与えているのかについて，私たちは共に考えた（Hurry, 1998）。子どもの心理療法士に内省と情緒を消化するスペースを与えてくれるスーパーヴィジョンがあるように，職員もこれらのセッションについてお互いに内省するために，週1回のピアスーパーヴィジョンを設けてもよいのではないかと考えた。

　心理療法的枠組みをセッションの時間調整に用いることで，子どもの「もっと欲しい」という気持ちをうまく扱い，否定されたという拒絶に苦しまなくてもよいようにするにはどうすればよいのか，私たちは検討した。子どもの心理療法のセッションの正確な時間調整の原則に基づいて，子どもが登園日のリズムのなかで自分のセッションの日時を正確に把握することができるなら，この一貫した予測可能な構造を子どもが内在化し始めることができるかもしれないと考えた。これは，一定の対象の感覚，そして何か良いものを待ち，期待をするという概念を発達させる助けになるだろう。職員が，この待つということがいかにつらく感じられるのかを言語化することによって，さらに子どもを援助することになると，私たちは合意した。これを子どもにとっての重要な経験だと認識することで，職員は3回目のセッションをやめることができた。こうして負担を軽くすることができたことで，皆にとってセッションがより楽しめるものになったのである。

　私にとって，保育所の環境を観察し，その一部になれたことは，とても勉強になり，やりがいのあることだった。子どもが自分の世界を探求するために，子どもと関係を持ち，誘いかけるこの保育所の創造的な考えが，私の子どもの発達に対する理解を広げ，それがまた他の専門家や親に対して私が提供できる援助と支援を豊かにしてくれるのである。

● 誰が私を受けとめてくれるの ●

　次の事例では，母−乳児の関係および子どもの情緒発達に与える母親の心の状態についての子どもの心理療法士の中核的理解が，コンサルテーションの役割の中心になっている。ドーズは，GP に対するコンサルテーションにおいて，子どもの心理療法士が直面する挑戦を次のように適確に表現している。「このような設定で子どもの心理療法士がコンサルテーションを進めるうえでの問題のひとつは，いつ，不安のレベルを喚起し，いつ，鎮める助けをするのが適切なのかを決めることである」(Daws, 1995, p.66)。この事例は，子どもと若者サービスに関わるある家族についてのコンサルテーションにおいて，子どもの心理療法士の直接の面接が，まさに不安を喚起したり鎮めたりするプロセスを知るうえで，いかに重要だったのかを探求するものである。

　セラピーセッションで，ホリーは 3 歳児の持てるすべての力を振り絞って，プラスチックのママ人形と動物の赤ん坊を投げつけていた。母親のサラは，ホリーの父親との間で直面している困難について詳しく話していた。彼女の声は疲れきって絶望的になっていった。この親−子面接を行っていた同僚の子どもの心理療法士は，ホリーがどれほど途方に暮れてママの心の中から放り出されたように感じているのかを，ママに見せているのかもしれないと，思いをめぐらせた。サラはホリーのほうを向き，彼女の言うことを聞いていなくて悪かったと思っていると言い，膝まずいた。ホリーは人形の家のクッションを二つ持ってきて，並べて床に置き，「ママ，横になって寝て」と命令した。サラは身体を丸め，ホリーは彼女の身体に自分の身体を沿わせた。彼女は突然跳び上がり，動物を寄せ集めた。赤ん坊の一つがなくなって

いることに気づき，注意深く探した。ホリーはその赤ん坊を取り戻し，ゆり
かごのように動物たちを抱きながら，母親の腕の中に戻って寄り添った。平
和な静けさがあり，ホリーとサラは一体化した母─子の親密さに包まれてい
た。

　9カ月前，私たちはひとり親であるサラに，ホリーが受けとめ，抱えられ
る経験をするための方法を探そうとしているのだということを，ためらいな
がら示唆した。そのときのサラは，ホリーに共感する力よりも自身の痛みが
限界を超えてあふれてしまい，「それはいいけど，私のことは誰が受けとめ
てくれるの？」と言い返すことしかできなかった。ホリーとサラとのセッショ
ンは，ホリーの身体的安全と情緒的ウェルビーイングについて，非常に警戒
させられるものだった。社会的養護とのコンサルテーション会議では，ホリー
が負う情緒的虐待と，このことがすでにはっきりとホリーの行動に現れてい
ることに注目するのが重要だった。数カ月後，サラはホリーを社会的養護に
託した。
　子どもと若者サービス，CAMHS，成人精神保健サービスと，サラの保健
師のネットワークが，ホリーとサラの関係性の健康的な部分について話し合
い彼らを守るために惜しみなく動いた。サラは，ホリーの母親になることに
失敗したと，どうしようもない恥を感じていた。私たちは，サラとソーシャ
ルケアの両方に，ホリーを見捨てるよりむしろ，サラがあの時点ではホリー
のニーズに応えることができないことを認め，助けを求めたことが，ホリー
にとっていかに大切だったかと指摘した。サラは保護的にふるまったのであ
る。サラは，ホリーが赤ん坊の頃から極度のうつに悩まされていたが，それ
がホリーの自己保存的で破壊的な行動の原因だとは認めることができないで
いた。何度も何度も，サラは自分がいかに良い母親だったのかを私たちに話
した。
　あるセッションで私たちは，サラとホリーの間には，痛み，怒り，そして
恨みの海があり，そのせいでサラはホリーに手を差し伸べることができない
でいること，そして，良い母親になれるものならなっていただろうと話した。
しかし，この時点では，彼女自身の心の状態のためにそれができないのだ，と。

これがサラのなかの恥を軽減したようで，成人精神保健サービスの支援を受ける必要性を理解するのを助けたようだった。子どもと若者サービスとのコンサルテーションでは，サラの母親としての不適格さについて表現する際に，この同じフレーズを使った。私たちは，ホリーとサラの関係を支えるいくつもの方法を共に考え始めることができた。この仕事の中心には，サラとホリー両者の情緒的ウェルビーイングを置くことになった。

　今では，サラがホリーを受けとめ，自分の心の中にとどめたがっていることは，ホリーとサラの親–子心理療法のセッションから明らかである。私のコンサルテーションの役割は，ホリーをサラのもとに帰すことをめぐる考えをサポートすることだった。ホリーを自宅に帰す計画を注意深く練るために，私は，ソーシャルワーカー，サラ，保健師，ホリーの里親，そして保育所の教師に加わった。サラが圧倒されることなく，ホリーとの時間を過ごすことができ，確かにポジティブに感じられることが必須だった。成人精神保健サービス，CAMHS と子どもと若者サービスは，この家族を引き続き支援している。この仕事の経験は，ラニヤードの見解とも共鳴する。

> 　子どもを取り巻く大人のこうした作業同盟は……子どものことを構造的に「抱え holding」，考え，助けるために仕事をする親カップル，あるいはネットワークを作ることを目的にする必要がある。問題を抱えた子どもをめぐる作業同盟が，分裂と対極化を避けるために苦闘するとき，その結果は子どもにとって，生活のなかで鍵となる大人たちの心の中に存在し，感じてもらい，情緒的に抱えてもらうという，とてもポジティブな経験である。
> 　　　　　　　　　　　　　　　　　　　　　（Lanyado, 2006, p.219）

　サラとホリーの事例では，ほかの多くの壊れやすい家族と同様に，取り返しのつかない崩壊を防げられたのだとすれば，親と子を抱える複数のサービスのこうした団結が極めて重要であったといえる。当初，サラは自身の置かれた状況を，ホリーを含む他者全員のせいにしていた。彼女は，世界全体に対するのと同じように，自分自身に対しても批判的だった。「私が転んだときには誰が受けとめてくれるの？」と言うように，サラ自身が非評価的に抱

えられる経験をしないことには，ホリーのニーズを考えられるようにはなれなかった。諸機関の集まりは，サラとホリーの関係の破壊的な絶望に注意を払うという深刻なニーズを認めつつ，彼女らの関係性の健康的な側面を守りながらホリーを保護しようとする，支持的で，気を配る大人という拡大家族，祖父母的な役割を作りあげた。

　多くの機関が関わらなければならない複雑な事例のコンサルテーションにおいて，子どもの心理療法士は，親によっては分裂と投影のプロセスのために直視できない側面から，自身を守る必要があるという気づきを保持する。アンダー・ファイブ・チームの2週に1回の会議が，定期的なチェックポイントになる。私たちそれぞれの異なる役割と，それがクライエントにどのように見られているのかを念頭に置きながら，複数の機関の建設的な協力を確実なものにする。また，過酷な事例に耐え，必要ならチームはほかの進め方について深く考え，示唆するとわかっている。また，それぞれの専門家の力量を維持するために必要不可欠な，安定した基盤を提供するものでもある。最後の事例は，まさに，多機関のアプローチにとって，子どもの心理療法の豊富な知識と理解が必要とされるものであった。

●別の入港口●

　キャリーは，子どものトーマスとエラと共に，暴力的な夫から逃げてきた。彼女が子どもの行動をうまく扱えないことから，女性保護施設が子どもと若者サービスのファミリー・センターのペアレンティング・グループに紹介してきた。キャリーは，あまりにもトラウマを抱えすぎており，グループを有効に使うことができず，数回のセッションの後，参加をあきらめてしまった。ソーシャルケアがこの家族を CAMHS に紹介し，その間にポジティブ・ステップスのペアレンティング・プログラムの保育士が，家庭面接を始めた。CAMHS では，プライマリー・メンタルヘルスワーカー[18] が担当になったため，このケースは短期間の介入を要するものだと予期されていた。

---

†18　CAMHS のなかで，比較的短期間に解決されるであろう問題を担当する精神保健の専門職員。

　保育士とプライマリー・メンタルヘルスワーカーは，この家庭環境では彼らの思考と豊富な資源が硬直してしまうと感じた。アンダー・ファイブ・チームとのコンサルテーションでは，この経験は母親が苦しむトラウマによるもので，彼女の内的世界の状態を反映するものだと感じられた。残念なことに，母親は成人サービスで自身のセラピーを続けることができないでいた。別の「入港口」が必要になったが，それは親-子心理療法だとチームで同意された。キャリーもエラとトーマスも，耐え難い家庭内暴力の経験に対して，それぞれ独自の防衛システムを発達させていた。家族の内的世界に取り組み，それがいかにお互いの関係のあり方に影響を与えているのかということ，そして子どもたちに「影響を及ぼしている impinging」とても重要な環境的要因を取り上げることは避けられなかった。特に，学校生活と父親との面会である。学校，そして子どもと若者サービスに対するコンサルテーションが設定された。

　子どもと若者サービスは，子どもたちには，父親に誘拐されてしまうことや両親が面会で喧嘩をするという恐怖があるにもかかわらず，接触訪問の際のスーパーヴィジョンをやめると脅していた。コンサルテーションにもかかわらず，子どもと若者サービスは，限られた資源に圧迫され，面会でのスーパーヴィジョンの取り消しを裁判所に提言した。子どもたちがトラウマから回復するためには，滋養的で（nurturing），予測可能で，安全な環境が必要である（Perry et al., 1995）ことを強調し，私たちはこれでは子どもたちの回復に弊害をもたらすような影響があるということを，裁判所に助言しなければならなかった。裁判所は，接触訪問にはスーパービジョンが必要だとの判決を下した。

　学校では，子どもたちの両方ともが，自分たちの無秩序で恐ろしい世界を解き放っていた。エラの対処方法は，彼女を特に万能的にしてしまっており，結果として教職員からも子どもたちからも人気をなくしていた。エラは，好かれていないと感じることで防衛をよりいっそう強め，行動は棘々しく攻撃的なものになっていた。特別支援教育ニーズコーディネーター（special educational needs co-ordinator：SENCO）とのコンサルテーションの後，SENCO は，トラウマが子どもたちの情緒生活に影響を与えているという

理解を持つことが，すべての教職員に役立つだろうと感じた。そして，私が職員と話し，学校で使える対策をアドバイスすることを求めてきたのである。

　子どもの心理療法士は，何らかの専門性を持って訓練に入る。私は，子どもの心理療法の前は，演劇と教育の現場で働いており，教育機関での研修を担っていたため，この設定は居心地が良かった。しかし，コンサルテーションの役割を担う子どもの心理療法士としては，最も豊かな考えは，教職員の専門性とこれまでの学校での子どもについての知識からもたらされることがわかっていた。そこで，トラウマが子どもの状態に与える影響についての教職員へのアドバイスと，トラウマを負った子どもを教室と運動場で支えるような実践を確立するための「ブレインストーミング」の促進に同意した。ここで私は，子どもの心理療法士として親を助ける際のヴァン・ヒーズウィックの考えを思い出す。「私たち人間は，問題解決をする種である。もし，不注意にも面接の過程で，この能力があるという認識をクライエントから取り上げてしまったなら，彼らはやって来たとき以下の状態で去っていくことになる」（Van Heeswyk, 2005, p.256）。

　このことは，他の専門家に対するコンサルテーションを行うときにも同じくらい重要だと感じている。学校が子どもを支えるために，学校システムのなかで新しい方法を見つけるために子どもの心理療法士とのコンサルテーションを活用したように，アンダー・ファイブ・チームのメンバーは，コンサルテーション会議を，治療的実践に挑戦するため，そして家族に変化をもたらす試みのために活用するのである。

まとめ

　一つ目の事例のコンサルテーションは，その子どもに特有の世界の「構造」を理解することのみによっていた。ほかの二つの事例では，家族と関わる他機関と手を携えることが必須だった。ドーズの体重計に話を戻すと，その意義は，母親と赤ん坊の日常の世界を象徴するところにある（Daws, 1985）。

もし，ドーズや他の子どもの心理療法士が，ベイビー・クリニックとより広い世界のどよめきのなかに積極的に参加するのではなく，閉じられたドアの向こうに残ったまま，システムを通して紹介が舞い込んでくるのを待ち続けていたならば，子どもの情緒発達の多大なる重要性（その重さは量ることができない）は，現在のシステムに反映されていなかっただろう。

　私たちは子どもの心理療法士として，小さな変化が人間関係では大変な意義を持つことを知っている。そのため，すでに存在する実践の豊かさを守り，それを確実に繁栄させ続けようとするならば，組織の方策にしっかりと関与する必要がある。

　コンサルテーションの土俵は，子どもの生活に対する子どもの心理療法士の知識と理解を深め，子どもの外的世界と内的世界を本当の意味でしっかりと抱えるという難題に立ち向かう機会を提供してくれる。それはまた，こうした子どもの世界で起こっていることを資金調達システムに対して示す，立体的視野も提供してくれる。アンダー・ファイブ・サービスが発展したのは，もともとは子どもの心理療法士と保健師とのコンサルテーションを通してだった。

　子どもの心理療法士長が，区の子ども理事会を，ピンクの壁の地域クリニックでのアンダー・ファイブ・チームとのコンサルテーションに招いたその朝，ペアレンティング・プログラムは守られた。コンサルテーションなしには，このような幸運な結末はあり得なかったであろう。

【文献】

Acquarone, S. (2004) *Infant–Parent Psychotherapy: A Handbook for Professionals*, London: Karnac.
Baradon, T., Broughton, C., Gibbs, I., James, J., Joyce, A. and Woodhead, J. (2005) *The Practice of Psychoanalytic Parent–Infant Psychotherapy: Claiming the Baby*, London and Oxford: Routledge.
Burlingham, D. and Freud, A. (1944) *Infants without Families*, New York: International Universities Press.
Cramer, B. (2000) 'Helping children through the treatment of parenting: the model of mother/infant psychotherapy', in J. Tsiantis *et al.* (eds) *Work with Parents: Psychoanalytic Psychotherapy with Children and Adolescents*, London: Karnac.

Daws, D. (1985) 'Standing next to the weighing scales', *Journal of Child Psychotherapy* 11, 2: 77–85.

Daws, D. (1989) *Through the Night: Helping Parents and Sleepless Infants*, London: Free Association Books.

Daws, D. (1995) 'Consultation in general practice', in J. Trowell and M. Bower (eds) *The Emotional Needs of Young Children and their Families: Using Psychoanalytical Ideas in the Community*, London and Oxford: Routledge.

Douglas, H. and Brennan, A. (2004) 'Containment, reciprocity and behaviour management: preliminary evaluation of a brief early intervention (the Solihull approach) for families with infants and young children', *Infant Observation* 7, 1: 89–107.

Dowling, D. (2006) 'The capacity to be alone: rediscovering Winnicott and his relevance to parent–infant psychotherapy', in M. Lanyado and A. Horne (eds) *A Question of Technique: Independent Psychoanalytic Approaches with Children and Adolescents*, London and New York: Routledge.

Fraiberg, S., Adelson, E. and Shapiro, V. (1975) 'Ghosts in the nursery: a psychoanalytic approach to the problem of impaired infant–mother relationships', *Journal of the American Academy of Child Psychiatry* 14: 387–422.

Freud, A. (1973) 'Infants without families: reports on the Hampstead Nurseries 1939–1945', in *The Writings of Anna Freud Vol. III*, New York: International Universities Press.

Furman, E. (1995) 'Thinking about fathers', in E. Furman *Preschoolers: Questions and Answers: Psychoanalytic Consultations with Parents, Teachers and Caregivers*, Madison, CT: International Universities Press.

Hopkins, J. (1992) 'Infant–parent psychotherapy', *Journal of Child Psychotherapy* 18: 5–17.

Hurry, A. (ed.) (1998) *Psychoanalysis and Developmental Therapy*, London: Karnac.

Lanyado, M. (2006) 'Doing "something else": the value of therapeutic communication when offering consultations and brief psychotherapy', in M. Lanyado and A. Horne (eds) *A Question of Technique*, London and New York: Routledge.

Lebovici, S. (1975) 'La contribution de la psychanalyse des enfants à la connaissance et à l'action sur les jeunes enfants et les familles déprimes', Congrès de la Psychanalyse d'Enfants, London.

Onions, C. (2009) 'Parent–infant work', in M. Lanyado and A. Horne (eds) *The Handbook of Child and Adolescent Psychotherapy: Psychoanalytic Approaches*, 2nd edn, London and New York: Routledge.

Perry, B., Pollard, R. and Toi, L.B. (1995) 'Childhood trauma, the neurobiology of adaptation and use-dependent development of the brain: how states become traits', *Infant Mental Health Journal* 16, 4: 271–291.

Pozzi-Monzo, M. (ed.) with Tydeman, B. (2007) *Innovations in Parent–Infant Psychotherapy*, London: Karnac.

Stern, D.N. (1995) *The Motherhood Constellation: A Unified View of Parent–Infant Psychotherapy*, 1998, London: Karnac.

Szur, R. and Miller, S. (eds) (1991) *Extending Horizons: Psychoanalytic Psychotherapy with Children, Adolescents and Families*, London: Karnac.

Trowell, J. and Bower, M. (1995) 'The social context', in J. Trowell and M. Bower *The Emotional Needs of Young Children and their Families: Using Psychoanalytical Ideas in the Community*, London and New York: Routledge.

Tustin, F. (1992) *Autistic States in Children, revised edition*, London and New York: Routledge.

Van Heeswyk, P. (2005) 'A child psychotherapist in primary mental health', *Journal of Social Work Practice* 19, 3: 251–261.

Wilson, P. (2003) 'Consultation and supervision', in A. Ward, K. Kasinski, J. Pooley and A. Worthington (eds) *Therapeutic Communities for Children and Young People*, London: Jessica Kingsley Publishers.

Winnicott, D.W. (1960) 'The theory of the parent–infant relationship', in D.W. Winnicott (1965) *The Maturational Processes and the Facilitating Environment*, London: Hogarth Press.

Winnicott, D.W. (1971) *Therapeutic Consultation in Child Psychiatry*, London: Hogarth Press.

【邦訳文献】

Burlingham, D. & Freud, A. (1944) *Infants without Families*, Ne York: International Universities Press./［久米稔訳（1977）家族なき乳幼児──その発達と戦時下の保育. 川島書店］

Cramer, B. (2000) Helping children through the treatment of parenting: the model of mother/infant psychotherapy, in Tsiantis, J., et al. (eds) *Work with Parents: Psychoanalytic Psychotherapy with Children and Adolescents*, London: Karnac./［津田真知子・脇谷順子監訳.（2019）親子関係の治療を通しての子ども支援──母乳幼児心理療法のモデル. 子どもと青年の心理療法における親とのワーク──親子の支援・発達のための取り組み. 金剛出版］

Freud, A. (1973) Infants without families: reports on the Hampstead Nurseries 1939–1945, In *The Writings of Anna Freud* Vol.Ⅲ, New York, International Universities Press./［中沢たえ子訳（1982）家庭なき幼児たち──ハムステッド保育所報告1939-1945. アンナ・フロイト著作集第4巻. 岩崎学術出版社］

Onions, C. (2009) Parents-infant work, in Lanyado, M., & Horne, A. (eds) *The Handbook of Child and Adolescent Psychotherapy: Psychoanalytic Approaches*, 2nd edn, London and New York: Routledge./［平井正三・脇谷順子・鵜飼奈津子監訳（2013）. 児童青年心理療法ハンドブック. 創元社］

Winnicott, D. W. (1960) The theory of the parent-in fant relationship, in Winnicott, D. W. (1965) *The Maturational Processes and the Facilitating Environment*, London: Hogarth Press./［牛島定信訳（1977）情緒発達の精神分析理論──自我の芽ばえと母なるもの. 現代精神分析双書第Ⅱ期第2巻. 岩崎学術出版社］

Winnicott, D. W.（1971）*Therapeutic Consultation in Child Psychiatry*, London: Hogarth Press./［橋本雅雄・大矢泰士監訳（2011）子どもの治療相談面接. 岩崎学術出版社］

第 11 章　話を聴くことのインパクト

——性的虐待を受けた若者を援助する職員への コンサルテーション

モニカ・ラニヤード（Monica Lanyado）

　天性の聴き上手な人がいる。人は彼らと話したがり，彼らに聴いてもらえたと感じる。彼らは「援助職」として仕事をするのに適した人々であり，他の人が特に興味を示さなかったり，信じられないほど厳しく苦しいと思ったりするような仕事に惹きつけられる。教育，ソーシャルワーク，作業療法，ケアワーク，心理療法的な仕事など，他者を援助するには多くの専門的な方法がある。これらいずれの専門職においても，さまざまな意味で苦しんでいる人々と，専門的に，適切に，かつ多様なレベルで接触を持つのは，その聴き手に影響を与えることになるといってよいだろう。

　精神分析的訓練を受けた心理療法士は，転移−逆転移関係への詳細な注意と理解により，その影響を理解することができるという独自の立場にある。専門家集団として私たちは，ある人の情緒生活が別の人に及ぼす影響や，コミュニケーションのさまざまな形態について，多くの時間を費やして考えてきた。実際，私たちは，そのプロセスに特有の方法，すなわち精神分析的な聴き方を洗練させてきた。ある種のコミュニケーションを，その基底にある無意識的コミュニケーションを示すものとして焦点づけるには，自由に漂う注意が役に立つ。

　他者を理解する手段として自分自身を用いることは，私たちの訓練の中核である個人分析やセラピーとともに，多くの人が耐え難いと感じる感情，コミュニケーションや経験に接近するのをより耐えられるものにしてくれる。同僚の多くは，私たちであれば 1 週間に最大 5 回，50 分のセッションで会うような患者と，一日中向き合っている。彼らは，援助しようとする人々によって喚起される，ただならぬ感情や反応を持ち込むことができるような，

自分自身のセラピーを受けていない。日々を生き残るために，遠回しに自分たちがケアをする人々に「情緒的に巻き込まれ過ぎている」と言われるような状態に陥ることから，何らかの方法で自らを情緒的に守る必要があるのは避けられないことである。

　本章では，このような同僚に対して，子ども・青年心理療法士が提供しうる，ある特定の形式のコンサルテーションに焦点を当てる。普通学校の教師に対してワークディスカッション・グループを提供する者もいれば（Jackson, 2002, 2008），特別支援学校と普通学校の職員と生徒に対する複合的アプローチを提供する者もいる（Malberg, 2008; Maltby, 2008; Music & Hall, 2008; Sayder, 2008）。本章では，最も困難なスペクトラム，つまり，ひどい性的虐待を受けたり頻繁に繰り返しトラウマを経験したり，また慢性的にネグレクト状態に置かれたりしてきた子どもと若者との仕事に従事する職員が，「聴き手として受ける影響」について論じる。このような状況においては，組織のダイナミクスとともに，子どもに対する職員の逆転移反応と，職員間の関係性に焦点づけるアプローチが，ここに内在する強烈な不安を適切にコンテインするために必要になるだろう。

　こういった子どもたちは，部分的，もしくは全体的な養育環境の破綻を経験してきている。あらゆる深刻な虐待，ネグレクトや育児放棄の結果，しばしば実親とのコンタクトを失い，措置機関によって里親・養親，もしくは児童養護施設に措置されている。必然的に，情緒的に混乱したふるまいをするのみならず，養育しようとしてくれる大人と普通の愛情関係や信頼関係を作るのに多大な困難を抱えがちである。最も理解のある養育者にとってすらも，彼らの攻撃的で混乱したふるまいが耐え難くなり，その結果，ある里親から別の里親へと移らざるを得なくなる。養子縁組も同じ理由で失敗する。こういった子どもたちが，学校でもしばしば非常に困難な経験をしていても驚かない。そのため，里親や養子縁組の変更のための転校とはまた別に，学校を次々に退学させられてしまうことにもなる。

　英国では，このように家庭や普通学校ではコンテインすることができない絶望的な状況になって初めて，専門治療施設という資源が求められることがほとんどである。この時点までに，子どもの情緒状態は，多くが絶望や危険

な破綻の状態に達しており，人生のより早期に取り組んでいても非常に困難
だった課題が，ほとんど不可能なものになってしまっているのである。よく
訓練されサポートされた大人の集団と大きく変化することが，こうした子ど
もの情緒的ニーズや障害を受け止められるような環境へと大きく変化するこ
とが求められている。里親や養親家庭での 1〜2 人の養育者からの愛情ある
ケアでは不十分なのである。

　言うまでもなく，この種の施設に子どもを入所させるための費用は非常に
高く，こういった施設は不足もしている。特に居住型施設の職員は，個人と
しても，また施設全体への転移関係を通じても，ある意味でその子どもにとっ
ての親代理という存在になる。専門の通所施設でも，ある面ではそうなる。
治療上の課題は，言わば，根付くことができなかった苗木がほどよく成熟し
た植物に育つことを望んで，豊かな土壌に，そしてより注意深くコントロー
ルされた環境に植え替えようとすることに似ている。

　こういった施設で働く職員は常に，言語的にであれ非言語的にであれ，凶
暴で暴力的で，混乱させられるようなふるまいやコミュニケーションを受け
取る側にある。仕事は深い満足を得られるものであると同時に恐ろしいもの
でもあり，潜在的には情緒的にダメージを受け，圧倒されるものになりうる。
職員が仕事を続けられるようにするためには，こういった子どもとの仕事に
おける逆転移の経験に対して，日々の仕事のなかで細やかな注意を払う必要
がある。もし，適切に行われなければ，子どものコミュニケーションのすさ
まじい影響に対して，役に立たない個人的な方法で防衛してしまい，次第に
この仕事を継続する能力が損なわれてしまうことになるだろう。本章で後に
論じるように，施設の組織体制における非援助的な社会的防衛もまた，発展
しやすくなる（Menzies Lyth, 1959, 1979, 1988, 1989）。

　こうした仕事がもたらす影響のもう一つの結果は，善良で献身的な職員が
疲弊し，バーンアウトすることである。困ったことに，こういった施設の職
員に多大なリスクがあるというのは，決して誇張ではないと思う。善良な職
員の深刻な身体疾患や情緒的なバーンアウトが，かなりの高頻度で現れる。
なぜなら彼らは，日々の仕事のなかで，内省的空間という基本的なセーフガー
ドなしに，自分がケアをする子どもが伝えてこざるを得ないことに深く耳を

傾けるからである。

　本章では，このような厳しい治療的関係において「受け取った」ものが，「聴き手」に与える影響について論じる。ひどい性的虐待を受けた子どもが多く入所する施設の職員集団へのコンサルテーション過程を記述する。これらの子どもは，とても幼い年齢で親対象や家族成員から近親姦虐待を受けている。性的行動が撮影され，インターネット上でさらされるなど，小児性愛者のグループに引き込まれていた子どももいる。こうした子どもが目撃し，関わるよう強いられた倒錯的性行為は，大人がこのように子どもを扱いうるのかという恐怖と不信を引き起こす。こうした行為をした者が服役している場合もある。しかし，裁判にかけられたものの，臨床家の視点からはしばしば圧倒的な証拠があるにもかかわらず，十分な法的証拠が認められないとされる場合も，起訴されない場合もある。服役したものの，刑期を終えて出所してくる場合もある。自分の身に起こったことにもかかわらず，子どもはしばしば混乱した倒錯的なあり方で，虐待者に対するアンビバレントなアタッチメントを維持し，より健康的な関係性やアタッチメントを形成することができない。

　一般に，フロイトの「潜伏期」の性的発達段階にあたる学童期の子どもの性的行為や性的経験には，特に心をかき乱される。それは，非常に性化された私たちの社会においてさえ，明らかに受け入れ難いためである。思春期の子どもは性を強く意識し，性的に活動的なものであり，性的虐待を受けた若者の行動の基底にある性的トラウマは，極端な性的行動化を呈してもすぐには表に出てこない。しかし，7歳の男児が意図的に，繰り返し，明らかに性的，かつ誘惑的にお尻を見せてくることに気づいた職員が受ける影響は，衝撃的なものである。それがどれほど頻繁に起こるとしても，基底にあるコミュニケーションが真に受け止められ，聴き留められるためには，衝撃的であり続ける必要がある。人生の最初から性的虐待を受けてきたこうした子どもたちは，職員を不安にさせるようなふるまいによって，自らの経験の傷跡を示し，伝えてくるのである。

　こうした施設にいる多くの子どもにとっては，日常的な愛情のこもった親や大人の接触も過度に性的なものとなり，大人との身体接触は強力な性的要

素を持つものとして経験されてしまう。入浴，寝かしつけ，慰めといった通常の身体的ケアもまた，汚染される（contaminated）。このような子どもたちが，大人が皆，性的搾取者だというわけではなく，より普通の仕方で身体的にも情緒的にも触れ，面倒をみてくれるのだとわかるようになるために，そのケアを思慮深く行ううえでの困難は，必然的に職員に強烈な影響を与える。職員集団が子どもを援助し，互いにサポートし，理解するために協働するなかで，コンテインメントの相互ネットワーク，すなわち子どもを取り巻くある種の「網の目」を編むことが，成功をも失敗をももたらす重要な要因になるだろう（Ward & McMahon, 1998; Ward et al., 2003）。

　子どもの治療的ケアに関しては，精神分析的心理療法士には，職員集団にコンサルテーションや臨床スーパーヴィジョンを提供することで貢献してきた長い伝統がある（Dockar-Drysdale, 1963, 1968, 1990; Menzies Lyth, 1985; Reeves, 2002; Sprince, 2002; Wilson, 1991, 1999, 2003）。ウィニコットは長年にわたって，マルベリーブッシュ・スクールやコッツウォルズ・コミュニティといった入所施設の子どもたちとのドッカー−ドリスデイルの仕事について，また彼の理論の適用についてコンサルテーションを行った（Dockar-Drysdale, 1990）。しかし，忘れてはならないのは，性的虐待が広範に拡がっていることが認識されるようになったのは，この 30 年だということである。1980 年代半ばまでの文献のほとんどは，現在の子ども・青年心理療法士や治療的子どものケアワーカーが日常的に関わるような，さまざまな虐待を経験した子どもや若者に関するものはなかった。職員個人，あるいは職員集団や組織に内在する特定の逆転移の経験が消化されるあり方には特別な注意を払う必要があるが，この点については後述する。ひどい性的虐待があったときに，深く心をかき乱される子どもの心理療法士の逆転移という直接の経験は，専門施設の職員が消化するのに援助を必要とする苦痛な逆転移感情や，その経験を鋭く感知するのを可能にする。

　これは，個人心理療法を通して，こうした子どもを援助しようとする臨床経験から自然に発展した仕事だが，これから述べるようなコンサルテーションを行うためには，そのためのスーパーヴィジョンや訓練を受けることが必須であると強調しておきたい。強調されるべきは，コンサルテーションでは

子どもについて議論するのではなく，職員集団について話し合うという点である。これは，子どもが心理療法的支援に紹介されてきたときの親との臨床に似ている。特に，子どもへの直接的介入よりも，親面接が焦点になるような場合である（Bailey, 2006）。子どもの心理療法士が，子どもについて話し合うグループスーパーヴィジョンや個人スーパーヴィジョンを行うこともあろうが，これは職員の予定上は別時間に定期的に行う（Wilson, 2003）。ウィルソンは，この種のコンサルテーションの本質は，「コンテインする能力（Bion, 1961），すなわち感情や観察を受け止め，不確かさに耐え，内省や思考を許容し，最終的には職員が自身のやり方で前に進めるようエンパワーすることにある」と述べている（Wilson, 1999, p.164）。

　守秘義務のためにこれから述べる事例は，同僚のアイデンティティを改変しながらも，鍵となる問題がとらえられるように合成した（特に同僚について書く場合，これは常に多大な困難をきたす問題である）。こうした施設で働く職員は，どんなときにも，落としたり粉砕したりする危険と隣り合わせで，10 個の壊れやすいボールをジャグリングしようとしているように感じられることが少なくない。破局は常に，恐ろしいほどすぐ近くにあると感じられる。確かに，こうした職員集団へのコンサルテーションでの私の経験はこのようなものである。

 理　論

　神経をすり減らされるが，魅力的でもあるこの仕事について考える際に，理論的枠組みを提供してくれるいくつかの特に有用な考えがある。これらの考えを見てとることのできる事例を提示する前に，読者が事例をより良く理解できるよう，これらの考えについてもう少し詳しく述べていこう。

● 暗黙のうちにあるものを明らかにすること ●

　1959 年に，メンジーズ–リスは「社会組織の成功と可能性は，不安をコンテインする際に用いる技法と密接に関わる」とした。さらに，「個人についての同様の仮説は広く受け入れられてきた」（Menzies Lyth, 1959, p.78）と

付け加えている。メンジーズ-リスは，コンテインされる必要のある不安の性質は，組織の「本来の課題」と密接に関わると論じた。その組織が人間関係に関与し，その苦しみの緩和に関わっているほど，コンテインされ，消化されるべき不安のレベルは増す。たとえば，メンジーズ-リスが別の古典的な論文「The Psychological Welfare of Children Making Long Stays in Hospital」（Menzies Lyth, 1982）で述べているように，子どもの整形外科病棟の職員との取り組みでは，製造業の管理部門との取り組みの際に出会うものとは異なる，不安のコンテインと消化を必要とするのである。

　彼女の主張は，まさに本来の課題の性質によって生じる不安こそが，自然に個人内と組織構造そのものの防衛を生み出すというものである。これらの防衛のいくつかは，機能するために不可欠のものである。たとえば驚くべきことに，ある種のブラックユーモアは，最も人道的で思慮深い環境において見られる。しかしながら，組織における社会的防衛が逆効果になり，破壊的で変化への激しい抵抗になりうるのは，個人の場合と同じである。個人においては，それは心理的問題を導きうる。組織においては，頻繁な職員の入れ替わりや，ストレスに関連する病気や深刻な身体疾患といった，ひどい職場環境につながる。その結果，組織によっては崩壊してしまうか，そうでなくても進歩がなく，もたつき，創造的かつ柔軟に本来の課題を適切に遂行できなくなる。

　深刻な情緒障害を抱えた子どもや若者との仕事においては，ケアを試みる子どもや若者から身体的に攻撃されるという大きなリスクがある。なぜなら，こうした子どもや若者は，葛藤や情緒的痛みに対しては，攻撃や暴力による反応を確立してしまっているからである。職員の不安が組織構造によって適切にコンテインされていないと，それに応じて職員への攻撃が増すのは悲惨な結果の一つである。こういった不安と，子どもの福祉と同じく職員の福祉にも気を配る必要性が，コンサルテーション過程の基本である。これは，セラピーを受ける子どもの親が，子どもにとってほどよい親でいるために，生き残り，成長するのを援助する必要があるのと同じことである。

　無意識の不安を意識化することで，それに直面できる可能性をもたらすという個人面接の根本原理と同じく，職員集団とコンサルテーションを行う際

に役に立つ原理は，集団内で暗黙のうちに表現されているものを明らかにしていく必要性である。それによって，困難な感情や関係性，そして混乱した問題が集団内や部屋の中で共有されうる（Menzies Lyth, 2004）。これは，このような深刻な問題を持つクライエント群と仕事をする際に，最も経験のある職員にさえ常に見られる行動化傾向や，考えきれていない行動をコンテインするのに役立つ。ウィルソンはこう指摘する。

　　子どもとの毎日の通常のやり取りのなかで，彼ら（職員）はさまざまな子どもの感情を扱うが，その多くは過去の経験から転移されたものである。施設は事実上，転移の実演の場となり，職員は常に不適切に，たとえば，剥奪し，虐待的で，ネグレクトしたり，あるいは誘惑したりするものとして認識されてしまう。

（Wilson, 1999, p.160）

● 倒錯的経験の影響 ●

　深刻な性的虐待を受けた子どもと若者の集団との仕事では特に，心をかき乱されるような不安が呈される。職員はそれに耐え，それについて考え，消化することを学ばねばならない。深刻な性的倒錯と，それに対する極端な防衛にまつわる不安は，常にこの種のトラウマからの回復を助けようと試みる組織の職員と，職員間の力動のなかにある。

　『トーテムとタブー』においてフロイトは，性的虐待や近親姦に対する普遍的な嫌悪と，さまざまな社会が倒錯的な成人のセクシュアリティから子どもを守る方法（タブー）に注意をひいた（Freud, 1912-13）。こうした施設で働く職員は，自分が関わる子どもと若者の多くが呈する，憂慮すべき性愛化された不適切なふるまいに絶えず直面させられる。さらには，たとえば，親も含む小児性愛者グループから近親姦虐待を受けてきた幼い子どもに起こったことの詳細を知ることにもなる。どんな性的なタブーや境界も，繰り返し破壊されてきているのである。

　このような情報は，子どもが紹介されて施設に入所してくる際にもたらされる。しかし，投影という言葉よりもより強烈なかたちで，職員は子どもが

経験した威圧，嫌悪感，戦慄や恐怖を「知る」ことになる。子どもが言葉を
しっかりと理解できるようになる前に性的虐待が起こった場合は，特にそう
である。加えて，子どもの多くは虐待経験の結果，職員に対して不快なほど
に性的に誘惑的であるかもしれない。あらゆる形態のコミュニケーション，
特に非言語的コミュニケーションは，職員集団だけではなく，個々の職員も
それぞれに受けとめ，考え，消化しなければならない。このことは，仕事へ
の影響について話し合い，内省する定期的な機会が提供されるような，よく
組織化され，明瞭で適切に管理され，構造化された職場環境によってコンテ
インされる必要がある。

　入所中に，虐待について言葉で開示できるようになる子どももいるだろう。
しかし，成人の性的虐待のサバイバーがしばしば証言するように，経験につ
いて情緒的にコミュニケートする必要があるものをコミュニケートするに
は，言葉は嘆かわしいほどに不十分なのである。また，最終的に語られたこ
とのなかでも，直接に経験したのでなければわからない，とても細かな詳細
こそが，その開示を信憑性のあるものにする。職員はできるだけオープンに，
こういった恐ろしいコミュニケーションに耳を傾けることができるようにな
らなければならないが，それにひどく影響を受けるのは避けられない。

　さらに，他の同僚が気がつかないところで，子どもに対して倒錯的になっ
たり，子どもを犠牲者にしたりする職員もいるかもしれないという不安も常
に存在する。こうしたことからも，子どもとの経験について考え，話すこと
のできる内省的空間の維持は極めて重要である。しかし，内省的空間は，絶
えず，無意識的，意識的な「攻撃」にさらされ，浸食されてしまう危険性を
伴うのが，まさにこうした仕事の性質である。このように破壊的な無意識的，
意識的過程を扱うのは，常に消耗させられる。また，こうしたことが起こる
ときは常に，職員が憂慮すべきコミュニケーションや感情を十分に消化でき
ないでいること，そして日々の仕事からくる影響を課題集団[19]として対処

---

†19　ビオン（Bion, 1961）は，集団心理を理解する際に，原始的不安と防衛に焦点を当て，
　　集団を構成する要素について，現実の課題を直視して課題に取り組む課題集団と，現実
　　を否認し，無意識的不安を防衛する基底的想定集団を挙げた。これら二つの要素は，ど
　　ちらが優位かという程度の差はあるが，いかなる集団においても常に同時に存在する。

するのではなく，それぞれが自分で対処するべく取り残されているという警告である。

　さらに複雑な問題は，職員への身体的攻撃と，職員に対する虚偽の告発である。これは組織の手続きに則って調査をする必要がある。特別に親しくしてきた子どもからの虚偽の告発やひどい身体的攻撃も起こりうるが，これは職員を戸惑わせる。グラッサーの「コア・コンプレックス」や，シャスゴー–スマーゲルの「倒錯的な核」についての考えを通して，こうした力動について理解することができる（Glasser, 1979; Chasseguet-Smirgel, 1985）。しかし，このような背景に対して繊細な治療的ケアを提供しようとする際には，必然的に困難が伴う。

　シャスゴー–スマーゲルの性的倒錯の視点は，こうした組織で働く職員ができるだけ正気を保ち，共に生きる方法を見つけようとする不安の性質を理解することを特に関連がある。驚くべきことに彼女は，「Perversion and the Universal Law」という論文で，「私たちの誰もに『倒錯的な核』があり，それはある種の環境下で作動しうる」と論じ，「一見すると単なる逸脱に見える性的行動も，実際にはより広範に認められるものだと考えられるという洞察」（Chasseguet-Smirgel, 1985, p.1）をもたらしている。

　シャスゴー–スマーゲルの論文は，成人患者との精神分析的仕事の視点から書かれたものである。しかし，すべての思考や，精神的，情緒的な過程が，微妙に，しかし破壊的に倒錯され，最終的に「何でもあり」という混沌につながっていくという主張は，後述するような施設において，困難なときには人生がどのように感じられるのかを非常に正確に記述したものである。このような極度の不安は，性的虐待を受けた子どもとの仕事の経験に直接関係しうる。大人と子どもの間の境界や区別がまったくなくなり，カオスと原始的な無法がまかり通る状況は，（個人心理療法においても日常生活においても）いつでも表面化しうる。

　こういった子どもたちは，一見すると最も些細なことで大人を暴力的に攻撃するのは大したことではないと考え，大人の経験や知識を誹謗中傷し，大人は守ってくれるのではなく搾取するものだと思っている。大人の責任やセクシュアリティと，子どもの養育との間の通常の境界は，人生のかなり早期

にすべて破壊されている。基本的な人間性が侮蔑され，「ひっくり返され」，その結果として混沌がもたらされることもある（これらの問題の臨床的考察は Lanyado, 2004, pp.57-72 を参照）。これは，子どもへの虐待の影響に別の次元を加える。彼らが被ってきた現実の性的虐待の経験は，心の構造と人生経験そのものを歪めてしまう。シャスゴー–スマーゲルは，このような基本的法則について「現実の岩盤は，性別の相違と世代間の相違によって生み出される」と言う。そして，「性別と世代という二重の相違の浸食こそが，倒錯者の目的である」と簡潔に，強調している（Chasseguet-Smirgel, 1985, p.2）。このような論述から，こうした施設において，なぜ，ビオンの言う精神病的集団過程が優勢になりうるのかを理解するのは難しくない（Bion, 1961）。正気と現実，すなわちすべての秩序と合理性を攻撃し，破壊する倒錯的思考と論理に屈服するのではなく，「倫理の方向性」を知ることは，集団の本来の課題とともに容易に見失われてしまう。

　このような不安は，不信に満ちた雰囲気（これ自体がときに，この不安に対する極度の社会的防衛である）を導き，過度な管理と手続きへの固執を引き起こす。これはまた，純粋で献身的な職員には深いトラウマともなる。ときには，不安はコンテインされ，消化されるが，ビオン（Bion, 1961）が記述するように，精神病的な猛威をふるうこともある。そのような場合，施設はとても気の狂った職場のように感じられる。ビオンが非常に喚情的に描写した「名づけようのない恐怖」のように，しばしばすべてのものが今にも崩壊しそうだと表現されるような不安がある。集団がこのように精神病的に機能しうることについてのビオンの洞察は，この力動を特に強調したメンジーズ–リスが発展させた。彼女は晩年のインタビューで次のように語っている。

　　この論文(The Functioning of Social Systems)は，とてもショッキングなものだったため，なかなか受け入れられませんでした。ビオンも同じだったと思います。精神病的であるということに取り組むという考えはとても恐ろしく，普通の人には抱えきれません。この仕事に従事している人にとってさえ，常に抱えきれるわけではありません……以前よりも認識されるようになってきているのは，どのような施設であれ，

精神病的防衛が働いているということです。よりましだとか，よりひどいとかいうだけのことなのです。　　　　　　　　　　　　　　(Pecotic, 2002)

職員集団との仕事

　ここで，事例を通してこうした過程を描き出したい。このコンサルテーションの時点で，すでに何年もの間，6～11歳の子どものためのこの評判の良い施設のシニア職員の集団（5人の教育的，治療的ケア職員）に対して，定期的なコンサルテーションを行っていた。この日の前日，施設は予定外の大切な訪問者を迎えていた。不運なことに，実務上の理由と施設で続いていた問題が重なり，職員の対応が普段のようにはいかず，子どもたちは訪問者の前で望ましくないふるまいをすることになってしまった。子どもたちはお互いに，また勤務中の職員に対して暴言を吐き，身体的に攻撃的になっていた。

　3人のシニア職員（ヘレン，ディーン，マイケル）は，その訪問者が，混乱してかなり反抗的な子ども集団と，その状況をほとんどコントロールできないでいる職員集団とを体験したはずだと感じていた。混乱を和らげる状況もあるにはあったが，予定外の訪問者と子どもたちの反応は，その施設では概して不安が適切にコンテインされているわけではないことを明らかにしてしまった。この訪問の前からある程度気がついてはいたが，このときまでに問題の深刻さを認識できていなかったのである。

　「10個のボールをジャグリングしようとする」感覚は，こういった施設においては強烈である。措置される子どもが十分におらず，財政的な逼迫から，職員が辞めても入れ替わりで新たに職員を採用することができないことがある。まさしくそのようなときに，新しい子どもが措置され，当初は経験のある職員が十分にいないということが起こる。そうすると，不幸なタイムラグが起こりうる。深刻な人員不足の懸念とともに，過労状態の職員は，自分たちがケアする子どもや若者をほとんど抱えることができなくなる。新たに施設に入所してくる子どもは，すでにある不安定な情緒のバランスに加えて，新たな不安と混乱の嵐をもたらす。どれほど経験豊富であろうとも，新しい職員には慣れる時間が必要であり，新参者としてその組織のシステムに対す

る不安に対処しなければならない。

　深刻な障害を持つ多くの子どもや若者を日々治療的にケアするのと同時に，こうしたあらゆる問題について考えなければならない。彼らは内的世界では扱いきれない痛みや苦悩から，いつでも暴力的で自己破壊的に「爆発」しうる。そして，これこそが，職員の本来の課題であり続ける。予期せぬ訪問者が来る前のシニア職員集団は，こうした状況にあった。

　安定的なシニア職員集団にとってはいくぶん珍しく，彼らはその前日の出来事について，そのときに勤務していたジュニア職員を非難し始めた。そうすることでシニア職員は，責任感や失敗の感覚を自分のものとせずに分裂させ，部屋の外にいる別の集団，つまりジュニア職員の集団に投影していた。シニア職員は，自分たちの責任という苦痛な現実に直面することができないでいたのである。実際にはジュニア職員集団の不安に対処し，サポートし，コンテインする責任を持つという事実は，このときには彼らの思考に入る余地がなかった。

　集団間の力動の水準では，シニア職員は別の集団に責めを負わせていたといえる。そしてその別の集団は「引き受けさせられ」，「やっつけられる」ことになっていた。別の言い方で言えば，「戦うべき敵」となる（Bion, 1961）。つまり，闘争−逃避の基底的想定集団として機能していたのである。シニア職員は，日々のケアにおける境界とコンテインメントについて，ジュニア職員に伝えようとしていたにもかかわらず，ジュニア職員がそれをまったく内在化していないことに，より激しい不満を表明した。子どもに責任感を持たせようとして，切羽詰まった親のように聞こえた。これは，ジュニア職員とのコミュニケーションがうまくいっていないことに対して管理職でもあるシニア職員が責任を取れていないことの投影であるのは明白だった。私はシニア職員集団が責任を受け入れる準備があるのに慣れていたので，投影がこれほどまでに強いことにむしろ驚いた。これは，日常的に深刻な不安に対する，何らかの防衛ではないかと考えられた。

　何が起こったのかという話のなかで，今，部屋にいて，そのときも勤務していた2人のシニア職員が，その状況をコンテインするためにしようと決めたことについて意見の相違があったように思われた言及に，私は注目した。

シニア職員は，自分たちとジュニア職員との集団間の葛藤をこの部屋の外に位置づけることで，向き合うのを避けようとしているように思われた。ジュニア職員が責任を取らなかったり，不安を適切にコンテインしなかったりするのを非難するのは容易だが，それは，ジュニア職員の不安をコンテインしようとする責任のあるシニア職員集団にもまた，当てはまることだと私は指摘した。このように言うことで私は，「マトリョーシカ人形のような」多層的なコンテインメントが，施設全体の構造とウェルビーイングに寄与する価値について，これまでしばしば話してきたことをシニア職員に思い出してもらった。

　さらに，この部屋の中にもまた問題があると付け加えた。つまり，状況の悪化をコンテインしようとするために，ディーンの昨日の決定について，ヘレンがまだ怒っているのではないかということである。ヘレンはディーンに怒っていると同意した。また，状況の悪化に対応するには，実際にはもっと良いやり方があると強く主張しなかった自分自身にも怒っていると話した。彼女は自分がそのとき，葛藤を避けたと感じていた。そして実際，私がこのことについてコメントをしなければ，それを続けていたかもしれなかった。

　ヘレンは，なぜ自分たちの決定が間違っていたと思ったのか，また，困難な状況でいかにジュニア職員をコンテインすることができなかったのかについて，詳しく話していった。彼女は，このことがジュニア職員が安全を感じられず，その結果，子どもたちの行動のそもそもの根っこにあった不安をコンテインするよりも，むしろ強めることになったと感じていた。ディーンは少しは聞くことができたが，ヘレンとの間の葛藤を部屋の中に保持するのは難しかった。2人とも，葛藤を部屋の外に再び投影することで，部屋の中にいる自分たちと，施設を台無しにしたと感じさせられている部屋の外のジュニア職員との間に，潜在的には役に立たない集団間の力動を心のなかに作り出していた。ヘレンはまた，ディーンがプライベートでつらい時期にあるのを知っていたため，怒りに触れることが難しかった。底流にあるのは，子どもやジュニア職員や施設，そして自分たち自身をも失望させてしまったという根深い感覚だった。

　コンサルテーションのメンバーの一人であるジョンは，前日はその場に居

合わせなかった。しかし，なぜ，シニア職員集団全体が，ケアにおける基本的なパターンの重要性をジュニア職員が内在化するのを助けるのにこうした困難があるのか，ヘレンとディーンに少し考えてもらおうとした。これをきっかけに私たちは，シニア集団がジュニア職員にやる気を起こさせ，抱えることがなぜこんなに難しいのか，再び考え始めた。考えることのできない何かに再度ぶち当たり，「責め」はまた，概ねジュニア職員に向けられた。しかしながら，ディーンは，前日，やはり施設にいたもう一人の職員のスーが，コンサルテーションで今のところいつになく口数が少ないことに言及した。彼女は，何が起こったと思っているのだろうか。

　スーはその出来事で，ただただ「打ちのめされた」と言った。彼女はひどい気持ちで帰宅した。ディーンは自分もそうだったと認めた。シニア職員としてそれまで見ることができなかった，より早い時期に取り上げておくべきだった良くない面を，訪問者に見せてしまったとスーは感じていた。彼女は，これを変える必要性と，こうしたことがチームとして持ち上がってくることに責任があると切実に感じていた。心がこもっているように聞こえた。集団としての責任の感覚が，部屋の中に戻ってきていると感じられた。もっともこの段階では，それは主に，より抑うつ的で償いの感情を表現していたスーに位置づけられており，ヘレンやディーン，そしてマイケルはその気持ちに触れ続けるのは耐え難く，一時的に触れられるのみだった。

　しかしながら，スーのコメントに続いてヘレンとディーンは，ジュニア職員が仕事を適切に行っていないことについてさらに繰り返した。部屋の外にいる人が適切に仕事をしていないというこの話から，部屋の中にいる私たちもまた，自分たちの仕事を適切に行っていないという事実に注意が喚起された。そこで，この部屋にいる（私も含めて）私たち皆が，まさに今，自分たちの仕事を適切にしていないようであり，シニア職員はこの部屋の外に責任を転嫁したいのではないかと感じると伝えた。これは，集団の本来の課題，すなわち子どもをケアし，ジュニア職員の仕事を促進するという困難な現実に戻す試みだった。シニア職員は，ジュニア職員を十分に動機づけるにはどうしたらよいのか，とりわけ，ジュニア職員の不安をどのようにコンテインしたらよいのか悩んでいた。コンサルタントの役割は，集団が「課題にとど

まる」のを助け，不安が高いときに，基底的想定集団の力動につながるような無意識的集団力動によって課題から離れてしまわないようにすることである。このコンサルテーションは，そのことが明瞭に描き出されている。

　私のコメントに対して，マイケルとヘレンとティムは，あるジュニア職員の子どもに対する浅はかさが増してきているふるまいを真剣に憂慮しているという，さらに明白な防衛的反応を示した。その職員は，若者とコミュニケーションをとる際に，仕事とプライベートの間の境界をどう適切に維持するのか，理解していないようだった。彼のミスは単純な無知からくるものなのか，許容範囲の境界上にある実際に不健康なブレなのか，あるいは境界侵犯なのか。いずれにせよそこには不快な性的要素があった。

　職員の心を特にかき乱し，いつになく防衛的にさせていたのは，施設における倒錯的な性の表現に対する強烈な恐怖であるということが，私のなかで明らかになった。常に存在する不安をこの職員集団や組織がコンテインし，取り組んできたこれまでの力が厳しく試されていた。というのも，闇でつながる小児性愛者ら（paedophile ring）に虐待されていた子どもが入所してきたうえに，しばらくの間施設にいた子どもが，過去のサディスティックな性的虐待に関する非常に苦痛な開示をしたためである。潜在的に性的倒錯の方向への動きに見える境界の弛緩は，施設の無秩序や，その完全な崩壊と混沌の可能性を描くものである。シニア職員がそれを認め，考えようとするのは耐え難いのだと思うと，私はコメントした。

　今やこの部屋にいる私たち全員が，この恐ろしくひどい気持ちを生々しく感じていた。私たちは集団として，一見安定した構造が無秩序や性的倒錯に陥っていく恐怖の感情について本当に知り，経験する必要があったようだ。これが，最も良い状況のときですらもコンテインされずに恐怖を感じていた若者が，前日，ジュニア職員のなかに投影したものだった。ジュニア職員は，シニア職員の支持的で思慮深いコンテインメントを経験するよりもむしろ，子どもと同じ恐怖とコンテインメントの欠如を感じており，それこそが子どもの深刻な行動化を引き起こしたのである。シニア職員はジュニア職員を支えそこなっていたのだった。今や，無秩序と性的倒錯の恐怖が部屋の中に息づいたことで，私たちはこの不安を消化し，コンテインする必要のある課題

に取り組み始めることができた。

　この部屋の中での経験は，私たち全員をとても冷静にした。この心的現実の認識は，起こったことにシニア職員が責任を持ち，また，ジュニア職員が感じていた不安に十分に触れるのが困難だったために生じたと感じられる傷つきを修復する試みを可能にした。このような償いの感情は，今やスーのみではなく，コンサルテーションに参加していたシニア職員それぞれのなかにも，またより役立つ課題集団の力動のなかにも息づいていた。彼らは，状況をより良くするために力を合わせる決意をしたようだった。彼らはこの組織において，強烈な不安をコンテインするスキルを実際には持っているとわかっていた。彼らは以前にも「そこにいた」が，それをしばらく「見失って」いたことを，今はわかっていた。彼らは，有能でコンテインする自分たちの力と再びつながる必要があったのである。

　このコンサルテーションの後，次のようなことが起こった。シニア職員はジュニア職員を動機づけ，サポートし，組織のバランスを取り戻すために懸命に取り組んだ。しばらくの間は何とかできていた。再び深刻な不安の爆発が起こるまでは。そうなると再び方向性を見失ってしまい，この例が示したような苦痛に満ちた，さらなるワーキングスルーの必要が生じた。これは，このような施設に必然的に起こる情緒生活の波である。このとても大変な労力を要する仕事は常に，今にも「空中の10個のボール」の1個が破滅的に落ちてきそうに感じられるものなのである。

さらなる考察

　長いコンサルテーション「映画」のなかのこの「スナップ写真」から，何を学ぶことができるだろうか。断固として暗黙を明らかにし続ける必要があるように，「部屋の外」で表現されていたものを部屋の中に持ち込むことの重要性が明らかになったことを願う。無秩序や狂気の性質を持つ「名づけようのない恐怖」をコンテインする困難さは，あらゆる大きな集団力動のなかに息づいていることはよく知られている。大きな集団内や集団間のコミュニケーションは，急速に，かなり狂気に満ちたものになりうる。それは，比較

的「正気」の大人で構成された集団においてである。深く障害を背負い，性的トラウマを受けた子どもや若者と，その回復のための援助をしようとする人々から構成される集団の場合，こういった恐ろしい力動は常に表面化しやすい。

　この種の不安を生き，そこで働くための最良かつ可能な方法を実践的に見つけようと，その組織ごとに特有の方法で組織は自然にその構造や防衛を発展させる。治療的施設においては，そのような不安はまさにこうした仕事の性質上，決して無くなることはなく，むしろ，新たな子どもが入所するたびに繰り返し持ち込まれる。そのようなわけで，こうした組織が職員の取り組みを維持し続けるのを援助するために，ときには子ども・青年心理療法士のような外部のコンサルタントを有していることが重要なのである。

　コンサルタントの役割の一部は，職員集団が本来の課題にとどまるのを助けることであり，子どもの感情やその職員への影響について賢明な内省的思考ができるようにすることであるとも言えよう。コンサルタントは，外的現実も心的現実も見失ってしまい，職員集団が本来の課題に注意を向けられないような原始的基底的想定集団の思考やふるまいにとらわれていることに気づくのを助ける。この事例で職員集団は，ジュニア職員と子どもの不安を保護し，コンテインし損なっているという現実にはとても向き合い難いと感じ，闘争−逃避の集団力動に陥っていた。彼らはまた，ある一人の職員が，子どもたちに対して性的に不適切にふるまっている可能性があるという事実に直面するのもとても難しいと感じていた。

　職員がこうした現実に直面することができないうちは，子どもを助け守るという本来の課題を遂行することはできない。シニア職員がこの現実に向き合うのを助けることで，問題のジュニア職員と思慮深く話すことができた。そして，彼はまだこの仕事では新人でむしろ純粋であること，そして注意深いスーパーヴィジョンを必要としていることがわかった。彼らはまた，経験の浅いジュニア職員の不安をいかにより良くコンテインできるのかを，創造的に考えられるようになった，シニア職員の責任であるスーパーヴィジョンの構造には多くの抜け穴があり，修正される必要があることにも気がついた。彼らはこの間，空中で多くのボールを扱っており，組織の内省的空間はその

犠牲になっていたのである。

　精神病的狂気，無秩序，そして崩壊の絶え間ない恐怖に直面するこの仕事において最も困難な課題は，正気を保とうとし，破壊的な流れに足をとられないようにしようとすることである。外部のコンサルタントもこの流れとまったく無縁ではないが，まだ影響は少なく，職員に伝えるコメントを通して，より正気で，現実的な視点を維持しようとし続ける。これにより，職員が本来の課題から逸れたときに，そこに戻る道を見出すのを可能にする。

　特にやっかいな問題は，周知の個人的な生活を，どの程度，より公的な課題集団のプロセスの一部にするべきかということである。緊密に仕事をする集団では（特に長い間共に仕事をしてきた集団では），メンバー同士がお互いのことをよく知っている。しかし，課題集団のプロセス自体にこれを持ち込むのは，どの程度なら適切あるいは実際に不可欠なのだろうか。これはとても難しい問いであり，集団のなかで取り組むことと，組織内のよりプライベートな空間で取り組むこととの間のバランスは，コンサルタントの考えはもちろん，組織の理念によっても大きく異なる。

　ウィルソンは，「子どもの心理療法士は，この文脈においては，管理職でもなく心理療法士でもないということを，自分自身の心の中ではっきりさせておくことが重要な鍵である」と強調している（Wilson, 1999, p.165）。個人的問題や職員間の関係性が，組織の仕事を損なうと強調しすぎるのは，ある意味で「課題に反する」ため，本来の課題から集団を引き離してしまう場合もある。一方，そこにあまりにも注意が払われていない状態は，「部屋の中では触れてはいけない話題」などないかのようにふるまう状態だとも言える。個人心理療法における解釈と同じように，（この場合は職員集団とコンサルタントの）治療的二者関係の独自性が，どの程度，どのように解釈するのかを決める（この問題についての有用な議論はモルトビー〈Maltby, 2008〉を参照）。

　このような仕事に取り組みたい者には専門的支援がある。新たなスキルを身につけるには，個人スーパーヴィジョンが最初の大切なステップになるだろう。もう一つのオプションとしては，小さな「ワークショップ」を立ち上げることが挙げられる。そこでは，コンサルテーションの仕事について率直

に，かつ秘密を守って討議でき，経験豊富なリーダーが議論をファシリテートするのが望ましいだろう。特に，上述のような組織の底流に潜む狂気に気づくのは，とても危険で心がかき乱されうることである。こうした不安や考えそして経験を，同僚と分かち合う機会なくしては，渦中にある私たちは皆，弱く，もろいものである。

【文献】

Bailey, T. (2006) 'There's no such thing as an adolescent', in M. Lanyado and A. Horne (eds) *A Question of Technique. Independent Psychoanalytic Approaches with Children and Adolescents*, London and New York: Routledge.

Bion, W.R. (1961) *Experiences in Groups*, London: Tavistock.

Chasseguet-Smirgel, J. (1985) 'Perversion and the universal law', in J. Chasseguet-Smirgel *Creativity and Perversion*, London: Free Association Books.

Dockar-Drysdale, B. (1963) *Consultation in Child Care*, London: Longman.

Dockar-Drysdale, B. (1968) *Therapy in Child Care*, London: Longman.

Dockar-Drysdale, B. (1990) *The Provision of Primary Experience: Winnicottian Work with Children and Adolescents*, London: Free Association Books.

Freud, S. (1912–13) 'Totem and taboo', in *Standard Edition*, Vol. 12: 121–144.

Glasser, M. (1979) 'Some aspects of the role of aggression in the perversions', in I. Rosen (ed.) *Sexual Deviation*, 2nd edn, Oxford: Oxford University Press.

Jackson, E. (2002) 'Mental health in schools: what about the staff? Thinking about the impact of work discussion groups for staff in school settings', *Journal of Child Psychotherapy* 28, 2: 129–146.

Jackson, E. (2008) 'The development of work discussion groups in educational settings', *Journal of Child Psychotherapy* 34, 1: 62–82.

Lanyado, M. (2004) 'Struggling with perversion and chaos in the therapeutic process: the need for the patient to "know" the therapist', in M. Lanyado *The Presence of the Therapist: Treating Childhood Trauma*, Hove, UK: Brunner-Routledge.

Malberg, N.T. (2008) 'Refusing to be excluded: finding ways of integrating psychotherapeutic modalities to the emerging needs of a pupil referral unit', *Journal of Child Psychotherapy* 34, 1: 101–110.

Maltby, J. (2008) 'Consultation in schools: helping staff and pupils with unresolved loss and mourning', *Journal of Child Psychotherapy* 34, 1: 83–100.

Menzies Lyth, I. (1959) 'The functioning of social systems as a defence against anxiety', in I. Menzies Lyth *Containing Anxiety in Institutions: Selected Essays Vol. 1*, London: Free Association Books.

Menzies Lyth, I. (1979) 'Staff support systems: task and anti-task in adolescent institutions', in I. Menzies Lyth *Containing Anxiety in Institutions: Selected*

Essays Vol. 1, London: Free Association Books.

Menzies Lyth, I. (1982) 'The psychological welfare of children making long stays in hospital: the art of the possible', in I. Menzies Lyth *Containing Anxiety in Institutions: Selected Essays Vol. 1*, London: Free Association Books.

Menzies Lyth, I. (1985) 'The development of the self in children in institutions', in I. Menzies Lyth *Containing Anxiety in Institutions: Selected Essays Vol. 1*, London: Free Association Books.

Menzies Lyth, I. (1988) *Containing Anxieties in Institutions: Selected Essays Vol. 1*, London: Free Association Books.

Menzies Lyth, I. (1989) *The Dynamics of the Social: Selected Essays Vol. 2*, London: Free Association Books.

Menzies Lyth, I. (2004) Personal communication.

Music, G. with Hall, B. (2008) 'From scapegoating to thinking and finding a home: delivering therapeutic work in schools', *Journal of Child Psychotherapy* 34, 1: 43–61.

Pecotic, B. (2002) Interview with Isabel Menzies Lyth, *Organisational and Social Dynamics* 2, 1: 2–44.

Reeves, C. (2002) 'A necessary conjunction: Dockar-Drysdale and Winnicott', *Journal of Child Psychotherapy* 28, 1: 3–27.

Sayder, S. (2008) 'Joining up with "not us" staff to run adolescent groups in schools', *Journal of Child Psychotherapy* 34, 1: 111–126.

Sprince, J. (2002) 'Developing containment: psychoanalytic consultancy to a therapeutic community for traumatised children', *Journal of Child Psychotherapy* 28, 2: 147–161.

Ward, A. and McMahon, L. (eds) (1998) *Intuition is not Enough. Matching Learning with Practice in Therapeutic Child Care*, London and New York: Routledge.

Ward, A., Kasinski, K., Pooley, J. and Worthington, A., (eds) (2003) *Therapeutic Communities for Children and Young People*, London and New York: Jessica Kingsley Publishers.

Wilson, P. (1991) '*Review* of "Consultation in Residential Care"', *Journal of Child Psychotherapy* 18, 1.

Wilson, P. (1999) 'Therapy and consultation in residential care', in M. Lanyado and A. Horne (eds) *The Handbook of Child and Adolescent Psychotherapy: Psychoanalytic Approaches*, London and New York: Routledge.

Wilson, P. (2003) 'Consultation and supervision', in A. Ward, K. Kasinski, J. Pooley and A. Worthington (eds) *Therapeutic Communities for Children and Young People*, London and New York: Jessica Kingsley Publishers.

【邦訳文献】

Bion, W. R. (1961) *Experiences in Groups*, London: Tavistock./〔池田数好訳（1973）集団精神療法の基礎. 現代精神分析双書第1期 17 巻. 岩崎学術出版社；ハフシ・メッ

ド監訳，黒崎優美・小畑千晴・田村早紀訳（2016）集団の経験——ビオンの精神分析的集団論．金剛出版.]

Freud, S. (1912-13) 'Totem and taboo', in *Standard Edition*, Vol. 12: 121-144./[高橋義孝訳（1969）トーテムとタブー．フロイト著作集3．人文書院；門脇健訳（2009）トーテムとタブー．須藤訓任責任編集　フロイト全集12．岩波書店]

第 12 章 「嫌われ者になるべく，給料をもらっているんだよ」
——臨床家兼管理職という役割における緊張

ゲッセマニ・ヴァスターディス（Gethsimani Vastardis）

————————————————◆◆◆

大変な勇気もまた必要である。不人気で，人々を動揺させる可能性のあることをできるようにならなければならない……良い管理職は，いつも親切であるばかりではいられない。

(メンジーズ-リスのインタビューより〈Pecotic, 2008〉)

はじめに

　精神分析的な考え方を用いて，組織の複雑さや組織内の力動，そして，結果的に組織の一部である集団や個人にかかるストレスについて考えることには，常に関心が向けられてきた。こうした関心は，組織がどのように動いているのかということ，そして，そこで生じる不安を和らげるために動員される防衛について，有益な理解をもたらしてきた。ここには，よく知られた防衛メカニズムである否認や抵抗，分裂や投影が含まれる（Jaques, 1955; Hinshelwood, 1987, 1994; Menzies Lyth, 1988; Halton, 1995; Obholzer & Zagier Roberts, 1995）。（たとえば，人員が据え置かれたり削減されたりすることによって）組織が挑戦を受けている，または脅かされていると感じられるときには，さらにこうした防衛が用いられる傾向が高まる。これは現在，地域の CAMHS を含む，多くの精神保健関連機関で経験されていることである。組織における無意識的作用を理解することで，それぞれの組織における仕事をよりうまく進めていくことができるだろうし，組織内の競争や妥協できない緊張に屈するのを避けることもできるだろう。心に多くの負担をかけるすぎることなく，私たちが生き残って仕事を楽しむことができるように

211

なるのを望むばかりである。

　本章では，子どもと思春期の心理療法の訓練におけるさまざまな要素が，地域 CAMHS 内の子どもの心理療法士としての実践にもたらしうる重要な貢献について検討したい。特に，専門職チームのなかのリーダーとしての役割や上級管理職チームの一員としての役割に焦点を当てる。

◗ マネジメント，多職種チーム，そして患者

　複雑で，ときには痛ましい経験を扱う際に，精神分析的背景と綿密な観察の経験が，いかに欠くことのできない枠組みをもたらしてくれるのか，わかりやすく説明してみたい。こうした経験は，深刻で重いプレッシャーから生じる。これらは，管理側の期待や，密接に連携をとる関係機関の期待に応えようとするプレッシャー，また，患者のニーズを認識し，できればそれに応じたいというプレッシャーをめぐって容易にもたらされる。同時に，人と関わることへの関心から，個人としてあるいは多職種チームとしての同僚のニーズに気づくことも強いられる。こうしたプレッシャーは葛藤になりうる。機関間や専門職間のライバル心や緊張は，確実に葛藤として経験されうる。そして，そのために事態がこじれることは避けがたい。

　臨床家と管理職という両方の役割に従事する可能性のある子どもの心理療法士は，子どもの心理療法の世界とクリニックの上級管理職チームの世界の，どちらにも存在する方法を見つけるという困難に直面する。前者は，第一に内的・心的現実に焦点を当てるという，より「なじみのある」場所だと感じられる。後者は，外的世界の現実に集中する。上級管理職チームの一員として（「企業」アイデンティティのような何かを耕し，育む構成員），これらの世界の境界に立ちながら，心に留めなければならない適切な関心事を無視したり見落としたりすることなく，情緒的なアイデンティティへの愛着から導き出される問題に触れ続ける方法を見つけねばならない。しかし，これは達成されるべき課題や向上心というよりも，むしろ，うまくこの緊張を制御して保つという野望であり，永遠に続く戦いである。現実にはこれは，相反する力からくる継続的な悩みの種であり，簡単に避けたり妥協したりできない

ものである。民族的アイデンティティに退却し，誤った安全感から快適さを引き出すという選択肢もあるだろうし，企業アイデンティティ云々といった現実政治（Realpolitik）に屈服するという選択肢もあるだろう。

外的現実と内的現実

　何が外的現実で，何が内的現実なのか。こうした設定で定義をするのは，面接室で定義をするよりもずっと複雑である。暫定的かつ過度に単純化した解釈では，外的世界は財団委員会や最高責任者，医療局長を通じて地域CAMHS長や地域チームのマネージャー，専門職のリーダー，専門領域の長，そして個人の臨床家へと下ろされてくる，夥しい数の政府文書によって明らかになるものだと示唆される。こうしたリストに，次のような議案を加えることもできる。たとえば，New Ways of Working（NWW），選択と協働（Choice and Partnership Approach：CAPA）。決して終りのないさまざまな領域の訓練もある。たとえば，子どもの保護，リスクアセスメント，ケアプログラム・アプローチ（Care Programme Approach：CPA），汎用アセスメント・フレームワーク（Common Assessment Framework：CAF），EPEX あるいは電子データ入力システム RIO，子どもの強さと困難さアンケート，子どもの包括的アセスメント尺度（Children's Global Assessment Scale：C-GAS）の得点，CAMHS 結果調査協会（CAMHS Outcome Research Consortium：CORC）のデータなど。

　こうした新たな取り組みと，結果の数値化や評価が求められるのは，精神保健チームの現代の流れの一部となった。理事に対して私たちの仕事の利点を証明しつつ，雇用の権利を正当化する責任はますます重くのしかかっている。したがって，たとえば満足のいく活動のデータや利用者のサービス利用経験質問紙などが，私たちの仕事の重要な例証になっている。もし，何がしかの専門領域を地域 CAMHS にとって重要で存在感のあるものとして残し続けたいのなら，こうした課題は避けては通れない。しかし，それは意味のあるものでなければならないし，すべてのメンバーが正しく行う必要がある。そうでなければ，これらの活動は自動的に「よい実践 good practice」と同

等視され，活動の測定は成功と同等視される危険性がある。測定や結果への
こだわりは，意味をもって考えて扱われない限り，チームが圧倒的な感情か
ら退避する機能を果たすかもしれない。つまり，チームの主たる課題を見る
目を曇らせ，逸らすことになるかもしれないということである。

● 実　例 ●

　地域 CAMHS の士気は低く，スタッフ間の関係はもろく，リーダーシッ
プは弱いか欠如しており，無関心か，そうでなければ自己宣伝的である。初
回面接のための順番待ちリストは，ほぼ 1 年ほどの長さである！そうした
なか，上層の管理チームのある人が，親と学校に，子どもの名前が順番待ち
リストに入ったと伝える手紙を SDQ 用紙とともに送付するという提案をし
た。

　・この SDQ は，6〜12 カ月後の子どもの行動を反映するのだろうか。
　・来たるべき予約日を期待させてしまわないだろうか。
　・SDQ は，紹介段階のこの時点で有益な機能を果たすのだろうか。

　これは，上層部管理職会議で表明された懸念のうちのいくつかだが，くつ
がえされた。SDQ 用紙の送付は，言い換えれば，結局は何カ月もの間会う
ことのない子ども，そして親に対して何かを「している」ということであり，
長い順番待ちリストについてのチームの不安と抑うつをいくらか緩和するの
に役立つ。SDQ に取りかかるほうが，問題のあるリーダーシップ状況や
脆弱なチームの力動，士気の低下，そして外部のコンサルテーションの必要
性に関わるよりもはるかに容易なのである。

　私たちを取り巻く社会が細分化されるほど，（困窮，剥奪，転地や，複数
のトラウマに悩まされる家族の紹介の増加を反映して）新しいシステムやプ
ロトコル（たとえば強迫神経症〈OCD〉，注意欠陥多動障害〈ADHD〉/注意
欠陥障害〈ADD〉）を作ろうとする傾向があるように思われる。ここには新
たな略語と訓練が伴う。たいていは半日の義務的な訓練行事で，そこに関わ

る臨床家の数からしても膨大な財団の出費で組織される。こうした訓練は，患者の複雑な生活や苦しみに値するニュアンスはほとんど考慮されず，たいていは十分とは言えない水準で行われる。

システムとその略語は，信仰のような価値を引き受けているように見える。あたかも魔法によって，順番待ちリストを管理したり新しい事例を割り当てたり，あるいはチーム会議を組織化したりする新しい「システム」が，不安からの解放という待望のものをもたらしてくれるという信念に備給される（ついでに言うと，こうした略語はチームに団結や連帯を生み出すという目的にも貢献しているのではないかと思うことがある。嵐の夜にキャンプファイヤーでも囲むかのように，チームのメンバーが秘密の言葉の周りに集うのである）。

さらに，紹介機関からは，裁判資料，コンサルテーション，急ぎのアセスメントの要請など，紹介数の増大というかたちで，チームの資源にとってはかつてないプレッシャーがやってくる。このなかには，適切なものもそうでないものもある。リストは永遠に続いていく。

内的世界について考えるとき，私は，臨床家個人としても多職種チームの一員としても，私たち自身や患者や同僚の意識的，無意識的な内的現実について考える。しかし，こうした区別はあまりにも整いすぎている。というのは，外的世界から内的世界へ，あるいは，内的世界から外的世界へと転換するのは非常に早いからである。役割は，設定に依存して変化する。臨床管理グループ，ビジネス管理グループ，子どもの心理療法チーム，子どもの心理療法ワークショップ，ビジネスチーム会議，臨床ディスカッションチーム。そのため，内的なものは，所属する機関，地域，チーム，専門性，訓練，あるいは理論的背景として，「外的なもの」は「他者」（機関，チーム，専門性や管理）として定義される。それゆえ，設定によって求められるアプローチが異なり，何が内的なものを構成し何が外的なものを構成するのかという心の状態も異なるのかは想像に難くない。アラン・シャトルワースの「Fiding New Pathways in the Changing World of District Child Psychotherapy」は非常に影響力があったが，そこで二重国籍の概念が紹介されていたのを思い出す（Shuttleworth, 1999）。彼はこの論文で，子どもの心理療法士が，

精神分析の世界と地域 CAMHS の境界線上に生きる必要性を受け入れるよう示唆している。私は，二重国籍（あるいは，ヨーロッパ国籍により近い）の必要性に加えて，上述のように，フィリップ・プルマン（Pullman, 2001）の『神秘の短剣』[20] を使って窓を「切断」し，継ぎ目なく，異なる設定と異なる考え方に入って行く必要があると示唆したい。

●集団に課される役割

　イザベル・メンジース−リスの主要論文「The Functioning of Social Systems as a Defence Against Anxiety」が登場してからおよそ 40 年後，ブランカ・ペコティック（Pecotic, 2008）とのインタビューで，彼女はビオン（Bion, W.）と彼の集団に関する研究に賛辞を送っている。彼女は生き生きとした様子で，「集団のなかで課される役割について——集団がいかに無意識的に，誰かが，何らかの仕事をするように命じるのか」について語っている。

　ケアをすることや母性的役割は，子どもの心理療法士には非常によく（ときにはあまりにもよく）当てはまるように思われるが，これは管理者やチームから無意識的に割り当てられるものである。しかし，この歓迎されそうな任務には，危険が潜んでいる。財政難という現実，順番待ちリストと待ち時間の目標，遂行指標や結果に無関心で論争を高みから見物するものとして自らを位置づけるリスク（そして，より重要かつ危険なことは，こうした困難な時代に他者からこのように見られるというリスク）である。こうした懸念とケアの質についての関心は，一つの役割のなかに同居できないかのようである。非常に警戒して用心深くならない限り，私たちは，この悪性の「分業」やそれぞれに割り当てられた業務と共謀することになるかもしれない。これがさらに分断に寄与し，危険な亀裂を生むことになるのである。

　しかし，私たちが橋渡しをすべきだと思う分断は，常に移り変わっていく。

---

[20]　1997 年に刊行されたフィリップ・プルマンの小説 *The Subtle knife*（邦題：神秘の短剣）。

外的，政治的世界と，内的，心理的，情緒的世界の境界に位置づけられていることで，私たちは患者や多職種チーム，そして管理者側のニーズの葛藤から生み出される強い緊張を経験する。早急に（いずれにせよ，存在しない）安易な解決に頼ることなく，この緊張感に触れ続けるのは，非常に居心地が悪い。また，解決不可能で，誰もうらやましがらない課題のようにも感じられる。同僚や管理者側にこのベースにある緊張やその発端を伝えるのが仕事である臨床家/管理者は，とりわけ，不快な真実を伝え，人気をなくす準備ができていなくてはならない。また，洞察を共有することで，管理者とチームに不快感を生じさせるのも受け入れなければならない。事実，「嫌われ者になるために給料をもらっている」のである。

　こうした緊張をすすんで認識し，受け入れ，それに耐え，取り組むことが，チームが多くの課題と格闘し，患者とチームそのものの生活に意味のある貢献をする唯一の方法である。たとえば，13週間の待機目標を心に留めておくことは，チームの管理職，あるいはチームリーダーのみの仕事ではないのだと理解することこそが，チームがまとまる瞬間だと思う。同じく，患者やその家族の代弁者になったり，よい実践の守り手になったりするのは，子どもの心理療法士のみに降りかかることではない。管理職も子どもの心理療法士も，待機目標とよい実践の両方について，気にかけることができるのである。

⬤ コンテイニング機能としての管理者

　よく機能しているサービスにおいては，管理者側も多職種チームと共に働き，彼らの（個人や専門職としての）ニーズを気にかけ，患者を担当する仕事のサポートをするなど，コンテインする親像の機能を果たすべきだと私は感じている。基本的なウィニコットモデルにおいて，それぞれの要素は互いに関わり合う。したがって，管理職のマネジメントが十分で，かつ効果的で支持的であるためには，その管理職は，臨床家の仕事についての知識を持ち，チームの仕事の複雑さについて真の洞察を持つ必要があるだろう。こうしたことが求められて，どれだけの管理職が受理会議やチーム会議に参加するた

めに時間を費やせるだろうか。

●実　例●

　地域 CAMHS の上級管理職のチーム会議は，再度，財政状況が厳しくなったことから，緊張が走り不安な空気が流れていた。相当な貯蓄をする必要があるという話も出ていた。この四半期の紹介事例の数，臨床家の「活動」，DNA（来談しなかった患者）の数，順番待ちリストの数とその待ち時間について話し合われた。チームのメンバーは，（ハードワークにもかかわらず）臨床と事務的な仕事の要請が続き，勤務時間内に仕事を終えられずに疲れ，士気をくじかれていた。DNA の比率が高く，「処理」の比率が低いことについて，管理職からいくつか質問があった。話し合いでは，チームの管轄区にはひどい貧困地区がいくつかあるという事実に一定の注意が引かれた。紹介されてくる家族は，複雑な心理・社会的問題を抱え，クリニックまでたどりつくのがとても難しいようだった。一度クリニックとつながると，彼らは長期にわたって援助を必要とする傾向にある。チームのメンバーの一人は，管理職がそうした家族の話を聞いたとしたら，この仕事の複雑さについてある程度の洞察を得ることができるのではないかと提案した。たとえば，受理会議や，チーム会議での臨床的ディスカッションに出席してみてくれないだろうか。この提案は聞いてはもらえたが，管理職のみならず他の臨床家からも丁重に退けられた。最終的には，この仕事をもっとも望ましいかたちで主張するには，チームの活動にどのように入ってもらうのがベストなのかを考えることに戻っていった。

　こうしたことは，まったくの例外ではないだろう。ヘルスケアシステムにおいて管理職は，臨床家からも患者からも距離を置いている。事実，彼らは苦情を調査する必要がある場合にのみ，患者と接触する（ここには，〈文字通りにであれ，心理的にであれ〉シングルマザーが子どもの素行不良で混乱したり，不幸な気持ちでいる子どもと話してもらったりするために，距離を取っていた夫と連絡を取るような雰囲気がある）。このように，管理職は，臨床家の仕事やその困難さ，家族の苦しみには触れないままである（残念な

ことに，多職種チームの第一の仕事が何かということについては，しばしば臨床家の間でさえ満場一致の合意はないと，読者は気がついているだろう）。

　上述の例のとても興味深いところは，患者と連絡を取る可能性を避けるのは管理職だけではなく，臨床家も管理職にはそれを遠慮してほしいようだということである。あたかも，患者は臨床家のみの守備範囲であり，財務や実績に関する懸念は管理職だけのものだという暗黙の合意があるかのようである。もし，管理職が紹介の状況はどんなものか，あるいは臨床家が患者やその家族の物語をどのように考えるのかを直接体験すれば，ある種の均衡が脅かされるかのようである。臨床家の仕事に対する興味の欠如は，養育的な臨床家と，財務と実績にのみ関心のある冷たい管理職との間の激しい分断を正当化するために必要なのだった。

　オボルツァーは，すべてではないものの，大多数の臨床家の経験に言及して，「構造はこのように，管理職が心理的に自らの行為の結果に目をつむるのを可能にする」（Obholzer & Zagier Roberts, 1995）と指摘している。たとえば，家族の苦悩，長期にわたる関わりの必要性，あるいは（家族が，善意はあるがごく短期間しか関わることのない訓練生に次々に会うよりは）一人のワーカーとのアタッチメントを形成する必要性に，臨床家が十分な注意を向けないようにさせられていると感じることである。なかには，短期間の介入から，あるいは一回の治療的コンサルテーションから利益を得る家族もいることに疑いの余地はない。しかし，治療的関係を育むためには，実際の臨床家の時間と，心の中の空間という，両方の場が提供されるべき家族もいる。自分の物語を語り，それを聞いてもらう経験をし，孤独感を和らげてもらい，セラピストの関心を経験し，そして「他者への関心」を育むといったことに時間をかけることが重要なのである。

　ここで，こうした不快感を扱い，創造的な解決法を考えるために必要なツールを与えてくれる，子どもの心理療法の訓練から得られる理論的知識と臨床的スキルについて詳しく検討しようと思う。面接室で磨かれたこれらのツールが，いかに委員会やスタッフルームにおいても役に立つのかを示すことができればと願う。

「マニ，あなたは自分のためにだけ分析を受けていたのではなく，……チームのためでもあったんだよ」

　これは，私が議長を務めていた大変難しいチーム会議の後の，コンサルタント児童精神科医の言葉である。このようなときに役に立つと考えられる基本的なあり方は，ヒンシェルウッド（Hinshelwood, 1987）の「私たちは機関のための心理療法士である必要はない」という警告である。チームのメンバーとの関係性，あるいはチーム全体について，患者との関係性を考えるのと同じように考えることはできるだろう。しかし，そうはしないと付け加えておきたい（これは，セッションにおける転移経験とも類似している。あのとき，あそこで，と語るよりも，心の中に留め置くのを選ぶということである）。私たちは，解釈的介入のための「フォーラム」も「資格」も持っていないのだと覚えておく必要がある（Hinshelwood, 1994）。

　こうした心の姿勢は，ヘルスケアチームが一方では幅広い要求を，もう一方では脅しや不確かさを浴びてしまうような昨今，とりわけ助けになる。ハルトン（Halton, 1995）は，「生き残りや自尊感情が脅かされるときはいつも，より妄想−分裂的な方法で機能する傾向がある」ことを思い出させてくれる。容易に攻撃として体験されうるような防衛的な同僚のふるまいの背景にある不安を理解することが，いかに彼らとの関係性を守る助けになりうるのかを，以下の二つの事例が説明してくれるだろう。こうした洞察は，患者の利益を最優先にするための創造的なパートナーシップの可能性を強化してくれる。

● 事例 1 ●
　Sは，人種の異なる両親から生まれた5歳の少女で，母親は白人の英国人である。Sはすでにしばらくの間，ロンドンCAMHSに通っていた。Sの問題行動と，母親の脆弱性と不適切な養育のため，地域のソーシャルケアチームは，突然，Sをロンドンから50マイル離れた専門里親（黒人の英国人）に措置することにした。Sは自分の父を知らなかった。父は黒人の英国人だと言われていた。養育・養子チームは，Sが黒人のアイデンティティについ

て知っていくのが重要だと考えていた。Sのセラピストは，少なくともSが自分に何が起きたのかを理解し，セラピストにお別れを言うための機会をわずかでも持つべきであると，懸命にソーシャルワーカーを説得した。ソーシャルワーカーは，これまでと同じ日，同じ時間に，いくつかのセッションを持つことに同意した。Sの母のセラピストもまた，母に会い続け，この非常に混乱した時期をサポートしようとしていた。当然のことながらSは，クリニックの待合室で母と会ったとき，とても動揺し，怒った。この突然の分離に際してもっともな反応である。しかし，ソーシャルワーカーはSの面接時間を変更すべきだと提案した。そうすれば，Sは母には会わないし，動揺しなくてもすむだろうと言う。しかし，ソーシャルワーカーは，Sの涙から，母から突然離されることになったSの動揺に触れることができた。ソーシャルワーカーの提案は，このことに対する無意識の罪悪感を引き出し，かつ，Sの涙に耐えられないことに気づかせてくれたのはとても役に立つ，有益なことだった。ソーシャルワーカーは否認したかっただろうが，自分の極端な行動の結果に向き合わざるを得なくなったのである。子どもの心理療法士は，社会的養護システムに振り返りと再配置の可能性が迫っていることを知っていた。それが多くの不確かさを生み出していた。立ちはだかる配置転換への恐れは，幼いクライエントの配置転換に関連するどのような感情も，このソーシャルワーカーが否認する必要性に一役買っていた。子どもの心理療法士は，心に浮かんだこうした考えについて，ソーシャルワーカーと話し合った。話し合いは，（ソーシャルワーカーの状況については明確には触れずに）ソーシャルワーカーが，Sの真っ当な動揺と不幸な気持ちに対する反応を変えるのに役立った。そして，これまでどおりの時間にセッションを行うことを同意した。このことは，Sが母とさらにコンタクトを持ち続けることをも意味していた。

● 事例２ ●

C夫妻は二人の幼い子どもを連れて，中東の国から迫害を逃れてやってきた。彼らは，6歳の息子Aにクリニックに「連れてこられた」。Aは食事を拒否し始めていた。彼は親の関心を引く，とても強力な方法を見つけたよう

だった。また，両親が妹の B に，自分より多くの時間を割いていると不平を言い続けていた。悲しいことに，B には出生時の黄疸から脳に障害が残っていたが，母国では適切な対処がなされなかった。C 夫妻はとても抑うつ的で，子どもたちのために情緒的な応答ができていなかった。国を離れ，トラウマを受け，そして生きることに「拒食」的であった。

　同僚の X と私は，この家族の話を聞きながら深く沈み込んだ。この回，両親は父方叔父の政治的暗殺について，また，小さな娘について話していた。娘と共にセッションに来ることを 2 人の臨床家は歓迎していた。とても心が動かされ，かつ沈痛な雰囲気が悲しみとともに立ち現れてきた。彼らは，残してきた原家族と連絡を取ることを切望していた。しかし，X にはこの話は耐え難く感じられ，「生活保護を受けていますか」と質問してこの空気をさえぎった。私はこの質問ミサイルが，この家族の存在の連続性（Winnicott, 1965）をさらに攻撃したと感じた。彼らの悲劇的な話を切り上げた。そこに十分な時間とスペースを与えなかったからである。家族は，臨床家が彼らの苦悩を見届け，それを経験し，そのいくぶんかの毒性を吸収してくれるのを必要としていた。X の著しい鈍感さに怒るのはたやすい。それは，この同僚が自身の効率性や有用性をとても誇りにしていたことを思い出すのに役立ったが，もちろんこの衝撃的な悲哀のセッションでは，それはあまり役に立たなかった。事実，彼は犠牲者としての患者に過剰に同一化し，その痛みや絶望に圧倒され，セラピスト−患者/クライエントの境界を統制するのに失敗していた。さらに，このように悲劇的な話に直面して自分は無力だと感じ，有能な専門職としての自己イメージが打ち砕かれていたのである。社会福祉の「提案」は，彼がこの難民一家に対して何か役に立つことができたのだと，自分は完全に無能ではないのだと感じるために考えついたことの，すべてだったのである。

⬤ タイミングの重要性

　読者は，私たちがタイミングについて考え，そこに関心を持つことの重要性について学んできたことをよくわかっていただけたと思う。私たちは常に，

たとえば「なぜ，今」，紹介があったのかと考える。また，治療的介入と解釈のタイミングを綿密にモニターする。セッションの正確な書き起こしに綿密な注意を払うこと，あるいは親-乳児観察は，洞察や理解を得るためのかけがえのない道具として，流れやリズムを重視することのさらなる証左になる。古代ギリシア人の思考は，karios という概念を非常に尊重する。これは，都合の良い瞬間をとらえる力を表象するものである。デティエンとヴァーネント（Detienne & Vernant）は，アリストテレスの言葉を引用している。

> 航海技術において，一つひとつの固有の事態に応用できる一般的知識も，海水のうねりを作るすべての風についての信頼できる知識も存在しない……優れた航海士は，知識の範囲ではなく，むしろ予測する能力と，あらかじめ海が用意した罠を明らかにする能力を評価される。これは同時に，航海士としての知性を用いる機会でもある。
>
> (Detienne & Vernant, 1978, p.224)

　航海士と私たちには，強い類似性があるように思う。航海士は予測できない要因に直面し，航海技術を最も効果的に用いるために，うまくいく瞬間から目を離さないでいることが求められる。子どもの心理療法の訓練は，患者が苦しむ荒れた海を航行しながら，精神保健サービスで仕事をするという嵐をくぐり抜ける力を与えてくれる。私たちには，波や風の力にやられてしまうのではなく，それを自分たちにとって有利に用いるための素晴らしいタイミングと，その判断が求められる。プラトンはどんな船乗りも「風の激怒や善意の秘密」を知ることはできないと言う。それゆえ，私たちは常に用心し，「力のバランスがひっくり返る機会が訪れるのを密かに探り続けなければならない」（Detienne & Vernant, 1978, p.225）のである。

 まとめ

　本章で，地域 CAMHS のかなり政治的で，臨床的な問題について考え抜くために，子どもの心理療法の訓練が非常に貴重な貢献をするのを示すこと

ができたことを願う。あらゆる非現実的な課題を受け入れるよう強制されないためには，チームが取り組むよう「課され」ていることを意識し，警戒し続ける必要がある。本章の二つの主な提案は，以下のものである。

(1) ガイヤ，大地に触れることで強さを得るという神話のアンタイオスのように，私たちに要求されるさまざまな義務と責任を果たす強さを引き出す強固な基盤として，訓練と臨床実践の原則を用いる。

(2)「二重国籍」を必要とする責任を忘れることなく，子どもの心理療法士としての情緒的アイデンティティとつながり続ける。他の集団を犠牲にして，一つの集団に過度にコミットするのは，私たちの役割全体を遂行する力の妨げになるだろう。患者が順番待ちリストに何週間も滞っているのは，管理職だけが懸念するのではないし，援助する子どもや親，家族に対して期間制限のない精神分析的心理療法を提供できることの重要性は，子どもの心理療法士だけが注視するものではない。国の順番待ち期間の目標と，患者のニーズのいずれについても，管理職と臨床家の双方が自身の問題として受け止める必要がある。ヒンシェルウッド（Hinshelwood, 1987）が「理想的な（著者による強調）人との触れあいのかたちは，それを分裂して適切にコンテインする対象に投げ込むことによって保持されうる」と言うように。子どもの心理療法士は，こうした投影を受ける適切なターゲットとして自分自身を提供する。しかし，後に価値下げが続くため，この理想化に抵抗することは非常に重要である。この解決法はまた，上級管理職チームのメンバーが自身の人間性に触れ続けるのにも役立つ。

【文献】

Detienne, M. and Vernant, J.-P. (1978)) *Cunning Intelligence in Greek Culture and Society*, Hassocks: Harvester Press.
Halton, W. (1995) 'Some unconscious aspects of organisational life', in A. Obholzer and V. Zagier Roberts (eds) *The Unconscious At Work*, London and New York:

Routledge.

Hinshelwood, R. D. (1987) 'The psychotherapist's role in a large psychiatric institution', *Psychoanalytic Psychotherapy* 2, 3: 207–215.

Hinshelwood, R.D. (1994) 'The relevance of psychotherapy', *Psychoanalytic Psychotherapy* 8, 3: 283–294.

Jaques, E. (1955) 'Social systems as a defence against persecutory and depressive anxiety', in M. Klein, P. Heimann and R. Money-Kyrle (eds) *New Directions in Psycho-Analysis*, London: Tavistock.

Menzies Lyth, I. (1988) 'The functioning of social systems as a defence against anxiety', in I. Menzies Lyth *Containing Anxiety in Institutions: Selected Essays, Vol. I*, London: Free Association Books.

Obholzer, A. and Zagier Roberts, V. (eds) (1995) *The Unconscious At Work*, London and New York: Routledge.

Pecotic, B. (2008) 'Interview with Isobel Menzies Lyth', *Bulletin of the Association of Child Psychotherapists* 187: 3–9.

Pullman, P. (2001) *The Subtle Knife*, London: Scholastic.

Shuttleworth, A. (1999) 'Finding new clinical pathways in the changing world of district child psychotherapy', *Journal of Child Psychotherapy* 25, 1: 29–49.

Winnicott, D.W. (1965) 'The theory of the parent–infant relationship', in D.W. Winnicott *The Maturational Processes and the Facilitating Environment*, London: Hogarth Press.

【邦訳文献】

Halton, W. (1995) Some unconscious aspects of organisational life, in A. Obholzer and V. Zagier Roberst (eds) *The Unconscious At Wort*, London and New York: Routledge./［武井麻子監訳，榊恵子訳．組織のストレスとコンサルテーション――対人援助サービスと職場の無意識．金剛出版］

Obholzer, A., & Zagier Roberts, V. (eds) (1995) *The Unconscious At Work*, London and New York: Routledge./［武井麻子監訳，榊恵子訳．組織のストレスとコンサルテーション――対人援助サービスと職場の無意識．金剛出版］

Pullman, P. (2001) *The Subtle Knife*, London: Scholastic./［大久保寛訳（2006）神秘の短剣（上・下巻）ライラの冒険シリーズ（2）．新潮社］

Winnicott, D. W. (1965) The theory of the parent-infant relationship, in D. W. Winnicott *The Maturational Processes and the Facilitating Environment*, London: Hogarth Press./［牛島定行訳（1977）情緒発達の精神分析理論――自我の芽ばえと母なるもの．現代精神分析双書．第2期第2巻．岩崎学術出版社］

第13章　コンサルテーションを超えて

——ヤングマインズ（YoungMinds）での仕事

ピーター・ウィルソン（Peter Wilson）

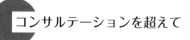コンサルテーションを超えて

　精神分析の訓練を受け，自己理解を通じた心理的変化に価値を置く子ども
の心理療法士は，広く子どもと家族の内的世界に焦点づけた，広くさまざま
な臨床活動に従事している。遅かれ早かれ，子どもの精神保健の領域で，他
の専門職にコンサルテーションを提供するよう要請される。その主な目的は，
職員が子どもの行動をより良く理解できるよう，そして，子どもの問題が職
員の子どもとの関係や，職員間の関係に及ぼすインパクトの意味について考
えることができるよう援助することである。

　この仕事を始めた頃，私は次のような活動に専念していた。ハムステッド
子どものセラピーコースとクリニック（現アンナ・フロイト・センター）で
の訓練の後，ロンドンでいくつかの児童相談所と思春期の心理療法センター
に勤務した。非常に多くの子どもや思春期青年，そしてその家族のアセスメ
ントと，個別の治療的仕事に従事した。徐々に，教員や保育所の職員，教育
福祉職員，児童精神科研修医や上級研修医といった専門職へのコンサルテー
ションを依頼されるようになった。また，さまざまな障害を持つ思春期青年
のための治療的コミュニティを牽引してきた職員のためのコンサルタントと
して，何年も働いた。私の仕事のほとんどは，そこで職員が共犯的でも懲罰
的でもない関係を持つことができる方法を見つけられるように，転移や逆転
移の問題に焦点づけることだった（Wilson, 2003b）。

　しかし，内的世界の重要性に明確な価値を置くのと同じく，外的制約に妨

げられていることに気がつくようになっていった。それら外的制約は，私が会っていた多くの子どもとその家族を悩ませ，彼らを助けようとする多くの専門家の努力を挫折させるようなものだった。子どもたちは，望むように機能できない家族の混乱の影響をあまりにも多く被っていた。ある者は貧困のため，ある者は失業のため，またある者は経済的逼迫，あるいは未治療の精神保健上の問題のために，子どものために時間や関心を割くことができないでいた。加えて，私にコンサルテーションを依頼してきた専門家は，直面する治療的要請をはるかに超えて働かざるを得ない状況に，あらゆる面で圧倒されていた。援助を必要とする子どもや家族のニーズに応えうるための財源は十分ではなかった。子どものための精神保健サービスは，伝統的に，成人のための精神保健サービスよりもずっと割を食ってきた。精神保健は一般に，他のサービスと比較して資金不足である。社会福祉における子どもサービスは，ますます増えるプレッシャー，とりわけ子どもの保護の業務におけるプレッシャーと奮闘している。ボランティア組織，特に地方の小規模なところは，常に活動の資金調達が不安定な状態にある。

　こうした心配事を心に留め置きながら，私は臨床やコンサルテーション業務といった慣習的領域を超えて仕事を拡大し，子どもと家族にとっても専門家にとっても，生きていくうえで望ましくない状況に対して根本的に「何かをする」ためには，より政治的な水準の活動の必要があると考え始めた。また，政治的活動が何であれ，従来の政治家や管理職あるいは政策立案者の主導ではなく，（望むらくは精神分析的知識を持った）臨床家の主導で進めたいと強く感じた。

子ども相談財団（Child Guidance Trust）

　当時の私の関心事は，もちろん目新しいことではなかった。一般に社会における子どもの福祉の窮状は，教育，保健，社会福祉に携わる多くの者が考えさせられてきたことであり，変化を求めるキャンペーンをするボランティア組織もたくさんあった。しかし，子どもと思春期の精神保健に特化されたものはたった一つだった。それは，私が関わりを深めていった子ども相談財

団で，全国の児童相談所で働く児童精神科医，教育心理士，子どもの心理療法士，精神科ソーシャルワーカー（CPSW）で構成されていた。最初の児童相談所がロンドンとグラスゴーに設立された 1920 年代に，そのルーツがある。初期の開拓者らは，子どもの情緒的，心理的困難の多面的な性質を認識していたため，多職種協働の価値を理解していた。

　彼らが奨励した実践の原則は，この国では 1950～1960 年代にかけて盛んになった児童相談運動（child guidance movement）の発展に基盤がある。しかし，1970 年代後半までには，その勢いは失われていた。児童相談所は，サービスを提供する地域に対する説明責任という感覚をいくぶん欠いていた。多くは実践において視野が狭くなっていき，浮世離れした考え方をしていると非難された。実際に，自己満足と傲慢さの見本のようなところもあったが，それは少数派だった。私が考える真の問題は，大半の児童相談所が絶望的に資金不足で，適正規模よりかなり低い水準で運営されていたことである。一貫した内部管理構造は何もなかった。多職種チームの専門家は，外部のそれぞれの当局に対する責任を負っていた。制定法における大きな変化が，相談所をさらに衰退させた。ソーシャルワーカーと教育心理士は，相談所の主たる業務を超えた義務を引き受けるよう求められるようになった。多職種の仕事は必要だが，協働は難しく，組織のリーダーシップや説明責任に関する問題が少なからず複雑だったためである。異なる職種間のライバル心は，しばしばかなり根強い。異なる治療的アプローチ間のライバル心もまた然りである。最終的に，あまりに多くの仕事に蔓延していた強烈な情緒的プレッシャーがすべての関係者に影響していった。プレッシャーがあまりにも大きく，個人も専門家集団も，防衛的に専門職の孤立へと引きこもりたいという誘惑が，多職種協働の観点を弱体化する結果になった。

　児童相談協議会は当初から，子どもに関する政府の政策について，重要なアドバイザーの役割を担ってきた。戦争中の他の精神保健組織との協力から，全国精神保健研究所（National Institute of Mental Health：NAMH）としての合併につながった。1974 年，NAMH は成人の精神疾患に専念することに決め，その名称を MIND に変更し，子どもの精神保健に対する関心を手放した。これは，子どもの精神保健についての主要な政治的運動の先鞭になっ

た。子ども相談財団が作られたのは，この文脈においてである。この領域の現場は多大な緊張があったにもかかわらず，断固とした人々の小さな集団が，子どもの精神保健についての国民の意見と多職種の専門的仕事の発展を確立するという新たな主張をした。このなかで何年にもわたって最も活発に活躍したのは，初期の PSW の一人で NAMH において影響力があり，児童相談の仕事のパイオニアであるロビーナ・アディス（Addis, R.），フレッド・ストーン（Stone, F.）教授，児童精神科医のジャック・カーン（Kahn, J.）とジュディス・トローウェル（Trowell, J.），教育心理士のマリオン・ベナサン（Bennathan, M.），マイケル・ロー（Roe, M.）とエヴァ・ホルムス（Holmes, E.），そして，子どもの心理療法士のワレス・ハミルトン（Hamilton, W.）と私だった。1988 年にこの財団は，その名を Young Minds に変えた。つまり，全国子どもと家族の精神保健における多職種の専門的仕事のための協会（National Association for Multi-professional Work in Child and Family Mental Health）である。協会は，さまざまな組織の代表や個人からなる新しい組織を作り上げた。ベナサンがこれを力強く押し進め，思わぬ偶然にも恵まれて，Young Minds は保健省からかなりの額の助成金を受けた。そして 1992 年，私は組織の常勤の所長に任命された（ブランドとマーケティングの目的で，この組織の名称は後に，YoungMinds に改変された。そして，専門的一貫性が当然のこととして受け止められるよう，付随するディスクリプション・タグは，全国子どもと家族の精神保健協会〈The National Association for Child and Family Mental Health〉になった）。

　先の課題を考えると気が重くなったが，楽しみでもあった。主張には説得力があり，その目的はかなり明確ではあったが，困難なものでもあった。

- ・わかりやすく，手が届きやすく，効果的な子どもと思春期の精神保健サービスの提供を促進すること。
- ・公共政策担当者が，子どもや若者，そしてその家族の精神保健のニーズを考慮するよう促すこと。
- ・子どもや若者，そしてその家族の精神保健と情緒的ニーズについての啓発をさらに促進すること。

　加えて，時代も好都合であった。米国では子どもの精神保健に対する関心が増していた。英国では，1993年の国民の健康綱領の目標に明確に掲げられたほど，政府は精神疾患に多大な関心を寄せていた。保健省の大臣はヴァージニア・ボトムリー（Bottomley, V.）議員で，ロンドンの児童相談所で数年間，精神科ソーシャルワーカーとして私も共に仕事をした人だった。さらに幸運なことに，同じ児童相談所で仕事をしていたロバート・ジェザード（Jezzard, R.）医師が，保健省の児童精神科アドバイザーに任命されていた。こうした状況で，政府が子どもと思春期の精神保健サービスの大規模な課題調査をNHS健康相談サービスを通じて主導したのは，おそらく驚くべきことではない。これは，コンサルタント児童精神科医のリチャード・ウィリアムズ（Williams, R.）が指揮を執り，『互いに支えあおう（Together We Stand)』という報告書（NHS Health Advisory Service, 1995）としてまとめた重要な仕事となった。この報告書は，全国の子どもと思春期の精神保健サービスを左右する政策に，重大かつ長期にわたる影響を残した。

子どもの精神保健という意味

●限界に取り組む●

　ヤングマインズの所長という新たな役割に落ち着く間，この大規模な課題調査の運営委員会の席に着くよう招かれた。これは，子ども相談財団のために，中心的な多くの議題を吟味する機会を与えてくれ，かつ，将来のサービスの構造化と管理運営について幅広く議論する一員になる機会を与えてくれた。そうした議論の真っただなかで，私たちは皆，いわゆる子どもの精神保健の何に対して，ここまでの関心を持つのかということに興味を持つようになった。子どもの精神保健とは何を意味するのか。それは誰が持っていて，誰が持たないのか。この用語は，ヤングマインズの公式名称の一部であり，この調査の中核でもあった。しかし，定義については，まだほとんど明確ではないように見受けられた。「精神」という言葉を口にするとき，直ちに疾患や精神科，そして薬物治療を思い浮かべることがあまりにも多い。この言

葉は事実上，病理にとらわれてしまっている。とはいうものの，辞書的には，「心に関係するもの」以上のものはない。

　一見したところ，この単純な「精神保健」という用語を意味づけする試みが優先事項だと思われた。しかし，とても驚いたことに，このことに対して熱意のある人にはお目にかからなかった。たとえば，ある著名なコンサルタント精神科医は，これを私が持ち出したことに苛立ったように見えた。あたかも彼の調査・研究や実践における，より差し迫った問題とは無関係であるかのように。ある上級子どもの心理療法士もまた，私の論文の書評で，こうした問題を取り上げるのは「退屈である」との不満を述べて，無関心であることを伝えてきた。一般に，人は健康について考えるよりも，疾患について考えるほうがより心地が良いと感じるようである。治療の複雑さに没頭するあまり，自分が治療しているのは何のためだったのかという視点を見失ってしまうようである。アダム・フィリップスは，近著 *Going Sane*（Phillips, 2005）で，このことについて興味深い観察をしている。彼は，「正気という概念には，私たちがその定義を嫌う何かがある」と書いている。狂気のドラマとは対照的に，正気には「どんな印象的なセリフもない」。彼は，ほとんどの人にとって狂気は，より興味をそそられ，魅惑的ですらあるものなのだろうと考察している。

　　何百年にもわたって，狂人（常に曖昧な状態の犯罪者か，あるいは病人）には，彼らをケアし，罰するための施設があった。彼らには，さまざまな専門家，いわゆる治療チーム，彼らを抱える法体系，そして彼らの権利を擁護するフォーカス・グループがついていたし，建築家は必要だと思われる建物をデザインしてきた。第二次世界大戦以来，製薬会社と西洋の政府は，狂気の原因と治療の調査・研究に巨額を投じてきた。そして，新しい専門家，なかでも注目すべきは，精神科学と精神分析学がその治療のために召集された。つまり，狂人は人を動かし，実にやる気を起こさせたのである……鬱や統合失調症，摂食障害，嗜癖について，気が遠くなるような統計が定期的に報道機関に対して発表されてきた……しかし，正気については決して広報されない。私が知る限り，正気

についての統計は何もない。正気はニュースにならないのだ。

(Phillips, 2005, pp.36-37)

　正気と狂気，精神保健と疾病，それぞれ「真」の性質について考えるのは，とても当惑させられることであるため，苛立ち，退屈であることに疑いの余地はない。1970 年代のレイン（Laing, R. D.）と反-精神科医らは，不穏な精神現象は必ずしも精神病理の兆候ではなく，個人の真実性（authenticity）と統合性（integrity）の表現であると力強く議論した。正気は，個人の複雑さと独自性を不毛にするという犠牲を払った，社会秩序の準拠的適応に過ぎない。これに反する視点は，正気は比較的健全で，落ち着きや調和といった状態に向かう，子どものポジティブな発達の達成を表すというものである。この議論のすべてにおいて，正気と狂気，精神保健と疾病の間の相互の結びつきに関する根本的な難問がある。フィリップスは以下のように述べる。

　　正気はかつて，自分自身について最も価値を置くものか，あるいは自分自身について最も価値を置くものを危うくするものについて指すものだった。しかし，狂気もまた，これとまったく同じように用いられうるため，ここには言説としての混乱がある。私たちが自分自身について最も大切にしていること，そして，自分自身について最も恐れていることを指しうるのである。

(Phillips, 2005, p.31)

　この議論のほとんどは，過去には成人に焦点づけられていた。子どもの狂気，精神疾患，あるいはその逆という考えは，大人にとってはより居心地が悪い。どういうわけか，過去には，大人にとって子どもは関心がないものと見なされていた。どれほど子どもをケアし守りたいという親の衝動が強くても，そしてそうであるにもかかわらず，一般に子どもは十分な人間ではない（まだ成長しきっていない）として，少々距離を置いて見られる。私はこのことについて，「子どものサービスを別の視点でとらえ直す（Reframing Children's Services）」という，子どもの養育のボランティア団体全国協議会（National Council of Voluntary Child Care Organisations）が出版する

年報にかなり詳しく書いた。

> 彼ら（子どもたち）は，あまりにも容易に見下され，感傷的な対象に
> され，あるいは軽視され，真剣に取り上げられない——見てもらえず，
> 聞いてもらえず……このすべての根底には，大人の——子どもの脆弱性
> と力の両方に対する——複雑で逆説的な恐れがあるようだ。子どもは，
> まさにその存在だけで，大人に過去の子ども時代の経験の記憶を，その
> 強烈さ，依存性，そして救いのなさとともに喚起させる。子どもはまた，
> その意思，決断力，そしてそのエネルギーという本来の力によって，潜
> 在的な破壊性——制御されなければならない野性——という脅威をもた
> らす。さらに子どもは，大人の行動を観察し，精査する能力も持つが，
> その多くは批判的で質問攻めになってしまうため，結果的に大人はやる
> 気を削がれてしまうことになる。
>
> 　こうした考察に照らすと，子どもの精神保健という考えが，それほど
> たやすく受け入れられてこなかったことも予想できなくはない。あまり
> に多くのアンビバレンスのただなかにあって，子どもの保護，福祉や教
> 育においては，重要で否定のしようがない前進があるにもかかわらず，
> 敬意を持って子どもの心を扱う準備はいまだにできない雰囲気が漂って
> いる——すなわち，子どもは自分の身に起きたことに対して実際に感情
> や考えを持つのだということ，そして，生きていくなかで，自分で決断
> し，自分の態度や行動に影響を持つのだということを理解することであ
> る。今も多くの人にとって，たとえば赤ん坊の人生初期の経験は，その
> 赤ん坊がどのような大人になっていくのかに何らかの関連性があるなど
> ということに対する不信が少なからずある。
>
> 　　　　　　　　　　　　　　　　　　　　　　（Wilson, 2002, p.133)

　子どもの精神保健という概念を考えることについては，何の合意も確実性
もない。正常（normality）すなわち望ましい行動は，多くの個人と文化の
なかにもそれら双方の間にも存在するが，そのうちどちらを優位なものとす
るのか。ヤングマインズが始まった当時は，こうした複雑さにもかかわらず，

若者の心についての気がかりを把握しようとする人々の間には関心の高まりがあった。とりわけ，大規模な技術的変化の時代にもたらされる，さまざまな新たな要求や圧力が子どもにのしかかる社会において。社会における多くの病気は，それが犯罪や家庭的な不幸，虐待，薬物乱用，学業不振，そして消耗，貧困や失業と関係するかどうかにかかわらず，その根には，若者の力が十分に発揮できないという失敗があるとみられる。あまりに多くの子どもと若者が，悲惨さや怒り，そして恐れに圧倒されると感じるような生活を送っているように見える。そして，自分自身のなかに引きこもったり，抑うつ的になって孤立したり，あるいは手あたり次第に破壊的に，常に最善とは言えないかたちで争ったりしている。

　子どもの精神保健についての実行可能な定義，特に将来の政治的活動のためのベースラインとして役に立つものが必要だった。ヤングマインズでの最初の1カ月あたりで，評議員とメンバーの小グループで会議を開いたのを思い出す。その会議では，子どもの精神保健に必須の特徴をいくらか抽出しようとした。これは，大変貴重な会議となった。そこで学んだことをうまく活用し，健康アドバイザリーサービスの議題調査（NHS HAS, 1995）のレポートの冒頭に記載することで，その定義の形成に貢献した。「健康」という側面をうまく強調できたのは一つの達成だった。私たちが到達した定義は，何年もの間，さまざまな問い合わせや刊行物にも良い貢献をした。子どもの精神保健についての私たちの理解は，一連の能力に関連するものとして公式化された。

　　・何よりもまず，発達する能力（心理的に，情緒的に，知的に，精神的に〈spiritually〉）。
　　・第二に，お互いが満足できる人間関係を始め，それを発達させ，そして維持すること。
　　・第三に，他者に意識を向け，共感的になること。
　　・第四に，「心理的苦悩」を成長の過程として用い，さらなる発達を阻害したり損なったりしないこと。

　これは，幸せのレシピとしても完璧な，あるいは聖人のような像を意図するものではない。むしろ，私は子どもの精神保健を「基本的に普通の生涯，すなわち身体的，情緒的ウェルビーイング，満たされた創造的な生活を送る力，そして，人生の上がり下がりに対応できる柔軟性についてのものだと見なしている。また，身体的健康と同じく静的なものではない。満ちたり引いたり，うまく機能したりそうではなかったり，どんなときにも，その困難さも，あるいは行き詰まるポイントをも生き続けることである」(Wilson, 2002, p.140)。

■ ヤングマインズ

　ヤングマインズで過ごした間，職員と私は，私たちの掲げた目標に役立つ三つの主な活動（情報提供，アドヴォカシー（権利擁護），コンサルテーション，そして訓練）に没頭した。これらはすべて互いに関連する。それぞれが特定の目的に貢献するが，互いに役立ち，インスピレーションを与えあう。

● 情報提供 ●

　ごく初期から，ヤングマインズの目的の中心は，子どもの精神保健領域のあらゆる専門家や一般市民にとって重要な事柄についての情報提供をすることだった。開始時から子どもに関するさまざまな心配事について，親からの電話相談に応じることになった。比較的軽度で，程度の差はあっても正常の範囲に収まるもの，すなわち発達初期の睡眠や摂食の困難，喪失や死別，登校困難や学習困難に関するものもあれば，より深刻な相談（学校や家庭での重篤な問題行動，重いうつ状態，極端な社会的引きこもり，アルコールや薬物の乱用，自傷，自死念慮や自死企図）もあった。

　最初の有給職の一つは，広報担当者だった。彼女がこうした電話のほとんどを受け，私はより深刻な事例に対応した。1回か2回の電話での話で十分なこともあったが，たいていはさらなる援助を利用可能なサービスに求めるよう提案する必要があった。たとえば，地域の子ども・思春期精神保健サービス（CAMHS），ソーシャルサービス，教育心理サービス，GPのサービス，

あるいは関連するボランティア団体などである。サービスの利用が増えてきたので，児童相談所を中心に子どもの精神保健専門家委員会を立ち上げ，二層のサービスを構築した。最前線のサービスではまず広報担当者が，その後，親への情報サービスワーカーのチームが対応する。そして，子どもの精神保健の専門家による時間と専門的援助が必要な場合には，第二層の親へのコンサルテーションサービスを紹介するという具合である。

　ここには限界があった。第二層の1時間程度の電話相談は1，2回しか提供できなかったが，多くの人にとってはこれで十分なようだった。異なる時期にこのサービスについて評価したところ，ほとんどの親は，思いやりのある知識豊かな人に自分の体験を聞いてもらったと，明確に評価をしていた。結果として，絶望感が減り，自信が増し，より情報を得られたと感じ，援助資源にアクセスするために動けるようになったと感じていた。サービスの価値のほとんどは，比較的アクセスがしやすいという点にあった。親は，既存の子どもの精神保健機関でのあらたまった対面相談よりも，電話相談のほうが助けを求めやすいと感じていた。電話をかけてくる親や家族のすべてのニーズに応えると主張するものではないが，多くの人にとって，人生における適切な時期に「何か」違うことを提供してもらうことで，重要な違いが生まれる。私たちは，効果的な電話面接を特徴づける，親しさと匿名性という興味深い調和を印象深く感じるようになっていった。

　また，この仕事をするにあたって，最前線のワーカーが定期的なコンサルテーションを受けることが重要だと考えた。心理療法士のステラ・ディック（Dick, S.）が，このサービスの発展期間を通じて価値ある援助を提供してくれたことに感謝したい。また，第二層のサービスで仕事をする者も，定期的に会って経験を共有する機会を持った。

　当然，こうした親への情報サービスの発展に伴って（ときには年間3,000件をはるかに超える電話に応じた），現在の子どもの精神保健の問題と，アクセス可能なさまざまなサービスについての一般向けの刊行物を作ることが必要になった。多くのリーフレットやブックレットが人気を得た。たとえば次のようなものがある。*Tuning In Our Babies, Entering Adulthood, Want to Know More about Psychosis?, Do You Know Someone who has been Sexually Abused?*, *Why Do Young Minds Matter?*, 当初はヤングマインズのメンバーや他機関からの助言を得て，私がこれらの大半を書いていたが，後には監修と承認の役割を担った。これは，正確な情報を届けるのみならず，子どもの精神保健の問題の複雑さについて，シンプルで直截な言葉で伝えるという，非常に重要な活動だと考えた。実際，さまざまな機関や専門家の仕事が誤って伝えられているのと同じく，こうしたことを取るに足りないものだと見なす危険性は，常に驚くほどあった。

　最も卓越した刊行物は，『ヤングマインズ・マガジン』だった。これはこの組織の中心的なコミュニケーション媒体になった。創刊号では，主に多職種の苦境を取り上げた。第3号ではジョン・ボウルビィ（Bowlby, J.）が80歳の誕生日に，児童相談運動についての興味深い歴史的展望を書いてくれた。次の20年の間，特に近年は，スティーブ・フラッド（Flood, S.）の素晴らしい編集の下，社内刊行物だったニュースレターが，この領域の出版界で一流の公刊誌に発展した。これは一貫して，子どもと思春期の精神保健の広域にわたる関心事に焦点づけた公的刊行物の狭間で，継続性を提供する唯一のユニークな刊行物である。専門誌よりも雑誌の様式を意図的に追求した。ヤングマインズ内外の人々の幅広い経験から，扱いやすく，情報提供ができ，幅広い多職種にも一般の読者にもアクセスしやすいものである。第92号に達した2008年1月号は，この期間と多様性をふまえ，注目に値する歴史的時代における子どもの精神保健の領域で生じた思考と発展についての，実に特別な記録になった。

●アドヴォカシー●

　ヤングマインズの第一の目的は，子どもの精神保健を擁護することだった。特に，子どもの福祉に関する問題に関して，増える一方の政府の大量の諮問文書や施策に応じるなかで，ジャーナリストへの応答，あらゆる政策文書の作成，かつ大臣や政府高官への陳情などさまざまなかたちを取った。

　1990年代とさらに今世紀からは，少年犯罪，子どもの保護，子どもの貧困，薬物乱用，十代の妊娠，そして社会的疎外に関わる多くの政府の取り組みが実を結んだ。これらの文書を読んだり，それらに応答したりする一つひとつ

の節目で，すべての議題において，子どもの精神保健をより前面に打ち出す
機会があった。加えてこの時期，とりわけ子どもと思春期の精神保健サービ
スに注目する一連の実質的な調査があった。私はそれぞれの運営委員会に
入っていた。『互いに支えあおう』(NHS HAS, 1995)，『明るい未来（Bright
Futures)』(Mental Health Foundation, 1999)，『子どものことを考えよう
(Children in Mind)』(Audit Commission, 1999)，そして『国立子ども，若者，
妊産婦サービスのフレームワーク（National Service Framework for
Children, Young People and Maternity Services)』(Department of Health,
2004) などである。

　一つの報告書が他の報告書に基づいて作成されているため，子どもの苦境
全般について検討していると，子どもの精神保健は重要な鍵であり，また，
精神保健上の問題を持つ子どものためのサービスの大部分は不適切で断片化
されていることがより明確になっていった。サービスの提供は，精神保健上
の問題を持つ子どもの治療だけではなく，あらゆる住民に対して，子どもの
精神保健の促進や，今後生じるであろう問題の予防についても含めていくこ
とが必要だった。どの地域においても，多職種専門サービスの組織化の改良
とともに，早期介入の重要性が十分に認識されていた。ごく最近になって「ナ
ショナル・サービス・フレームワーク」から出された推奨とガイドラインに
は，この創造的な時代の考察や業績のほとんどが含まれていた。

　私も部下もマスコミの記者に応じるのに多くの時間を費やした。あまりに
も長い間子どもの精神保健領域の専門家は，ほんの少しの例外を除いて，新
聞やラジオ，テレビなどの記者と関わることに消極的すぎた。専門家がプラ
イバシーや守秘の重要性を正しく維持しようとするのはわかるが，自身を公
にさらしたり捕まったりするのを恐れているかのように，彼らは事実上，こ
れらの価値の陰に隠れていると私には感じられた。また，一般の人たちには
この仕事の複雑さはわからないだろうという傲慢さもあった。私もまた，あ
る種の希少価値を保とうとしていた。かつての私は，誤って引用されてはな
らない，あるいは自分が最終の編集をするべきだ（記者は締め切りに間に合
うようにと急いでいるので時間がない。それはバカげている）と，いかにう
るさかったことか。しかし，そうした態度は，いかに近視眼的で自滅的であっ

たかと衝撃を受けるようになった。もし，重要な政治的変化が起ころうとしているのなら，民主主義においては，政治家に影響を与えるために一般市民はもっと私たちの仕事について知る必要があるし，気にかける必要があるという見方をするようになった。

　私の知る限り，一般市民には私たちの仕事が十分に知られていなかった。そこで，もっと話を聞いてもらうために，記者を招くのに躊躇はなかった。ごく初期，たとえばヨークシャーで親向けの情報サービスを始めたとき，ラジオやテレビの人気スターを雇うことができた。人気者は魅力的で格好良く，このサービスのオープンにあたって，いろいろな意味で最もありそうにない同盟者だった。直ちにメディアに影響を与え，結果的に 5 分の「つまみ食い」ではあったが，気がつけば私は国中のラジオ局に出没することになった。車の中やキッチン，または寝室など，多くの一般の人々に影響を与えることになった。子どもには気持ちや考えや心配事があることについて，問題を持つ人々への適切なサービスが不足していることについて，さらに，親の重要性とヤングマインズの親への情報提供サービスについて語った。

　また，その 1 年ほど後に，子どもと暴力についての 6 カ月間にわたるキャンペーンを行った。このキャンペーンの中心になるものとして，ロンドンの国立映画劇場で，暴力に脅かされながら生活している子どもや，後に子どもが暴力的になる様子を描いた一連の映画（たとえばピーター・ブルックの『蠅の王（*Lord of the Flies*）』）を上映するフェスティバルを催した。それなりの参加者もあり，世間の注目も相当なものだった。その後，子どもを侵害する暴力（いじめ，性的虐待，家庭内暴力，戦争，TV や映画のなかの暴力）の諸側面についての論文を出し（YoungMinds, 1996），さまざまなイベントを開催した。ヤングマインズとその主張は，報道される価値のあるものになっていった。

　記者の第一の関心は，常に次の四つの問いを中心に展開した。子どもに何が起こっているのか。どれだけの子どもが問題を持っているのか。こうした問題は一般に増加し続けているのか。もしそうならなぜなのか。しばしばこうした類の問いは，悲劇，あるいは若者か有名人が関わるニュースになるような大きな事件（思春期青年の自死，極端な摂食障害の子ども，広く報道さ

れる離婚，10代の殺人）の後に，突然激しく起こる。記者の質問に答える
のは（しばしば急で，前もって警告されることはほとんどない），おおむね
とてもやりがいがあることだと気がついた。ジョー・パブリックス社は，若
者の心についての関心を増し，彼らのためのサービスの提供状況について気
にかけてくれるようになった。彼らもまた，いくらかのことを学んだのだろ
う。たとえば，子どもも抑うつ的になるという私の説明（必ずしも臨床的抑
うつではないが，喪失や生活上の困難に対する反応として抑うつを感じる）
を聞いて，多くは懐疑的だったようだ。「子どももうつになるの？」私はこ
のフレーズを，ヤングマインズの子どもの抑うつに関するリーフレットのタ
イトルに使った。

　1994年にリバプールで2歳のジェイミー・バルジャーが8歳と10歳の少
年に殺害された事件は，不幸な事件だったがおそらく最も力強い広報の一つ
になった。私はこの事件について，記者らから多くの質問を受け，それに応
じた。また，一度はBBCの夕方の時事問題番組『ニュースナイト』に，発
言者の一人として出演した。司教と政府の大臣も出演しており，彼らは性根
の悪さについて話していた。私は，二人の少年の情緒的・社会的背景や，そ
れが彼らの内的世界や行動に与えたかもしれない影響を考慮するなど，一人
だけ異なる意見を述べた。このぞっとするような殺人は人々の心を辛辣にし，
罰する方法を考える人もいれば，なぜこのようなことが起きたのか，いかに
サービスが彼らの役に立たなかったのかと考える人もいた。

　時とともにヤングマインズは，一般市民や記者から情報源として，また迅
速なコメントを出すところとして知られていった。これは，私たちの現場の
内部から生じる重要なニュースを広めるうえで，とても価値のあることだと
わかった。私たちは子どもの精神保健のうち，問題のある有病率を示す二つ
の主要な疫学的研究を広く公にした。一つ目は，ラターのワイト島研究
（Rutter et al., 1975）だが，これは当初は受けるべき関心を得られなかった。
二つ目は，国民統計局が2000年に始めた研究である（Meltzer et al.,
2000）。また，過去50年の間に，西洋ではあらゆる精神保健に関する問題を
経験する若者の数が増えていることを示唆する，ラターとスミスの印象的な
著書 *Psychosocial Disorders in Young People*（Rutter & Smith, 1995）につ

いても強調した。これらの研究のエビデンスは，子どもと若者の精神保健は最も深刻な問題の一つであり，彼らを援助するサービスを向上させるためにはより多くのことが成されるべきだという主張を支えてくれるだけの価値があった。

　ヤングマインズ設立 10 周年を祝うために，アドヴォカシーの仕事の将来像を示す声明文を公表した。これは，本質的に当初から強調し，追求してきた主な課題と懸念を編集したもので，次のことを含めた。早期幼児期からの親へのサポート，学校への援助，包括的な思春期サービス，少年犯罪，多機関連携，利用しやすく適切な訓練，説明責任，そして最後にサービス提供の地域格差についてである。続く数年は，この声明文を先駆けに，変化をもたらすためのさまざまな活動に従事し，多くの役に立つ発表資料を作成した。たとえば，いかに包括的 CAMHS を設立するのかについての一次予防財団に対するガイダンス（Morley & Wilson, 2002）や，乳児の精神保健と思春期サービスについての論文（YoungMinds Policy, 2003, 2004）である。キャシー・ストリートが実施した多くの調査・研究報告書も公表した。『誰の危機なのか？（*Whose Crisis?*)』は，そのうちの一つである（Street, 2003）。黒人やマイノリティの若者の精神保健サービスについて（Street et al., 2005），また子どもと思春期の入院サービスに関するものもある。思春期後期や成人期初期の精神保健サービスに関する調査・研究のためには，かなりの資金を獲得した。これは最終的には，『ストレスがたまって大変だ（*Stressed Out and Struggling*)』という，影響力のあるシリーズになった（YoungMinds, 2005）。また，精神保健の問題を抱える子どもの利益のために，精神保健条例の改善を検討する多くの予備会議にも携わった。

　ヤングマインズの所長時代を通じて，あらゆる機会を利用してさまざまな政府部局の大臣や官僚と面会したが，最も頻回に会ったのは保健省，教育省，そして内務省だった。ヴァージニア・ボトムリーが保健大臣だった間，彼女とは友好的な関係にあり，在職するほとんどの保健省の職員（私が所長職にあった間はおよそ 10 人）にも会った。毎回，主な問題とその規模が次々にわかっていくという事実，そして政府がやるべきだと考えられる活動について，繰り返し伝えることが重要だった。また，上院に 1, 2 人の知人がいた

ことから，2000 年には子どもの精神保健に関する調査をする下院の特別委員会にエビデンスを提出した，最初の人物にもなった。他の政党の下院議員に私たちの見解を知らせ，保健と教育におけるさまざまなプログラムについて簡潔に説明し，政策に影響を与え，それが実施されるというサイクルを通して，活発に政府官僚と関わった。

● コンサルテーションと訓練サービス ●

『互いに支えあおう』のレビュー勧告とその後の報告の結果，子どもや思春期青年，そして家族の精神保健のための政策と，サービス提供のプレッシャーが，保健局や地方自治体にのしかかっていった。『互いに支えあおう』の精神において，包括的 CAMHS の概念は，私たちの提案する広義の精神保健を基盤としていたが，これは政府によって明らかに前進した。あらゆる地域における幅広い専門家と実践家の業務は，その地域の子どもと思春期青年の精神保健の促進と，問題の予防と治療に貢献するという明白なメッセージだった。

保健局と地方自治体には，管轄地域ごとのニーズの程度と公的セクター内で提供できるサービスの明確な確認を求めた。この情報に基づいて優先順位を決め，適切な資源を割り当て，将来のサービスの発展を見据えたはっきりとした戦略を打ち出すのが彼らの責任だった。これはさまざまな点で当局の多くにとっては新境地であり，この領域における私たちの独創的な多職種メンバーとその知識に基づいて，ヤングマインズがコンサルテーションの役割を遂行するチャンスだと考えた。保健局の上級管理職の要請に応えるために，英国北部の都市に出張したのを思い出す。その管理職は，多職種サービスにおける専門性の分裂の強烈さや，たとえば「反抗挑戦性障害」といった，彼にとってはほとんど何の意味もない診断名にうろたえているようだった。彼は，ヤングマインズが彼の権限においてサービスの全面的な再検討を引き受けることに安堵し，これに同意した。

ザリーナ・カーツ医師にも協力を依頼した。彼女は公衆衛生における非常に有能なコンサルタントで，子どもの精神保健に特別な関心を持っており，すでにごく初期の重要な報告書の一つである『健康について考えよう（With

Health in Mind)』（Kurtz, 1992）を書いていた。サービスの再検討では以下のことを行い，これが重要な仕事であったことが証明された。たとえば，この町の幅広い領域にわたる職種や機関の人々との面談，関係するすべてのサービス構造やプロセスの理解，そして一貫性のある包括的 CAMHS のための提言である。

　ヤングマインズのコンサルテーションと訓練サービスに対するカーツの貴重な専門性と，後にはダイナ・モーリー（Morley, D.）のリーダーシップ，そして，ブルース・アーヴィン（Irvine, B.）の創造的な関わりによって，ヤングマインズは私が所長だった時期に，国中で幅広い再検討を実行することができた。これは，関わったほとんどの当局や機関から大変評価された，多くの点で先駆的な仕事だった。とはいえ，役に立つものを提供できず，政府のガイドラインに沿ったものでもない既存の実践に対して異議を唱えるという私たちの提言がときに論争を招くこともあった。カーツ医師はこの仕事を通して共に得た知識をまとめた報告書を，包括的 CAMHS の発展に関するヤングマインズの刊行物に記している（Kurtz et al., 2006）。

　私たちのコンサルテーションの仕事に基づいて，また多職種機関としての評判の増加もあり，必然的に訓練サービスの提供を依頼されるようになっていった。私たちが提供したほとんどの訓練は一日研修で，幅広い専門家と実践家が，子どもと子どもの精神保健の問題について知り，より良い理解をもって働くことができるよう計画された。加えて，ロンドンのシティー大学と共に，子どもの精神保健に関する 2 年間の修士課程訓練の最初の一つを創設した。徐々に保健局と地方自治体とのコンサルテーションの仕事もより広く受け入れられるようになり，他の組織も同様のサポートを提供し始めるなかで，ヤングマインズの訓練機能はより際立ったものになっていった。

ヤングマインズと精神分析

　本章は基本的に子どもの心理療法士としてのキャリアの後半に，臨床やコンサルテーションの仕事の域を超えて携わった私の人生の個人的な記録である。多職種専門機関の長として，私は別モノ，つまり従来の子どもの心理療

法士以上の何かになった。私には，ヤングマインズは常に実質的に，活発に広く一般の人々とコミュニケーションを取り，子どもと思春期の精神保健サービス領域全体の広報担当にならねばならないという展望があった。専門組織はこのことに特別な関心があるようには見えなかった。彼らの第一の焦点は，科学的な問いを前進させること，あるいは特別の専門的関心に専心することだった。このことを心に留めながら，子どもの精神保健に対する真っ当な資金調達と資源提供の優先順位が危うくなっていることから，私は子どもの精神保健の広報係や運動家，そして政治家に変身した。マネジメントや戦略，予算，資金調達，政治的ロビー活動，そしてパブリックコミュニケーションの世界に入っていったのである。幅広くバラエティに富んだ聴衆を前に，おびただしい数の講演会を行い，子どもの精神保健に関連するラジオやテレビ番組にもよく出演した。

　子どもの心理療法士からある種の政治的運動家への移行には時間がかかり，ときには困難もあった。異なるモードの動きやコミュニケーションの方法が求められた。外的な公的協議事項を把握するために，多くの面で個人の心の内部を手放すことになったが，決して放棄したわけではなかった。実際に，子どもの内的世界を尊重すればするほど，さらにヤングマインズのメッセージを進めることに確信と自信を持つようになった。私たちには，子どもの心理療法士として幅広い挑戦を受けるために，多くの訓練と経験が身についている（複雑な相互作用を意味づけるための知識や能力という意味で）。もちろん，他の子どもの心理療法士も，別の方法で公的な役割を引き受けている。しかし私は，まだ多くの政治的ニーズが残されていると考えていた。子どもの苦境を改善するために，私たちはもっと面接室の外で発言しなければならない。

　ごく初期から私は小さな個人開業を続け，この素晴らしい経験全体を通して精神分析家としての感覚を失うことはなかった。私にとってヤングマインズは，精神分析の知識の表現，あるいは応用だった。これは，（おそらく，ほとんどの人が後には続かない）いくぶん独特な信念だということはわかっている。精神分析家は，私の話にカウチの上の患者あるいはコンサルティングルームの子どもを見ることができない。そして，ほとんどの非精神分析家

は，ともかくも精神分析が何なのかについてほとんど手がかりを持てないでいる。にもかかわらず，精神分析的訓練と理解があってこそ，子どもの精神保健についての特有の評価にたどり着いたと信じている。成人の精神保健が意味づけするであろうことについても心に留め置いた——難しい概念ではあるが，精神分析家の私にとっては，情緒的な成熟や責任感，効力感と統合の観念を含めねばならないと繰り返したい。エリクソン（Ericson, 1963）も，個人としての親密感の能力と，「深い関与による倫理的忍耐強さ」の発達を強調している。

　私にとって精神分析は，子どもの意識的，無意識的願望や欲望，恐れや葛藤，そして不安に対する防衛のあり方など，子どもについての理解を豊かにしてくれた。精神分析は乳児的性質や子ども時代の経験，エディパルなドラマを通して，またそれを超えて，学校や仲間集団の領域へと広がり続ける感情の幅について，その真価をより認識させてくれた。また，過去に親がいかに子どものことを見て，関わったのか，その強力な影響についても理解を与えてくれた。こうした子どもの発達および家庭生活のダイナミズムについての知識があったからこそ，ヤングマインズでの仕事への深い関与を維持できたと信じている（とりわけ初期には，負けの公算が高かったのだが）。また，多職種専門家や政治的世界で出会った極めて繊細な誇大性については，自己愛についての精神分析的理解に助けられた。

　精神分析は言い換えると，私の頼みの綱でありインスピレーションだったが，「そのことについて話す」必要はなかった。私はめったに専門用語を使わなかったし，決してヤングマインズが精神分析的組織であるといった幻想も持たなかった。ヤングマインズの強さは，まさにメンバーの多様性によって成り立っていた。しかし，（フロイトに始まる20世紀の多くの著作を通じて）得た概念的思考のすべてと，私の自己認識，そして私がすることのすべてにおいて，精神分析は私の思考を導くのを助けてくれたと考えたい。ヤングマインズからの退職に向けて，*Young Minds in our Schools* という短い本を書いた（Wilson, 2003a）。何年もの間，さまざまな意味で子どもと思春期の精神保健の促進に携わり，学校の果たす役割は重要であると発言し続けてきたことをまとめたものである。なかでも私は，第3章が最も気に入って

いる。その表題は，「And What of the Teachers?」である。生徒と教師の間で起こりうるさまざまな相互作用について述べているが，本質的には転移と逆転移についてである（こうした用語は用いてはいないが）。興味深いことに，一般市民もこの領域に関わる多くの専門家も，あたかも現実とはほとんど関係のない，奇妙で神秘的な考えであるかのように，こうした用語にアレルギー反応を起こすからである。

　ヤングマインズの所長としての私の人生における精神分析のエッセンスについて話す際に，この役割を引き継ぐ人にこれが前提条件だと示唆しているのではない。ただ，臨床経験に関する一貫性のある概念的枠組を持たない人や，ヤングマインズの歴史についての知識や尊重のほとんどない人には，後任としてこの組織の成長を育むのは難しいと思う。もちろん，受託者や職員の非常に傑出したエネルギー，想像力，そしてプロ意識なしには，ヤングマインズの現在の到達点には至らなかった。すべてが重要な役割を果たしたが，特に多職種チーム——ジュディ・バーカー（Barker, J.），ジュリエット・バックリー（Buckley, J.），スティーブ・フラッド，タリン・ホーリー（Hawley, T.），ブルース・アーヴィン，ジェイン・ヤコブセン（Jacobson, J.），イモジン・ル・パトレール（Le Patourel, I.），ダイナ・モーリー，ザリナ・カーツ，ロバート・パイク（Pike, R.），そしてキャシー・ストリート——の名前を挙げておきたい。

 まとめ

●達成したこと●

　この分析の最後に，必要な問いが残っている。私たちは何を達成したのか。基本的には，子どもと思春期，そして家族の精神保健に焦点を当てた，高い評判を得る新たな多職種非営利組織の創設に成功したと考えている。私が所長になったとき，「子どもの精神保健」という言葉は，疑いと不安の目で見られていた。人々は「精神」という言葉に尻込みをした。おそらくそこから派生する連想によって，子どもが不当にレッテルを貼られると考えたのであ

る。私が定年を迎えるときまでには，この言葉はより一般的なものになった。多くの専門家も一般の人も，この言葉に慣れていった。子どもの精神保健という考えは，皆に関係のある当たり前のことになり，子ども・思春期精神保健サービスにおける包括的モデルの核となった。英国の子ども・思春期精神保健サービスにおける教師の経験に関する最近の研究から得られた結果の一つは，教師は 1990 年代半ばに比べて，こうしたサービスが地域にあるのを知っているというものだった（Rothi et al., 2005）。

　私たちはまた，多職種専門家の目的によく叶う組織を作ったと考えている。私は常に，ヤングマインズは個々の専門性を超えたものを表すようになるべきだと心がけてきた。多くの違いや競争を超えたものであるべきなのである。組織の進展の振り返りとポリシーの決定のために，年に 4 回，土曜日の朝，ヤングマインズの評議員会が開かれるが，出席率はとても高い。これは，ヤングマインズに対する賛辞のようなものである。私は，異なる専門分野から 25 人以上の代表で構成される評議員会を組織の中心に位置するものと見ている。

　伝統的に特徴づけられてきた専門家の態度である寡黙さを超えて，メディアを通じて一般市民に声を届けようと注力した。経過中の仕事を公表するのも厭わないことから，私自身の専門分野のなかには専門性の尊厳と守秘に対してある種の裏切りをしていると思った人もいただろう。しかし，私の心の中では，子どもの精神保健というテーマを擁護することが，私たちの事業の中核であることに疑いの余地はなかった。単に専門家同士が内輪で話すだけでは十分ではない。いまや，より多くの専門家と専門的組織が，その仕事や知識をより広く一般に知らせる準備ができているというのは心強い。

　ヤングマインズのサービスもまた，重要である。コンサルテーションと訓練サービスは，明らかに増加するニーズに応じて，組織に必要な収入を提供してくれる。ときにこれが適切な時間の使い方なのかという疑問は生じるが，親情報サービスもまた，ニードに応えるものである。初期には，応じる能力のないサービスへの紹介を促進するのではないかと，そうしたサービスを公表することの倫理についての懸念が持ち上がった。私の答えは，ニーズにさらされることでのみ，変化をもたらす可能性が生まれるというものだった。

別の反対意見は，このようなサービスの提供は地方自治体の責任でなされるべきであり，自分たちが提供してしまうと，地方自治体の責任を逃れさせる結果になってしまうというものだった。こうしたサービスが役に立つというというデモンストレーションを通してのみ，地方自治体が刺激を受け，最終的には自身でサービスを立ち上げるだろうというのが私の見解である。さらにヤングマインズには，こうしたサービスを提供するためのとても良い資源がある。電話を通じて，親が直面する問題について，また，親が受けられる国中のサービスについて，知らせることができるという利点である。

　我が国の子どもの精神保健の全般的な状態や，子どもの精神保健サービスの仕事の影響を測定するのは難しい。出来事が形作られる過程には，あまりに多くの要因や力があり，ある特定の影響を追うのは不可能である。私が所長だった期間，政府は幅広く，創造的で建設的な尺度を作成し，多くのほかの組織がこの領域におけるレビューやコンサルテーションに関わるようになった。2001年，国立CAMHSサポートサービスが，地域のサポートチームと共に，新しい政策とガイドラインを実行するために設立された――ヤングマインズが開拓してきた仕事の発展と拡大である。新たな経済的，社会的状態，前例のない世界的プレッシャーと技術の発展に，社会そのものができる限り適応しながら，素早く変化していった。

　今日，子どもや若者の全般的なウェルビーイングについては，多くの異なった視点がある。最近のユニセフの報告（UNICEF, 2007）によると，子どものウェルビーイングのランキングは，21の裕福な国のなかで英国は21番目と，最下位だった。思春期の精神保健の問題の広がりと増加を示す調査・研究が，ここに不穏な図を加えた（Collishaw et al., 2004）。にもかかわらず，子どもの精神保健の重要性についての一般の気づきが進んだことは非常に喜ばしく，子どもの精神保健サービスが，近年，相当に改善されたという励みになるエビデンスもある。2002～2005年の間に，CAMHSの職員配置は27%増加し，CAMHSが扱ったケースは40%増加した。CAMHSの専門チームの数は，イングランドで16%増加した。この期間，報告されたCAMHSの予算にも大きな増加があった（CAMHS mapping, NHS Confederation, 2007）。

　まだ，やるべきことはたくさん残っている。私がヤングマインズにいた期間に作り出された勢いは維持されなければならない。まだ扱われていない子どもの精神保健の問題が意味することがより認識される必要があるし，さらに多くの資源が提供される必要もある。多職種の仕事は，今も専門職や機関をまたぐ大きな課題を呈している。子どもの心理療法士や他の「創造的な」セラピーにとって，私がヤングマインズを始めたときには概ね予見できなかった特有の問題がある。サービスの提供に対して，より大きな効果を求める要望，順番待ちリストを減らすべきだという圧力，エビデンスを提供する科学的な精神科学と心理学への信頼の増加，そして（第一層と第二層での）一次提供を強調する気運。これらの高まりは治療的実践，とりわけ第三層のスペシャリスト CAMHS の価値下げにつながってしまった。

　ヤングマインズを退職する少し前に書いた，数行の文章で終えたいと思う。これは，アダム・フィリップスの年次講義と（著名な作家ニッチ・ジェラード（Gerrard, N.）のかけがえのないサポートで始めた）最初のヤングマインズ書籍賞に続いて発表したものである。この賞は，「子どもや若者の経験に特有の繊細さを描きだした本，あるいは回顧録を大人に知ってもらうこと」で，専門家と文学界が一つになるのを意図したものであり，私にはこのイベントに特別な思いがあった。

　　2004 年 2 月の退職が近づくにつれ，私はヤングマインズとはいったい何だったのか，この先何になっていくのか，時々もの思いにふけるようになった。ヤングマインズは，前世紀半ばに発展し広まった児童相談運動の精神を進展させ，世紀の終わりまでその歩みの悪さを耐え抜いた。ヤングマインズは，この運動のモチベーションと目的に再び火をつけるのに寄与し，今や，子どもの精神保健の重要性や，すべての年齢の子どもと若者へのサービスを向上させるというニーズのために，多くの人々の中心に存在している。もちろん，するべきことはまだまだ残っている。一般市民に語りかけ，政治家を動かし，資源（資金とノウハウ）を増すことである。特に——私たちのなかの，子どものなかの，今日の世界における正気の性質をより良く理解すること。これがまさにヤング

マインズなのである。

【文献】

Audit Commission (1999) *Children in Mind*, London: HMSO.

CAMHS mapping. www.camhsmapping.org.uk.

Collishaw, S., Maughan, B., Goodman, R. and Pickles, A. (2004) 'Time trends in adolescent mental health', *Journal of Child Psychology and Psychiatry* 45, 8: 1350–1362.

Department of Health (2004) *National Service Framework for Children, Young People and Maternity Services: The Mental Health and Psychological Well-Being of Children and Young People*, London: DH Publications.

Erikson, E. (1963) *Childhood and Society*, 2nd ed, New York: Norton.

Kurtz, Z. (1992) *With Health in Mind*, London: Action for Sick Children.

Kurtz, Z., Lavis, P. and Street, C. (2006) *Developing Comprehensive CAMHS: A Guide*, London: YoungMinds.

Meltzer, H., Gatward, R., Goodman, R. and Ford, T. (2000) *Mental Health of Children and Adolescents in Great Britain*, London: The Stationery Office.

Mental Health Foundation (1999) *Bright Futures: Promoting Children and Young People's Mental Health*, London: Mental Health Foundation.

Morley, D. and Wilson, P. (2002) *Child and Adolescent Mental Health: Its Importance and How to Commission a Comprehensive Service: Guidance for Primary Care Trusts*, London: YoungMinds.

NHS Health Advisory Service (1995) *Together We Stand: The Commissioning, Role and Management of Child and Adolescent Mental Health Services*, London: HMSO.

National Health Service Confederation (2007) *Maintaining the Momentum: Towards Excellent Services for Children and Young People's Mental Health*, London: National Health Service Confederation.

Phillips, A. (2005) *Going Sane*, London: Hamish Hamilton.

Rothi, D., Leavey, G., Chamba, R. and Best, R. (2005) *Identification and Management of Pupils with Mental Health Difficulties: A Study of UK Teachers' Experience and Views*, London: NASUWT.

Rutter, M. and Smith, D. (1995) *Psychosocial Disorders in Young People: Time Trends and their Causes*, Chichester: Wiley.

Rutter, M., Cox, A., Tupling, C., Berger, M. and Yule, W. (1975) 'Attainment and adjustment in two geographical areas: the prevalence of psychiatric disorder', *British Journal of Psychiatry* 126: 493–509.

Street, C. (2003) *Whose Crisis?*, London: YoungMinds.

Street, C., Stapelkamp, C., Taylor, E., Malek, M. and Kurtz, Z. (2005) *Minority Voices*, London: YoungMinds.

UNICEF (2007) *Child Poverty in Perspective: An Overview of Child Well-being in*

Rich Countries, Geneva: UNICEF Innocenti Research Centre.

Wilson, P. (2002) 'Child mental health', in K. White (ed.) *Re-framing Children's Services*, London: NCVCCO.

Wilson, P. (2003a) *Young Minds in our Schools*, London: YoungMinds.

Wilson, P. (2003b) 'Consultation and supervision', in A. Ward, K. Kasinski, J. Pooley and A. Worthington (eds) *Therapeutic Communities for Children and Young People*, London: Jessica Kingsley Publishers.

YoungMinds (1996) *Children and Violence*, London: YoungMinds.

YoungMinds Policy (2003) *Infant Mental Services*, London: YoungMinds.

YoungMinds Policy (2004) *Mental Health Services for Adolescents and Young Adults*, London: YoungMinds.

YoungMinds (2005) *Stressed Out and Struggling*, London: YoungMinds.

【邦訳文献】

Erikson, E.（1963）Childhood and Society, 2nd ed, New York: Norton.／［仁科弥生訳（1980）幼児期と社会２, みすず書房.］

監訳者あとがき

子どもの精神分析的心理療法士（臨床心理士・公認心理師）にできること
──アセスメント，コンサルテーション，そしてその先

　日本でも「子どもの精神分析的心理療法」に関心を持ち，その実践を試み
ようとする臨床家は少なくありません。そうした実践を試みるうえで必要な
訓練には，文献を読むことからスーパーヴィジョンを受けること，関連学会
や研修会等に参加すること，そして自分自身が心理療法を受けてみるという
ことまで，幅広い機会があります。しかし，そうした訓練を受ければ受ける
ほど，自身が所属する機関では，精神分析的心理療法の実践ができる土壌が
ないと悩む臨床家は少なくないようです。また，たとえそうした土壌が整っ
ていたとしても，せっかく提供した精神分析的心理療法が思うように継続で
きない，つまり，こちらが提示する治療契約に乗らない，あるいは乗れない
クライエント群がおり，結局は中断という結果になってしまうという悩みを
抱えた臨床家も少なくないように思われます。
　本書は，前者のように，自身の現場には精神分析的心理療法を実践できる
土壌がないと悩む臨床家にとっては，いかにその知見をより幅広い臨床活動
に生かすことができるのか，たとえば，他職種へのコンサルテーション（こ
れは，公認心理師という資格ができた今，これまで以上に求められるように
なってきた領域と言えるかもしれません）や，短期介入，そしてアセスメン
トなど，つまりこれらは，精神分析的心理療法の「応用」ということになる
わけですが，本書は，そうした活動が精神分析的心理療法を実践することと
同じくらい，あるいはそれ以上に，精神分析の知見を生かし，臨床家として
の活動の幅を広げてくれる営みなのだという，驚きと発見に満ちたものであ
ることは間違いありません。
　また，後者のように，せっかく精神分析的心理療法を実践できる場があっ

たとしても，上記のような理由からなかなか思うような心理療法の実践ができ
ないと悩む臨床家にとっては，精神分析的心理療法を有効に行うためには，
まずはしっかりとした「心理療法のためのアセスメント」（これを本書の著
者らは，子どもの精神分析的心理療法士の専門性の核の一つだとしています）
を行う必要があるのだという，「基本」に立ち返るためのヒントにあふれて
いるのが本書であると言えるでしょう。

　英国においては，子どもの精神分析的心理療法はしっかりと確立された専
門職の一つであり，国営医療（NHS）のなかに組み込まれた専門職でもあ
ります（そのため，こうした専門的サービスを受ける側――患者あるいはク
ライエント――はすべて無料でその恩恵を受けることができます）。しかし
ながら，国の逼迫した財政状況もあり，子どもの精神分析的心理療法のみな
らず，いずれの専門職も，以前のように狭い専門領域の実践のみを行ってい
るわけにはいかなくなってきていることは，本書の端々に示されていると
りです。そうした現実の要請から，子どもの心理療法士らは，他の専門職と
同様に，ある意味で必要に迫られてその職域を広げてきているのが現状です。
彼らはそのプロセスのなかで，いかに精神分析的心理療法の知見を心理療法
以外の仕事のなかで最大限に生かすことができるのかという発見をしていき
ます。もちろん，精神分析的心理療法の実践という「核」になる訓練を踏ま
え，そしてその仕事を大切にし続けながらも，ということが大前提ではあり
ますが。

　こうした英国の臨床家の実践と知見は，精神分析的心理療法の実践ができ
る土壌にないと悩む日本の臨床家にとっては，大きな励みになるものと思わ
れます。なぜなら，子どもの精神分析的心理療法の発祥の地といえる英国に
おいてすらも，臨床家らはこうして日々悩みながら，いかに社会の要請に応
えるのか，そしていかに自分たちの専門性の核を守りながらも，同時にそれ
を応用，発展させていくことができるのかと奮闘している姿を，本書から読
み取ることができるからです。

　本書は，英国での出版は 2009 年と少し古いものではありますが，このよ
うに日本の現場で悩む臨床家にとっては，非常に新しい知見をもたらしてく
れるものだと思います。

　これまで日本に紹介されてきた英国発の精神分析的心理療法のテキストは，どちらかというと，"純粋に"精神分析的心理療法の実践とはかくあるべきだといった論調のものが，その大半を占めていたのではないでしょうか。しかし，そうしたテキストからは，日本の臨床家は，その「理想」を知ることはできても，現実の自分たちの現場に即した精神分析的心理療法の「応用」については学ぶことができなかったのではないかと思います。本書は，そうしたいわゆる理想的かつ古典的な精神分析的心理療法の実践を超えたところで，私たちに何ができるのかを教えてくれるとともに，再度，基本に立ち返り，精神分析的心理療法のより良い実践の最大のカギとなる「アセスメント」についても，豊富な事例を交えながら，的確にまとめられた良書だと言えるでしょう。

　むろん，本書は英国発であり，英国に特有の問題意識や社会の情勢がその背景にありますが，どの章を取ってみても，日本の私たちにとっても決して「どこか遠いよその国のこと」ではすまされない，身近な問題が描かれていることがわかると思います。

　そのタイトルの翻訳に私自身の思いを込めた，第2章「まずはアセスメント──子どもと思春期の精神保健相談のアセスメントにおける，子どもの心理療法士の役割」では，あらゆる相談機関におけるアセスメントの重要性と，そのポイントが大変わかりやすく的確にまとめられています。第5章「思春期のアセスメントの特徴と問題」も同様に，こちらは思春期に特化したアセスメントの諸相について，特に学校場面における臨床描写を含めて解説されており，スクールカウンセラーの読者にとっては，非常に役に立つ内容だと思われます。また，裁判のための家族アセスメント（第3章），自らもまた他者をも危険に巻き込むような子どものアセスメント（第4章，第9章），そして施設職員へのコンサルテーション（第11章）など，比較的，厳しい判断が求められるアセスメントやコンサルテーションの仕事についての描写のほか，第8章「家族の死──9.11後のマンハッタン・ピア94にて」では，非常にインパクトのある事例報告とともに，日本におけるいわゆる「災害支援」を行う際にも考えさせられることになるであろう，大切なポイントが挙げられていると思います。

さらに，私が特に興味深いと感じたのは，第6章「乳幼児精神保健——ディ
リス・ドースとの対話」や，第13章「コンサルテーションを超えて——ヤ
ングマインズでの仕事」に見られるような，子どもの精神分析的心理療法士
の大先輩たちが，いかにその仕事の幅を広げてきたのかといった，歴史的な
描写が見られる各章です。面接室での一対一での心理療法の仕事から，面接
室の外へ。週に複数回の長期にわたる心理療法から，週に1回の心理療法，
そして短期の心理療法へ。他職種に対するコンサルテーションはもとより，
そうしたコンサルテーションの技術をより広い地域社会での応用へ。そして，
そうした活動から，子どものウェルビーイングや，それを支えるさまざまな
メンタルヘルスの専門家の仕事について，より広く社会に知ってもらうため
の活動[21]。そこで当然，必要になってくる資金の問題……私自身が英国で子
どもの精神分析的心理療法の訓練を全うすることができたのも，そうした訓
練のための資金を調達するシステムを整えてくれた，こうした大先輩たちの
尽力があってのことだったのだと，改めてありがたいという思いを抱くとと
もに，今，私が次の世代に向けてどのような活動をすることができるのか，
いったい何を残すことができるのかと，自分自身のこれまでとこれからにつ
いての思いを巡らせながら，それぞれの章を読み返すことになりました。

　さて，本書は，子どもの精神分析的心理療法についてより深く学ぶために
開講されている，認定NPO法人子どもの心理療法支援会（さぽちる）の，「セ
ラピスト養成コース」におけるテキストの一つとしてその一部を紹介したと
ころ，受講者から「これほどわかりやすく的確に，自分たちには何が足りて
いなかったのかを説明されテキストはなかった」という感想とともに，ぜひ
とも全編を翻訳して多くの人に伝えたいという要望から立ち上がった企画で
す。そこでさっそく，いつもお世話になっている誠信書房の中澤美穂さんに
相談させていただき，大変興味深い良書であるとのご賛同をいただいたこと

---

[21]　むろん，ここで忘れてはならないのは，こうした精神分析の応用は，それが確固た
　る基盤となる訓練と臨床の経験に根ざすものであるということです。これはこれら各
　章の執筆者らも繰り返し述べていることではありますが，基本なくして応用はないと
　いうことです。

から，こうして出版できる運びとなりました。中澤さんのお力添えとご協力には，いつものことながら感謝の気持ちでいっぱいです。また，今回は編集作業にあたり，誠信書房の山口真理子さんにも大変お世話になりました。あわせてお礼を申し上げます。

　このセミナーの受講者，つまり本書の翻訳者らはそれぞれ，児童養護施設，精神科病院や精神科クリニックのほか，スクールカウンセラーや私設相談など，幅広い領域で仕事をする臨床家たちですが，そうした実践の場の枠を超えて，日本において子どもの精神分析的心理療法を実践しようとする臨床家に共通するニーズに応えるものであることは間違いないと言えるでしょう。

　ぜひとも，多くの悩める日本の臨床家に手に取ってもらいたいと思います。

2021 年初夏　明日への希望の灯を見つめ続けることができるよう，祈りを込めて

鵜飼奈津子

人名索引

事項索引

サ 行

266

■編著者紹介

アン・ホーン（Ann Horne）

英国心理療法士協会（British Association of Psychotherapists：BAP）（訓練もここで受けた）のシニアメンバー，Scottish Institute of Human Relations のメンバー，Czech Society for Psychoanalytic Psychotherapy，ČSPAP の名誉メンバーである。BAP では訓練長の任期を全うし，後に大学院レベル教育の発展に寄与した。*Journal of Child Psychotherapy* の共同編集者を務めたほか，モニカ・ラニヤードと *The Handbook of Child and Adolescent Psychotherapy*（1999）および *A Question of Technique*（2006）を編纂した。ロンドンの Portman Clinic を定年退職し，現在は，講演，執筆，教育に携わっている。特に，内省するのではなく身体で反応するような子どもに関心を抱き続けている。

モニカ・ラニヤード（Monica Lanyado）

ロンドンの Tavistock Clinic で訓練を受けた。Scottish Institute of Human Relations の子ども・青年心理療法訓練開設時のコース組織教員であった。英国心理療法士協会の訓練スーパーヴァイザーであり，複雑な外傷的喪失体験を持つ子どもとのセラピーを通して直接的に，小規模治療施設の職員へのコンサルテーションを通じて間接的に携わっており，特にこの領域に関心を持っている。アン・ホーンと Independent Psychoanalytic Approaches シリーズを編纂している。その第 1 冊目が 2006 年に出版された *A Question of Technique* である。また，Didier Houzel と EFPP シリーズも編纂している。英国とヨーロッパで広く講演，講義，出版をしている。著書に *The Presence of the Therapist*: *Treating Childhood Trauma*（2004），アン・ホーンとの共編で *The Handbook of Child and Adolescent Psychotherapy*：*Psychoanalytic Approaches*（1999）（児童青年心理療法ハンドブック，創元社）がある。

■著者紹介

ジョエル・アルフィルークック（Joelle Alfillé-Cook）

元は教師で，後に英国心理療法士協会で子どもの心理療法士の訓練を受ける。資格取得後は，同協会にて後期青年期を対象とする専門訓練に進んだ。Brent Centre for Young People（BCYP）の職員として，学校プロジェクトに携わっている。Birkbeck College（University of London）と BAP 共同開講の修士課程の教員で，BAP の子ども・青年心理療法訓練委員会のメンバーでもある。

ディリス・ドーズ（Dilys Daws）

Tavistock Clinic で精神分析的子ども・青年心理療法士の訓練を受けた後，NHS を定年退職するまで，Child Guidance Training Centre と Tavistock Clinic で仕事をした。現在も，名誉コンサルタント子どもの心理療法士として Tavistock Clinic で教鞭をとっている。また，成人心理療法士として開業もしている。*Through the Night*: *Helping Parents and Sleepless Infants*（1989）を代表とする多くの著書がある。Mary Boston との共編 The *Child Psychotherapist and the Problems of Young People*（1977）は，この専門職についての斬新な入門書である。

ディアドゥリ・ダウリング（Deirdre Dowling）

　Cassel Hospital の子どもの心理療法士長。英国心理療法士協会で訓練を受けた。以前は
ソーシャルワーカーで，子どもの保護領域の責任者であり教育担当者であった。特に，親
–乳児面接，重篤な問題を持つ家族との面接，家族面接への精神分析的思考の応用に関心
を持つ。他職種への教育とコンサルテーションにも関心がある。

アイリス・ギブス（Iris Gibbs）

　英国心理療法士協会で，精神分析的子ども・青年心理療法士の訓練を受けた。この13
年ほどは，私的里親機関でセラピストの仕事をするかたわら，そこでの教育プログラムや
他のセラピストらのスーパーヴィジョンに携わってきた。また，ロンドンの Anna Freud
Centre の Parent and Infant Project で5年間務めたほか，開業もしている。*The Practice
of Parent-Infant Psychotherapy* および *A Question of Technique* に寄稿している。特に，
人種や文化の問題に関心がある。

ヴィクトリア・ハミルトン（Victoria Hamilton）

　Tavistock Clinic で子ども・青年心理療法士の訓練を受け，Los Angeles Institute of
Psychoanalytic Studies で成人の心理療法の訓練を終えた。米国に移住し，20年ほど開業
している。ロサンゼルスの Institute for Contemporary Psychoanalysis の訓練分析家・
スーパーヴァイザー分析家であり，ロサンゼルスの訓練プログラムのほか，米国全域で講
義をしている。

キャリン・オナイオンズ（Caryn Onions）

　英国心理療法士協会で子ども・青年心理療法士の訓練を受け，現在はシニアメンバーで
ある。オックスフォード近郊の重篤な情緒障害を持つ子どものための非営利寄宿学校
Mulberry Bush School の心理療法部門長であり，Oxford Parent-Infant Project（OXPIP）
の臨床家である。特に，親と乳児のグループワークに関心があり，親–乳児心理療法の領
域で教鞭をとり，スーパーヴィジョンを行っている。

マリアンヌ・パーソンズ（Marianne Parsons）

　Anna Freud Centre で子どもの心理療法士の訓練を受け，その訓練長も務めた。子ど
もと成人の精神分析家で，英国心理療法士協会の子どもの心理療法訓練のスーパーヴァイ
ザーであり，訓練分析家である。以前は，ロンドンの Portman Clinic のコンサルタント
子ども・青年心理療法士で，そこで暴力的にふるまう子どもや青年に関心を持つように
なった。現在も，その名誉職にあるが，個人開業が主な仕事である。*Journal of Child
Psychotherapy* の元編集者で，多くの著書や論文がある。フィンランドとフロリダの精神
分析訓練の客員講師でもある。音楽と芸術への創造的興味も持ち続けている。

ソフィー・ロブソン（Sophie Robson）

　教育現場や地域コミュニティにおいて，家族，若者，子どもに携わる仕事をした後，英
国心理療法士協会で子ども・青年心理療法士の訓練を受けた。現在は，Bromley Child
and Adolescent Mental Health Service で公的保護下にある子どものチーム，および
Bexley CAMHS で Bexley Under Fives Service の一員として仕事をしている。

ゲッセマニ・ヴァスターディス（Gethsimani Vastardis）

　英国心理療法士協会で子ども・青年心理療法士の訓練を受け，その訓練長も務めた。BAP のシニアメンバー，教育・訓練スーパーヴァイザー，そして子どもの心理療法訓練委員会のメンバーとして，専門家としての関わりを持ち続けている。また，BAP チームの一員として，BAP/Birkbeck College の Psychodynamics of Human Development 修士課程コースを確立した。多くの NHS で仕事をしてきたが，現在は北ロンドンの CAMHS の子どもの心理療法士長である。特に，5 歳以下の子どもや自閉症スペクトラムを持つ子どもとその親との仕事に関心がある。古典への情熱を持ち続けている。

メアリー・ウォーカー（Mary Walker）

　英国心理療法士協会で子ども・青年心理療法士の訓練を受けた，コンサルタント子ども・青年心理療法士である。長年，NHS の子ども・思春期サービスで仕事をし，現在は南西ロンドンの CAMHS クリニックに在籍している。子ども・青年心理療法の諸側面について教鞭をとり，執筆している。*Journal of Child Psychotherapy* の元共同編集者である。

ピーター・ウィルソン（Peter Wilson）

　Hampstead Clinic（現 Anna Freud Centre）で，ソーシャルワーク，ユースワーク，そして子どもの心理療法の訓練を受け，スタッフとして仕事をした後，子どもの心理療法をブリクストン，キャンバーウェル，ペッカムそして Institute of Psychiatry といった南部地域に広めた。Brandon Centre 元所長。Brent Consultation Centre のスタッフを務めた後，Peper Harow 治療共同体のコンサルタント心理療法士。1992 年から 2004 年に定年退職するまで，子どものメンタルヘルスチャリティーで，後にこの領域での地位を確立するまでに発展させた YoungMinds（自らが共同創始者）の長を務めた。多くの委員を務め，英国の子ども・思春期精神保健サービスの提供の発展に寄与した。また，子どもの発達，組織やサービスの発展に関して，全国的に幅広く講義を行った。現在は，The Place 2 Be の臨床アドヴァイザーであり，子ども・思春期精神保健サービスと子どもの心理療法のコンサルタントでもある。

■監訳者紹介

鵜飼奈津子（うかい　なつこ）
2004 年　The Tavistock Centre, Child & Adolescent Psychotherapy 課程修了
現　在　大阪経済大学人間科学部人間科学科教授
主著書　『虐待を受けた子どものアセスメントとケア』（共編著）誠信書房 2021 年，『子ど
　　　　もの精神分析的心理療法の基本〈改訂版〉』誠信書房 2017 年，『子どものこころ
　　　　の発達を支えるもの』（監訳）誠信書房 2016 年，『乳児観察と調査・研究——日
　　　　常場面のこころのプロセス』（監訳）創元社 2015 年，『被虐待児の精神分析的心
　　　　理療法』（共監訳）金剛出版 2006 年ほか

■訳者紹介（執筆順）

鵜飼奈津子（うかい　なつこ）
担当箇所　　はじめに，第1章，監訳者あとがき
［監訳者紹介を参照］

森　和子（もり　かずこ）
担当箇所　第2章
2003 年　佛教大学大学院教育学研究科修士課程修了
現　　在　御池心理療法センター，臨床心理士，公認心理師

竹田駿介（たけだ　しゅんすけ）
担当箇所　第3章
2018 年　大阪大学大学院人間科学研究科博士後期課程単位取得退学
現　　在　ぴあクリニック，臨床心理士，公認心理師

武田和士（たけだ　かずし）
担当箇所　第4章
2021 年　広島国際大学大学院心理科学研究科専門職学位課程修了
現　　在　むらかわクリニック，臨床心理士，公認心理師

小堀　泉（こぼり　いずみ）
担当箇所　第5章，第7章
2011 年　日本福祉大学大学院社会福祉学研究科修士課程修了
現　　在　三河病院，臨床心理士，公認心理師

岩阪恵美子（いわさか　えみこ）
担当箇所　第6章
2017 年　大阪大学大学院連合小児発達学研究科博士課程修了
現　　在　児童養護施設金城六華園，臨床心理士，公認心理師

村田りか（むらた　りか）

担当箇所　第8章，第9章

2010 年　神戸松蔭女子学院大学大学院文学研究科修士課程修了

現　　在　大阪市此花区役所保健福祉課子育て支援室，臨床心理士，公認心理師

杉浦浩代（すぎうら　ひろよ）

担当箇所　第10章

1994 年　愛知学院大学大学院文学研究科修士課程修了

現　　在　吉田クリニック，臨床心理士，公認心理師

吉岡彩子（よしおか　あやこ）

担当箇所　第11章

2005 年　安田女子大学大学院文学研究科教育学専攻博士前期課程修了

現　　在　認定 NPO 法人子どもの心理療法支援会理事，御池心理療法センター，臨床心理士，公認心理師

細野久容（ほその　ひさよ）

担当箇所　第12章，第13章

2006 年　名古屋大学大学院教育発達科学研究科博士後期課程単位取得退学

現　　在　兵庫医科大学保健管理センター，臨床心理士，公認心理師

アン・ホーン, モニカ・ラニヤード編著

子どもの精神分析的心理療法の
アセスメントとコンサルテーション

2021 年 8 月 25 日　第 1 刷発行

監 訳 者　鵜 飼 奈 津 子
発 行 者　柴 田 敏 樹
印 刷 者　日 岐 浩 和

発 行 所　株式会社 誠 信 書 房
〒112-0012 東京都文京区大塚 3-20-6
電話　03 (3946) 5666
http://www.seishinshobo.co.jp/

中央印刷　協栄製本　　　落丁・乱丁本はお取り替えいたします
検印省略　　　無断で本書の一部または全部の複写・複製を禁じます
© Seishin Shobo, 2021　　　　　　　　　　　Printed in Japan
ISBN 978-4-414-41478-3　C3011

子どもの精神分析的心理療法の基本
［改訂版］

鵜飼 奈津子 著

タビストック・クリニックのトレーニング内容を紹介し定評ある書籍をリニューアル。改訂では英国と日本での新たな効果研究を加えた。

A5判並製　定価(本体2700円＋税)

子どもの精神分析的心理療法の応用

鵜飼 奈津子 著

児童養護施設での心理職のあり方を検討するとともに、思春期や児童期の里子への実践例を示すなかで、多職種協働のあり方を提示する。

A5判上製　定価(本体2800円＋税)

児童養護施設の子どもへの精神分析的心理療法

平井正三・西村理晃 編
認定ＮＰＯ法人子どもの心理療法支援会
（サポチル）著

過酷な生育歴をもつ施設の子どもが、セラピーで心を取り戻し自ら育みだす過程を、事例を通して解説。各事例のコメントも理解を促す。

主要目次

A5判並製　定価(本体3800円+税)

子どものこころの発達を支えるもの

アタッチメントと神経科学、そして精神分析の出会うところ

グレイアム・ミュージック 著
鵜飼奈津子 監訳

タビストック・クリニックの指導的心理療法士が、子どもの心理・社会的発達に関する重要な問題について、解決に導く論点を提示する。

主要目次

A5判並製　定価(本体3200円+税)

虐待を受けた子どもの アセスメントとケア
心理・福祉領域からの支援と協働

鵜飼奈津子・服部隆志 編著

子ども虐待に関わる心理職と福祉職の双方の事例を1冊に納めた書。支援の難しい重篤な虐待を受けた子どもを援助する専門職必携の書。

A5判並製　定価(本体3300円＋税)

子どもと青年の 精神分析的心理療法 のアセスメント

平井正三・脇谷順子 編
認定ＮＰＯ法人子どもの心理療法支援会（サポチル）著

事例と紙上検討を通して、各領域で精神分析的アセスメントはなぜ必要か、どのように実践可能かという問いへの答えが浮かび上がる。

A5判並製　定価(本体3000円＋税)

心理療法に先立つ
アセスメント・コン
サルテーション入門

仙道由香 著

患者本人のみならず多様な要因を鑑みた上で治療方針の合意に至るために、心理療法家は何を観、聴き、話し合うのか。そのプロセスを詳述。

A5判並製　定価(本体2800円＋税)

学校トラウマの
実際と対応
児童・生徒への支援と理解

藤森和美 編著

チーム学校の一員としてどのようにトラウマ支援を行うか、避けられないトラウマ状況に備えてどうチーム学校を作っていくかを解説する。

A5判並製　定価(本体2400円＋税)

親と離れて暮らす子どものための 絵本シリーズ

モリスといっぱいのしんぱいごと

ジル・シーニー 作　レイチェル・フーラー 絵 / 鵜飼奈津子 訳

心配事を抱えたモグラのモリスが、信頼できる存在に悩みを打ち明け、心が楽になる姿を描いた本。不安への対処法が理解できる。

A4変形判上製　定価(本体1700円+税)

エルファと思い出のはこ

ミシェル・ベル 作　レイチェル・フーラー 絵 / 鵜飼奈津子 訳

養育者の交代や環境の変化で混乱しているゾウのエルファが、思い出を振り返り、自分のアイデンティティを確立していく物語。

A4変形判上製　定価(本体1700円+税)

ルーファスのあんしんできるばしょ

ジル・シーニー 作　レイチェル・フーラー 絵
鵜飼奈津子 監訳　中澤鮎美 訳

ひどい飼い主のもとから新しい飼い主のところへやってきたネコのルーファスが、心から安らげる自分の居場所を見つけるお話。

A4変形判上製　定価(本体1700円+税)